本书由"中央高校建设世界一流大学（学科）和特色发展引导专项资金"资助出版

大战略与海洋转型地理政治学

吴征宇
WU Zhengyu 著

GEOPOLITICS,
GRAND STRATEGY
AND MARITIME
TRANSFORMATION

中国社会科学出版社

图书在版编目（CIP）数据

地理政治学、大战略与海洋转型/吴征宇著. —北京：中国社会科学出版社，2024.4
ISBN 978 - 7 - 5227 - 3509 - 2

Ⅰ.①地… Ⅱ.①吴… Ⅲ.①海洋战略—地缘政治学—研究 Ⅳ.①E815②D5

中国国家版本馆 CIP 数据核字（2024）第 085407 号

出 版 人	赵剑英	
责任编辑	白天舒	
责任校对	师敏革	
责任印制	王 超	

出　　版	中国社会科学出版社
社　　址	北京鼓楼西大街甲 158 号
邮　　编	100720
网　　址	http://www.csspw.cn
发 行 部	010 - 84083685
门 市 部	010 - 84029450
经　　销	新华书店及其他书店

印刷装订　三河市华骏印务包装有限公司
版　　次　2024 年 4 月第 1 版
印　　次　2024 年 4 月第 1 次印刷

开　　本　650×960　1/16
印　　张　14.75
字　　数　202 千字
定　　价　69.00 元

凡购买中国社会科学出版社图书，如有质量问题请与本社营销中心联系调换
电话：010 - 84083683
版权所有　侵权必究

| 目　　录 |

导论　地理政治学与大战略研究　　　　　　　　　　　　／1

第Ⅰ部分　地理政治学的理论框架

第一章　地理政治学与现实主义理论　　　　　　　　　／31

  一　地理政治学与现实主义理论的脱节　　　　　　　／33
  二　地理政治学的现实主义内涵　　　　　　　　　　／39
  三　地理政治学的两大分析特征　　　　　　　　　　／46

第二章　地理政治学的核心命题　　　　　　　　　　　／53

  一　海洋优势与大陆均势　　　　　　　　　　　　　／55
  二　主导性海洋强国与大陆义务　　　　　　　　　　／62
  三　心脏地带强国战略上的两重性　　　　　　　　　／69

第三章　地理政治学在当代现实主义理论中的地位　　　／76

  一　"霸权"与国际体系的稳定　　　　　　　　　　／78
  二　"均势"与现代国际秩序　　　　　　　　　　　／84
  三　霸权、均势与地理政治的内在联系　　　　　　　／90

第Ⅱ部分　地理政治学与海洋转型

第四章　"德约范式"与现代国际体系的运行模式　/ 101
    一　兰克与德意志民族主义　/ 103
    二　大洋体系与大陆体系　/ 109
    三　德国与两次世界大战　/ 115
    四　欧洲体系的消逝与两极世界的来临　/ 120
    五　"德约范式"的当代意义　/ 125

第五章　陆海复合型国家的战略地位　/ 131
    一　从"心脏地带"到"边缘地带"　/ 133
    二　现代历史上欧洲陆海复合型强国的命运　/ 138
    三　"边缘地带"对美国的战略意义　/ 144

第六章　从"克劳备忘录"到"再平衡"　/ 149
    一　艾尔·克劳与《克劳备忘录》　/ 151
    二　均势与主导性海洋强国的战略利益　/ 156
    三　"三国协约"与"再平衡"　/ 160
    四　海洋转型与中美"安全困境"　/ 165
    五　"再平衡"与周边外交　/ 169

第七章　海权与陆海复合型强国　/ 174
    一　海权的含义与构成要素　/ 176

二 古典与现代历史上的海洋转型 / 182
三 现代历史上海洋转型的经验教训 / 188
四 海权在全球化时代的地位 / 193
五 当今陆海复合型国家的海洋转型 / 198

参考文献 / 201

后　记 / 227

导论

地理政治学与大战略研究

自 1978 年以来，伴随着改革开放进程的不断深入，当代中国在经济、政治和社会的发展上取得了举世瞩目的成就，这些成就的取得与中国自从推行改革开放以来面向海洋的发展密切相关，有许多西方学者（尤其是美国学者）也因此将这种发展形象地称为当代中国的"海洋转型"（Maritime Transformation）。① 总体上看，当代中国面向海洋发展的背后实际上有两重内在动力：一是冷战结束和苏联解体后中国陆上疆界的日趋稳定，而正是这种稳定才使当今的中国有可能集中精力向海洋谋求发展；二是中国自从推行改革开放以来的外向型经济发展模式，这种模式业已产生的主要后果之一，就是使当代中国的发展已经越来越离不开全球范围的资源和市场。② 与此相对应，"海洋转型"在促进当代中国政治、经济和社会日益发展的同时，也提出了一系列与中国的未来发展密切相关的问题：作为一个陆海复合型国家，中国究竟应选择向陆发展还是向洋发展？海上力量的发展对中国这样一个陆海

---

① 这方面最具代表性的观点和论述集中体现在 2009 年出版的一本由美国海战学院（Naval War College）三位学者主编的著作中，参见 Andrew S. Erickson, Lyle J. Goldstein, Carnes Lord, eds., *China Goes to Sea: Maritime Transformation in Comparative Historical Perspective*, Annapolis, MD: Naval Institute Press, 2009。

② Michael A. Glosny, Philip C. Saunders, Robert S. Ross, "Correspondence: Debating China's Naval Nationalism", *International Security*, Vol. 35, No. 2, 2010, pp. 161–175. 对此问题的详细阐述，参见 Robert S. Ross, "China's Naval Nationalism: Sources, Prospects, and the U.S. Response", *International Security*, Vol. 34, No. 2, 2009, pp. 46–81; Robert S. Ross, "The Geography of the Peace: East Asia in the Twenty-first Century", *International Security*, Vol. 23, No. 4, 1999, pp. 81–118。

复合型国家而言究竟意味着什么？中国面向海洋的发展趋势将会对区域秩序乃至全球秩序产生什么影响？

所有这些与中国当下及未来的繁荣与发展密切相关的问题，从严格意义上说都属于"大战略"的范畴，对这些问题的探索和分析，也因此需要有一种能够有效地帮助人们澄清思路的理论框架。在理论上，大战略是一个超越了单纯军事战略的现代战略概念，历史上首次对此予以系统阐述的，是 20 世纪前期英国最著名的军事史学家兼战略思想家利德尔·哈特（Liddell Hart）。哈特明确指出，"大战略的任务就是要协调和指导国家的全部力量以达到战争的政治目的，即国家政策确定的目标"。① 尽管哈特之后的许多学者对大战略的概念不断地进行拓展和延伸，但这些修正并没有根本脱离哈特划定的范围。在哈特对"大战略"的界定中，主要有三个关键点：目标、手段及两者间如何进行协调，即大战略本质上是有关目标如何确立、资源如何动员及两者如何进行协调的一种艺术。这里的"艺术"就是指任何形式的大战略理论都不可能是一种类似数学公式那样的刻板教条，而只是一种旨在帮助决策者提高认知水平的理论分析框架。② 这也是大战略研究不同于其他国际关系研究的独特之处。

自第二次世界大战（以下简称"二战"）结束以来，由于美苏冷战的有力推动，大战略研究获得了长足发展。然而，从 20 世纪 70 年代起，大战略研究一直深受肯尼斯·沃尔兹创立的结构现实主义理论的重大影响。这种影响在促进大战略研究发展的同时，也使它带上了某些根

---

① B. H. Liddell Hart, *Strategy*, New York: Praeger, 1974, 2nd Revised Edition, pp. 321-322. 哈特对大战略的论述最早出现在 1929 年出版的《历史上的决定性战争》一书中，他后来对该书内容进行了扩充并且以《战略论》为名于 1967 年出版，本书采用的相关引语都是出自哈特所著的《战略论》第二版。参见 B. H. Liddell Hart, *The Decisive Wars of History*, Boston: Little Brown, 1929; B. H. Liddell Hart, *Strategy: The Indirect Approach*, London: Faber, 1967。

② 参见 Paul Kennedy, "Grand Strategy in War and Peace", in Paul Kennedy, ed., *Grand Strategy in War and Peace*, New Haven: Yale University Press, 1992, p. 4; Edward M. Earle, "Introduction", in Edward M. Earle, ed., *Makers of Modern Strategy: Military Thought from Machiavelli to Hitler*, Princeton: Princeton University Press, 1971, p. viii。

本性的缺陷。总体上看，那些以结构现实主义理论为分析框架的大战略研究，一般都以国际体系中权力分布为核心变量，尽管其他因素（尤其是技术因素和地理因素）可以作为干扰变量而存在，但这些变量并不能影响到结构现实主义理论的内在逻辑，对这类研究中出现的异常现象，研究者一般都是从国内变异中寻求解释，这点也正是新古典现实主义理论的一大贡献。在理论上，要认清结构现实主义理论作为一种大战略分析框架的内在弊端，首先涉及的，就是战后国际关系学科发展史上曾经出现的一个极具争议性的理论问题，即"经典路径"（Classical Approach）与"科学路径"（Scientific Approach）两者的分歧。对这种分歧的认识不仅有助于理解按照实证科学标准构建的结构现实主义理论的弊端，而且有助于把握真正意义上的大战略理论的特质。①

一 "经典路径"与"科学路径"

在现代国际关系理论史上，"经典路径"的首要代言人是英国著名国际关系理论家、"英国学派"的创始人之一赫德利·布尔（Hedley Bull），"科学路径"的代言人当时是美国国际政治学家莫顿·卡普兰（Morton Kaplan）。② 相比而言，卡普兰的名字已经近乎被遗忘，他的著

---

① 尽管自诞生之日起结构现实主义理论的政策影响力一直乏善可陈，但这点似乎并没有影响到结构现实主义理论在当代大战略研究中的主导地位。而正是这种主导地位导致了当代大战略研究的内在弊病。对这个问题的详细论述，参见吴征宇《霸权的逻辑：地理政治与战后美国大战略》，中国人民大学出版社2010年版。

② "经典路径"和"科学路径"的代言人在当时分别是赫德利·布尔和莫顿·卡普兰，参见 Morton A. Kaplan, "The New Great Debate: Traditionalism vs. Science in International Relations", *World Politics*, Vol. 19, No. 1, 1966, pp. 1-20; Hedley Bull, "International Theory: The Case for a Classical Approach", *World Politics*, Vol. 18, No. 3, 1966, pp. 361-377。但值得注意的是，卡普兰对布尔的回应只局限在研究方法的层面上，他的文章完全没有回应布尔明确提出的"什么是国际关系理论？"和"如何构建理论？"这两个根本问题，因此他们两人间的论争实际上是一场错位的论争。真正代表"科学路径"在同一层次上与布尔展开对话的，实际上是后来的肯尼斯·沃尔兹。沃尔兹在他1979年出版的《国际政治理论》一书中从"科学路径"的视角回答了"什么是国际关系理论？"和"如何构建理论？"这两个根本问题。从这个意义上说，"经典路径"和"科学路径"的真正代言人应该是赫德利·布尔和肯尼斯·沃尔兹。

作也早就已经淡出了研究者的视野,但布尔的名字却随着"英国学派"的发展不断出现,他的著作也一直被视为国际关系理论中最重要的经典之一。不仅如此,就第二次论战而言,虽然"科学路径"后来成为美国国际关系理论的主流,但卡普兰的文章却很少被人提及,反倒是布尔的文章不断被人加以引用。① 作为"英国学派"最重要的代表人物之一,赫德利·布尔的主要成就不仅在于对"国际社会理论"的开创性研究,而且在于对国际关系理论研究的重要贡献。与大多数研究者不同,赫德利·布尔界定的国际关系理论,实际上是指人们可以提出的"有关国家间关系,或有关更广泛意义上的世界政治的,一整套带有普遍性意义的命题"。所谓"经典路径"和"科学路径",实质上是指对国际关系(实践)进行理论化的两种不同路径。②

值得注意的是,赫德利·布尔于1966年发表的那篇题为"国际关系理论:为经典路径辩护"的文章虽然一直被后世的研究者不断加以引用,但迄今为止绝大多数研究者对他阐述的"经典路径"一直都存在着两个错误认识:一是将"经典路径"与历史研究绝对等同起来;二是将理论构建路径与具体的研究方法混为一谈。在冷战后第三次论战背景下,"经典路径"与"科学路径"之争往往被归为"史学"与"科

---

① Ole Waever, "The Rise and Fall of Inter-Paradigm Debate", in Steve Smith, Ken Booth, and Marysia Zalewski, eds., *International Theory: Positivism and Beyond*, Cambridge: Cambridge University Press, 1996, p. 162.

② 有关"经典路径"与"科学路径"的分歧,参见 Tim Dunne, Lene Hansen, Colin Wight, "The End of International Relations Theory?", *European Journal of International Relations*, Vol. 19, No. 3, 2013, pp. 405-425; Simon Curtis and Marjo Koivisto, "Towards a Second 'Second Debate'? Rethinking the Relationship between Science and History in International Theory", *International Relations*, Vol. 24, No. 4, 2010, pp. 433-455; Emmand Navon, "The 'Third Debate' Revisited", *Review of International Studies*, Vol. 27, No. 4, 2001, pp. 611-625; Hedley Bull, "Martin Wight and the Theory of International Relations", *British Journal of International Studies*, Vol. 2, No. 2, 1976, pp. 101-116; Stephen George, "The Reconciliation of the 'Classical' and 'Scientific' Approaches to International Relations?", *Millennium*, Vol. 5, No. 1, 1976, pp. 28-40; Richard B. Finnegan, "International Relations: The Disputed Search for Method", *The Review of Politics*, Vol. 34, No. 1, 1972, pp. 40-66.

学"两种不同知识类型之争。这种看法存在的问题,不仅在于将理论构建路径之争简化为认识论意义上的"科学统一性"之争(即自然世界和人类社会是否适用于同一种研究方法),而且在于将作为理论构建路径的"经典路径"与历史研究绝对等同起来,而这恰恰是赫德利·布尔明确排斥的理念。除"经典路径"与历史研究的等同外,对这两种理论构建路径之争的另一种错误认识,就是将这两者与具体的研究方法混为一谈。这种错误认识虽然在西方也同样存在,但主要存在于当今的中国国际关系学界,而造成这种状况的主要原因,一是翻译造成的歧义,二是对"科学"认识上的狭隘。①

赫德利·布尔是极少数强调历史与理论并重的学者之一。他认为:历史研究的意义不仅在于展示国际关系实践的具体特征,更在于其是理论研究不可或缺的伴侣,即历史研究不仅是理论命题的重要来源和理论检验的实验室,更为重要的是,任何理论都有其自身的历史,而揭示这种历史对理论的理解与批判都非常重要。② 布尔虽然强调历史研究的意义,却认为历史研究并不能够取代理论研究,即必须要摒弃那种认为"国际关系只能且必须以历史研究的方式进行"的看法。因为理论研究不是历史研究,两者是一种相辅相成的关系,理论研究需要厚重的历史分析作为支撑,但任何历史研究都包含了不同程度的理论思考。③ 布尔

---

① 有关"经典路径"与"科学路径"之争以及现代国际关系研究中的"史学"与"科学"之争,参见 Simon Curtis and Marjo Koivisto, "Towards a Second 'Second Debate'? Rethinking the Relationship between Science and History in International Theory", *International Relations*, Vol. 24, No. 4, 2010, pp. 433-455. 有关"经典路径"与"科学路径"之争与国际关系研究方法的讨论,参见 Quan Li, "The Second Great Debate Revisited: Exploring the Impact of the Qualitative-Quantitative Divide in International Relations", *International Studies Review*, viy009, https://doi.org/10.1093/isr/viy009。迄今为止,国际关系学界有关"经典路径"与"科学路径"的最权威界定仍然是赫德利·布尔 1966 年发表的那篇文章,参见 Hedley Bull, "International Theory: The Case for a Classical Approach", *World Politics*, Vol. 18, No. 3, 1966, pp. 361-377.

② Hedley Bull, "Martin Wight and the Theory of IR", *British Journal of International Studies*, Vol. 2, No. 2, 1976, p. 104.

③ Hedley Bull, "International Relations as an Academic Pursuit", *Australian Outlook*, Vol. 26, No. 3, 1972, p. 252.

界定的理论研究有两重目的，一是批判性分析，二是理论的构建。首先，任何有关世界政治的讨论都包含了许多含蓄的前提，理论研究的首要任务是辨别、阐述和修正这些具有普遍性意义的前提；其次，理论研究还必须关注理论的构建，即研究者不仅要探究理论前提和理论论断的有效性，还必须在此基础上建立起一套系统且牢固的知识体系。①

将"经典路径"和"科学路径"之争与研究方法混为一谈，虽然在西方学界也存在，但目前主要存在于当下中国学界。Classical Approach 和 Scientific Approach 在中文语境中一直被译为"经典方法"和"科学方法"。这种译法上的不准确很大程度上造成了那些没有条件或没有能力参考英文原著的中国学者认识和理解上的歧义，即造成他们将两种不同的理论构建路径之争与具体的研究方法混为一谈。不仅如此，那些力图在中国倡导"科学路径"的学者，其初衷是希望将那些低水平研究排挤出学术主流，从而提高中国国际关系研究的整体水平，所谓"科学方法"似乎为此提供了一种足够有力且足够公正的话语。但问题是，这种想法固然是可贵的，却与"经典路径"和"科学路径"之争毫无关联，这两种构建路径都符合认识论意义上的"科学"标准。按照布尔的界定，这两种理论构建路径的论争焦点，就在于究竟哪一种路径能够对国际关系进行更好的理论化概括，这不仅涉及具体的理论形态，且更涉及是否有助于人们对实践的认知，这也就意味着，这两种路径与具体研究方法存在着本质不同。②

---

① Hedley Bull, "International Theory: The Case for a Classical Approach", *World Politics*, Vol. 18, No. 3, 1966, p. 362.

② 有关国际关系研究的社会科学属性的讨论，参见 Milja Kurki and Colin Wight, "International Relations and Social Science", in Timothy Dunne, Milja Kurki and S. Smith, eds., *International Relations Theories: Discipline and Diversity*, Oxford: Oxford University Press, 2010, pp. 14-35; Jeffry A. Frieden and David A. Lake, "International Relations as a Social Science: Rigor and Relevance", *The Annals of the American Academy of Political and Social Science*, Vol. 600, No. 1, 2005, pp. 136-156; Colin Wight, "Philosophy of Social Science and International Relations", in Walter Carlsnaes, Thomas Risse and Beth A. Simmons, eds., *Handbook of International Relations*, London: SAGE Publications Ltd., 2012, pp. 23-51。

按照赫德利·布尔的界定,"经典路径"乃是一种"源自历史学、哲学和法学的构建理论的路径,这种路径的首要特征是明确地依赖判断力的实施和一系列前提假定,即如果我们拘泥于严格的验证或检验的标准,那么对国际关系便很难能提出多少有意义的见解;而有关国际关系的任何具有普遍性意义的命题也因此必定是来自一种在科学上并不完善的感知或直觉的过程;与其来源的不完善相对应,这些具有普遍性意义的命题最多也只能是尝试性和非结论性的"。① 与采用"经典路径"构建的理论相比,那些采用"科学路径"构建的理论,"其命题要么是基于逻辑上或数学上的证据,要么是基于非常严格的经验性检验程序",与此相对应的就是,那些采用"科学路径"的研究者,要么将"国际关系的经典理论斥之为毫无价值,且明确将自己看成是一门全新科学的开创者",要么是勉强承认"采用经典路径构建的理论聊胜于无",但这两种人都是相信自己的理论将取代以往的理论。② 正是从这个意义上说,这种分歧涉及的是国际关系理论的性质,即应该构建什么样的理论及这种理论应该提供什么样的知识?

确切地说,"科学路径"力图构建的是由一系列有内在逻辑联系且旨在解释变量间相关关系的命题或假设构成的理论,这种理论在当代最杰出的代表,也就是肯尼斯·沃尔兹按照实证科学标准创立的结构现实主义理论,这也是沃尔兹的理论一出世便风靡整个国际关系学界的原因,而且其影响至今仍然可观。③ 与此相反,"经典路径"力图构建的乃是一种思辨(哲学)性的旨在对现象的意义进行诠释或理解的理论,

---

① Hedley Bull, "International Theory: The Case for a Classical Approach", *World Politics*, Vol. 18, No. 3, 1966, p. 361.
② Hedley Bull, "International Theory: The Case for a Classical Approach", *World Politics*, Vol. 18, No. 3, 1966, p. 362.
③ Stanley Hoffmann, "An American Social Science: International Relations", *Dædalus*, Vol. 106, No. 3, 1977, p. 50.

这种理论在当代最杰出的代表，实际上是赫德利·布尔创立的"国际社会理论"，而这点同样也解释了为什么采用"经典路径"创立的"国际社会理论"虽然不曾极度风靡，却能够日久弥新且长盛不衰。① 按照布尔的界定，衡量"经典路径"和"科学路径"高低优劣的标准，关键就是看哪种路径能够对作为一种社会实践的国际关系更好地进行理论化的总结和概括，而这点则要取决于国际关系实践本身的性质。正如斯坦利·霍夫曼所言，肯尼斯·沃尔兹的最大错误之处，在于将国际关系理论的解释力缺少实质性进步的根源"归咎于理论家自身，而不是问一问这种失败是否源自这个领域（国际关系）的本质。即我们是否有可能构建一种有关不确定行为的理论"。②

"经典路径"与"科学路径"的分歧，确切地说，也正是二战后国际关系学科中的"经典现实主义"和"结构现实主义"间的分歧，这两种理论对现代大战略研究都有着非常重要的影响。结构现实主义理论对当代大战略研究的影响，集中地体现在当代许多大战略研究者一般都是以国际体系中的权力分布为主要自变量，尽管其他许多重要因素（尤其是技术因素和地理因素）在具体研究中可以作为干扰性变量而存在，但这些变量并不能影响到结构理论的内在逻辑。对这类研究中出现的异常现象，研究者一般都是从国内变异中寻求解释。经典现实主义理论对当代大战略研究的影响，乃是通过三位学者的成就得以体现的，即美国国际政治学家尼古拉斯·斯皮克曼、美国著名学者型外交家乔治·凯南和美国原国家安全事务助理及国务卿亨利·基辛格。这三位战后历史上经典现实主义的代表人物，不仅对战后的现实主义理论（尤其是大战略理论）

---

① Robert Jackson, *The Global Covenant*, New York: Oxford University Press, 2000, p. 71.
② Stanley Hoffmann, "An American Social Science: International Relations", *Dædalus*, Vol. 106, No. 3, 1977, p. 52.

的发展,而且对二战后的美国对外政策(尤其对冷战时期美国对苏联及社会主义阵营曾经推行的遏制战略)起到了举足轻重的作用。①

二 "结构理论"与大战略研究

作为现代国际关系研究科学化进程的代表性成就,沃尔兹创立的理论实际上是一种不受时空限制且具有普遍适用性的理论,这种理论赖以构建的思想基础之一,是源自亚当·斯密且经过保罗·萨缪尔森改造的新古典经济学理论,沃尔兹对国际无政府状态之根本效应的界定和阐述,实际上正是建立在国际无政府状态与市场之类比的基础上的。② 然而,沃尔兹提出的这种类比实际上难以成立,这不仅因为市场逻辑必须在一定的制度条件下才能够顺利运行(国际无政府状态中缺少相应的制度条件),更是因为市场逻辑的诸种构成都是流动性的(但国际政治的构成要素则不具备任何流动性),这种缺憾也正是解释了为什么沃尔兹的理论不仅是"非历史的",而且是"非空间的"。③ 沃尔兹理论的"非历史"和"非空间"的缺憾,恰恰造成那些以此为指南的大战略研究在关注体系中权力分布的同时,普遍忽略了技术因素与地理环境间的相互作用对大战略的潜在含义。就大战略研究而言,这种缺陷集中地体现在"进攻性现实主义"和"防御性现实主义"有关冷战后美国应该采取相关大战略的讨论中。

---

① 有关二战后现实主义理论的发展,参见 Nicolas Guilhot, ed., *The Invention of International Relations Theory: Realism, the Rockefeller Foundation, and the 1954 Conference on Theory*, New York: Columbia University Press, 2011; Stefano Guizzini, *Realism in International Relation and International Political Economy*, London: Routledge, 1998。

② 关于这个问题,参见 Jonathan Kirshner, "The Economic Sins of Modern IR Theory and the Classical Realist Alternative", *World Politics*, Vol. 67, No. 1, 2015, pp. 155-183; Jonathan Kirshner, "The Tragedy of Offensive Realism: Classical Realism and the Rise of China", *European Journal of International Relations*, Vol. 18, No. 1, 2012, pp. 52-74。

③ 关于这个问题,参见 Hans Mouritzen, *Theory and Reality of International Politics*, Aldershot: Ashgate, 1998; Jack Donnelly, *Realism and International Relations*, Cambridge: Cambridge University Press, 2008; Barry Buzan and Richard Little, *International Systems in World History*, Oxford: Oxford University Press, 2000。

"进攻性现实主义"和"防御性现实主义"彼此间虽然有许多分歧，但两者都认为安全是国际体系中所有国家追求的首要目标，由于一国的权力实际是一国安全的基础，因而国际政治中的权力与安全通常是密不可分的，而这点同样也意味着，这两种理论的论争焦点，不在于国家追求的目标是权力最大化还是安全最大化，而在于一国为确保自身安全究竟要拥有多大程度的权力。① 对进攻性现实主义来说，一国确保自身安全的最好办法是获得体系霸权，从而以此消除另一个大国可能对本国构成的挑战，即使在取得体系霸权后一国也不应停止对权力的追求；对防御性现实主义而言，大国为保障自身安全的最好做法是获得最低限度的足够权力，追求霸权只能给国家造成更大的不安全，因为任何形式的霸权都将必然导致其他国家的反抗。"进攻性现实主义"和"防御性现实主义"虽然都是不同程度的"结构理论"，但两者却普遍地被研究者利用来构建某种大战略理论（也就是预测单个国家行为而不是体系性结果的理论）。而这点则使两者在冷战结束后普遍被用来回答有关后冷战时代美国大战略的许多问题，尽管彼此间有许多重大分歧，但具体应用到后冷战时代美国大战略问题上，"进攻性现实主义"和"防御性现实主义"都认为冷战后的美国不应寻求区域外霸权。②

由于解释的是体系性结果而不是国家的行为，因而结构理论通常都忽略了体系中不同的大国各自面临的不同环境对国家大战略可能产生的重大影响，但作为有关冷战后美国大战略的理论，进攻性现实主义和防

---

① 对这个问题的详细论述，参见 Jeffrey W. Taliaferro, "Security Seeking under Anarchy: Defensive Realism Revisited", *International Security*, Vol. 24, No. 2, 1999, p. 132。

② 进攻性现实主义和防御性现实主义的大战略研究代表性著作，参见 Christopher Layne, *The Peace of Illusions: American Grand Strategy from 1940 to the Present*, Ithaca: Cornell University Press, 2006; John J. Mearsheimer, *The Tragedy of Great Power Politics*, New York: W. W. Norton, 2001。进攻性现实主义和防御性现实主义的内在逻辑，参见 Jeffrey W. Taliaferro, "Security Seeking under Anarchy: Defensive Realism Revisited", *International Security*, Vol. 24, No. 2, 1999, pp. 128-161; Robert Jervis, "Cooperation under the Security Dilemma", *World Politics*, Vol. 30, No. 2, 1978, pp. 167-214。

御性现实主义结论上的相似性正是某种干扰性变量（即美国是一个远离欧亚大陆且具有洲际规模的岛屿性国家）的作用造成的。对进攻性现实主义来说，国际无政府状态虽然使所有国家都渴望获得全球霸权，但水体阻碍力的作用却使国际体系中任何国家能够希望的最好结果，是获得区域霸权而不是全球霸权；对防御性现实主义而言，岛国地理位置使美国没有必要对欧亚大陆推行一种霸权式大战略，因为这种战略不仅将损害到美国的经济基础，而且可能激发起其他国家对美国的反抗。值得注意的是，这种结论上相似性的决定因素，实际上乃是美国特定的地理位置，即由于受天然屏障的保护，美国没有必要为安全而获得霸权。正因为如此，进攻性现实主义者和防御性现实主义者一致认为，美国在后冷战时代对欧亚大陆推行的应该是"离岸制衡"战略而不是"绝对优势"战略。①

进攻性现实主义者和防御性现实主义者之所以推崇"离岸制衡"，并非因为他们认为欧亚大陆核心区域的事态发展与美国的自身利益毫不相干，而是因为他们依据的是有关国际无政府状态中国家制衡倾向的命题，即无政府状态中的国家（尤其是大国）在面临他国权力急剧增长或霸权威胁时，主要行为模式是"制衡"而不是"追随"。② 正因为国际无政府状态中的国家（尤其大国）面对霸权威胁将普遍采取制衡的行动，所以美国不仅能够让相关的地区大国首先来承担起制衡区域霸权国的责任，而且相关的地区大国采取的制衡行动也将为美国赢得充裕的时间来集结资源以应对大陆均势的变化，而这点正是结构理论家推崇的

---

① 有关对"进攻性现实主义"和"防御性现实主义"这两种结构现实主义理论在相关大战略问题上的理论综述，参见 Robert J. Art, *A Grand Strategy for America*, Ithaca: Cornell University Press, 2003。有关防御性现实主义为什么会竭力推崇"离岸制衡"战略的内在逻辑，参见 Christopher Layne, *The Peace of Illusions: American Grand Strategy from 1940 to the Present*, Ithaca: Cornell University Press, 2006。有关进攻性现实主义之所以推崇"离岸制衡"战略的内在逻辑，参见 John J. Mearsheimer, *The Tragedy of Great Power Politics*, New York: W. W. Norton, 2001。

② Hans Mouritzen, *Theory and Reality of International Politics*, Aldershot: Ashgate, 1998, p. 27.

"离岸制衡"对美国大战略的真正要义。① 作为从沃尔兹理论的构架中衍生出来的结构理论,进攻性现实主义和防御性现实主义对大战略的探讨虽然都考虑到地理因素的潜在含义,但由于地理因素在结构理论中只能作为干扰性变量而存在,因此两者都没有把握美国作为当今主导性海洋国家这一要素的政策含义,这也是"离岸制衡"从来也没有主导美国对外政策的关键原因。

作为不同形式的结构理论,"进攻性现实主义"与"防御性现实主义"都没有能预见而且无法解释为什么二战后和冷战后美国对欧亚大陆推行大战略模式,而造成这种情况的关键原因,就在于结构理论依赖的有关无政府状态中的国家制衡倾向的命题难以成立。一般来讲,由于无政府状态中国家在面临霸权威胁时不一定采取制衡行动,且技术进步造成的大战略运行环境变化使美国不可能有充裕的时间集结资源以应对大陆局势的发展,因而美国要确保防止欧亚大陆上区域霸权国的崛起。非但无法在和平时期从大陆脱身,反而必须时刻保持对大陆事务的干预能力,这正是美国对欧亚大陆推行的大战略模式的内在逻辑。在理论上,结构理论之所以无法预见和解释美国对欧亚大陆的霸权式大战略,不仅是由于其理论自身的弊病,同时更在于结构理论是一种缺少时空维度的普遍理论,因而它们对由技术进步引发的大战略运行环境的变化缺少根本把握。结构现实主义者对这种研究中出现的异常现象采取的典型做法,通常都是从各种国内变异中寻求解释,而这点也正是"新古典现实主义"的主要贡献。②

---

① John J. Mearsheimer, *The Tragedy of Great Power Politics*, New York: W. W. Norton, 2001, p. 235.
② 有关"新古典现实主义"与结构现实主义理论的关系,参见 Brian Rathbun, "A Rose by Any Other Name: Neoclassical Realism as the Logical and Necessary Extension of Structural Realism", *Security Studies*, Vol. 17, No. 2, 2008, pp. 294-321; Gideon Rose, "Neoclassical Realism and Theories of Foreign Policy", *World Politics*, Vol. 51, No. 1, 1998, pp. 144-172.

与单纯的结构理论相比,新古典现实主义的首要出发点仍然是体系结构(即国家在国际体系中的地位,尤其是国家拥有的相对权力数量)对国际政治中的国家行为提供的机遇和限制,但与结构理论不同的是,新古典现实主义认为,"由于体系压力必须要经过单元层次上干扰性变量的转化",因而结构对国家"对外政策的影响是间接和复杂的",即结构并不能决定一国对外政策。① 正因为兼容了体系层次和单元层次上的两种变量,新古典现实主义在一定程度上能够解释战后美国对欧亚大陆采取一种霸权式大战略的原因。这方面最有代表性的成就,是美国政治学者克里斯托弗·雷恩所提出的"区域外霸权理论",这个理论兼容了体系层次与单元层次的变量,前者构成了美国扩张的许可条件,后者解释了美国霸权大战略背后的动机。② 对区域外霸权理论而言,美国在西半球的霸权地位及其战后相对于世界其他国家的权力优势虽然使美国在大战略选择上几乎享有绝对自由,但战后美国对欧亚大陆的大战略并非由结构而是由美国的国内因素决定的,而这使美国的大战略倾向于区域外霸权而不是离岸制衡。

从严格意义上说,新古典现实主义这种以美国的霸权动机来解释其霸权行为的做法虽然并没有违反结构理论的内在逻辑,但从根本上说仍然存在明显的不足。在理论上,以美国的霸权动机来解释其霸权行为本质上是一种循环论证,这种论证并不能够对战后美国霸权式大战略提供一种令人信服的解释,反而预示着现实主义理论正在逐渐地演变为一种不断退化的研究纲领。③ 在现代国际关系理论史上,同样也是从结构现

---

① Gideon Rose, "Neoclassical Realism and Theories of Foreign Policy", *World Politics*, Vol. 51, No. 1, 1998, p. 152.

② Brian Rathbun, "A Rose by Any Other Name: Neoclassical Realism as the Logical and Necessary Extension of Structural Realism", *Security Studies*, Vol. 17, No. 2, 2008, p. 296.

③ John A. Vasquez, "The Realist Paradigm and Degenerative vs. Progressive Research Programs: An Appraisal of Neotraditional Research on Waltz's Balancing Proposition", *American Political Science Review*, Vol. 91, No. 4, 1997, pp. 899-912.

实主义构架中衍生出的新古典现实主义虽然在某种程度上弥补了结构理论原本在解释力上存在的某些不足，但后者将单元层次因素纳入结构理论的做法并没有根本地改变结构理论的内在逻辑，这也是新古典现实主义理论的根本问题。① 结构理论的内在弊端（即忽略地理政治环境及其变迁对国家大战略的潜在含义）导致的主要后果，就是使当代大战略研究缺乏一种可用来把握超出权势分布以外的物质环境之战略含义的分析框架，而这点同时也向人们昭示了那种以技术因素与宏观地理环境间的互动联系为出发点的经典地理政治学对大战略研究具有的重要意义。

三 "经典理论"与大战略研究

与肯尼斯·沃尔兹相比，二战后的经典现实主义理论并没有出现过一个非常典型的代表性人物，而这点也正是造成人们对经典现实主义相对比较陌生的一个重要因素。除汉斯·摩根索外，二战后历史上曾经出现的经典现实主义理论主要有三位代表性人物，即尼古拉斯·斯皮克曼、乔治·凯南和亨利·基辛格。作为早期经典现实主义者之一，斯皮克曼在战后国际关系学科史上的地位与汉斯·摩根索是相同的。乔治·凯南滞留在大众记忆中的印象首先不是一位学者，而是一位外交家兼"遏制战略"的主要设计者。至于亨利·基辛格，尽管做出过非常杰出的理论贡献，但他的成就主要还是集中在国务活动领域，而不是学术研究领域。与结构现实主义理论不同，这三位理论家全都是按照传统的"经典路径"而不是"科学路径"来构建他们的理论的，但也正是因为如此，这三位理论家的思想成就基本都不符合二战后美国国际关系学界推崇的实证科学的标准，因此不具备任何意义上的"科学性"。而

---

① 有关将单元层次因素纳入结构理论做法存在的各种问题，参见 Bernard I. Finel, "Black Box or Pandora's Box: State Level Variables and Progressivity in Realist Research Programs", *Security Studies*, Vol. 11, No. 2, 2001, pp. 187-227; Jeffrey W. Legro and Andrew Moravcsik, "Is Anybody Still a Realist?", *International Security*, Vol. 24, No. 2, 1999, pp. 5-55。

这点实际上也正是解释了,为什么这三位理论家在战后国际关系学科中一直都处在相对边缘的地位。[①]

与肯尼斯·沃尔兹相比,这三位经典现实主义理论代表性人物最引人注目的地方,不仅体现在他们的学术成就上,更体现在他们的理论对国际政治实践的影响上。作为一个与汉斯·摩根索齐名的经典现实主义理论家,斯皮克曼虽然英年早逝,但他的两部著作(即《美国在世界政治中的战略》与《和平的地理学》)不仅影响到二战后美国对外政策的制定,甚至对冷战后有关美国对外政策的讨论都具有非常重要的指导意义。[②] 乔治·凯南的学者身份一直以来都被他的官方身份掩盖,他不仅是美国国务院最早的苏联问题专家之一及美国国务院政策设计署的第一任主管,更是美国"遏制战略"的最主要设计者。[③] 亨利·基辛格不仅先后担任过美国国家安全事务助理和国务卿,还亲自主持实施了二战后美国对外政策最重要的一次转向,这种转向的直接后果,就是苏联的瓦解和美国在后冷战时代的绝对优势地位。[④] 二战后的经典现实主义理论家对美国对外政策的巨大影响力,实际上也正是昭示了后世的学者对他们的思想(尤其是他们的大战略思想)进行更进一步的研究和探索的必要性。

---

① 有关二战后经典现实主义理论的发展概括及主要代表性人物,参见 Michael Joseph Smith, *Realist Thought from Weber to Kissinger*, Baton Rouge, LA: Louisiana State University Press, 1986。

② 有关斯皮克曼对现实主义理论的贡献,参见 Colin S. Gray, "Nicholas John Spykman, the Balance of Power, and International Order", *Journal of Strategic Studies*, Vol. 38, No. 6, 2015, pp. 873-897; Robert Art, "The United States, the Balance of Power, and World War Ⅱ: Was Spykman Right?", *Security Studies*, Vol. 14, No. 3, 2005, pp. 365-406。

③ 有关乔治·凯南的现实主义思想,参见 John L. Gaddis, *Strategies of Containment: A Critical Appraisal of American National Security Policy during the Cold War*, New York: Oxford University Press, 2005; Richard L. Russell, *George F. Kennan's Strategic Thought: The Making of an American Political Realist*, Westport, CT: Praeger, 1999。

④ 有关亨利·基辛格的现实主义思想,参见 Winston Lord, *Kissinger on Kissinger: Reflections on Diplomacy, Grand Strategy, and Leadership*, New York: All Points Books, 2019; Mario Del Pero, *The Eccentric Realist: Henry Kissinger and the Shaping of American Foreign Policy*, Ithaca, N.Y.: Cornell University Press, 2013。

斯皮克曼、凯南和基辛格的理论之所以能够对二战后的美国对外政策产生重大影响，其关键因素在于他们的理论都深刻揭示了地理政治逻辑对国家大战略的支配性作用。二战结束后，德国地缘政治学（Geopolitik）由于被认为与二战期间纳粹德国的侵略扩张存在着密切联系，因此除一些批判性的历史研究外，无论在思想内容还是研究方法上，几乎销声匿迹。与此相对应，法国维达尔传统（The Vidalienne Tradition）在战后也同样偃旗息鼓。一直到20世纪70年代中后期，"批判地理政治学"的兴起才使具有浓厚人文主义色彩的法国维达尔传统得到部分复兴。在战后国际关系史上，真正地获得实质性发展的，乃是体现了盎格鲁—撒克逊民族对外政策关切的经典地理政治学。由于"地理政治"一词在二战结束后已经成为某种禁忌，因此二战后的经典地理政治学主要是依托经典现实主义理论而发展起来的。这也是为什么战后三位最具代表性意义的经典现实主义理论家（即斯皮克曼、凯南和基辛格）很大程度上也都是地理政治思想家，即他们继承的实际上乃是哈尔福德·麦金德的现实主义衣钵。①

斯皮克曼的理论贡献主要有两方面：一是阐述了美国介入二战的理由；二是将欧亚大陆核心区域的均势与美国的安全利益紧密地联系在一起。他认为，即使德、日两国最终获胜，美国在军事上也不会迅速失败，因为美国太强大且拥有防御上的天然优势，无论从大西洋还是太平洋，要入侵或征服一个洲际规模的现代化强国将面临巨大阻碍。他指

---

① 有关哈尔福德·麦金德的地理政治思想与现实主义理论的关联，参见 Lucian M. Ashworth, "Mapping a New World: Geography and the Interwar Study of International Relations", *International Studies Quarterly*, Vol. 57, No. 1, 2013, pp. 138-149; Lucian M. Ashworth, "Realism and the Spirit of 1919: Halford Mackinder, Geopolitics and the Reality of the League of Nations", *European Journal of International Relations*, Vol. 17, No. 2, 2010, pp. 279-301。虽然从没有明确提到过"地理政治"一词，但不论从思想内容还是战略主张上来看，二战后美国的经典现实主义理论继承的实际上正是麦金德（而不是任何其他思想家）的衣钵，而这点长期以来一直都被绝大多数研究者忽略。

出：美国参战是因为这种防御不可能无限期维持下去，因为德、日两国在获胜后将会对西半球实行全面禁运，这将使美国面临严重的原料短缺并最终屈服，任何以武力打破这种禁运的企图都将是徒劳的。① 斯皮克曼对美国战略利益的关注主要集中在美国可能会面临的战略包围问题上。他注意到，历史上美国的安全总是同欧洲和亚洲的均势相伴的，美国受到战略包围的可能性仅仅出现过四次，其中最后一次就是出现在第二次世界大战期间，因为德日同盟的出现有可能颠覆"大洋对岸（欧亚大陆）的均势"，尽管美国自身实力确实非常强大，但如果必须面对一个统一的边缘地带，那么美国仍然会发现自己不可避免地将受到一个超级势力的包围。②

作为"遏制战略"的主要设计者，乔治·凯南同样是一位麦金德式的现实主义者。凯南认为，美国人历来以"普遍主义"和"特殊主义"两种方式追求国家利益：前者以国家间利益和谐为前提，且力图通过国际机构实现和谐，从而将自身的安全需要从属于国际社会的安全需要；后者虽然不排斥国家间合作，但力图按照自己的国家利益需求，对国际事务进行现实和有利于自己的安排。③ 凯南相信，"普遍主义"实际是一个不适当的框架，这不仅因为它过于理想化，而且可能会使美国陷入"一种毫无结果且麻烦不断的国际议会制度的泥潭"；"特殊主义"是捍卫美国利益的一种合适方式，这种方式的要旨是设法维护国际秩序内部的平衡，从而使任何国家或集团无法主宰国际秩序。④ 由凯南提出的这种"特殊主义"国家利益观的核心，是防止足够多的权力聚集在

---

① Nicholas J. Spykman, *America's Strategy in World Politics*, New York: Harcourt Brace and Co., 1942, p. 293、392.
② Nicholas J. Spykman, *The Geography of Peace*, New York: Harcourt Brace and Co., 1944, p. 40.
③ George F. Kennan, *Around the Cragged Hill*, New York: W. W. Norton and Company, 1993, p. 181.
④ John L. Gaddis, *Strategies of Containment: A Critical Appraisal of American National Security Policy during the Cold War*, New York: Oxford University Press, 2005, p. 26.

一起，从而对美国的安全构成实质威胁，尽管权力可能有多种来源，但他坚持将工业军事力量看作他所处时代的国家权力的关键，并且据此确定了二战后世界上五个可能对美国安全产生重大影响的关键地区和国家，即北美、日本、英国、德国和苏联。①

正因为这五个地区均具有威胁美国本土安全的潜力，对凯南而言保持美国安全的关键在于对这些地区的权力分布进行调控，其中尤其是必须防止它们聚集在一个能够威胁到世界上的岛国及海洋国家利益的单一强国控制下，而这点恰恰也正是凯南设计的"遏制战略"力图实现的根本目标。②凯南认为，美国的利益就在于保持内线强国间的某种稳定平衡，"以防止它们中的一个能够奴役其他国家，能够征服欧亚大陆沿海地带，能够在成为大陆强国的同时也成为海洋强国，能够动摇英国的地位，能够从事（因为在这种情况下它肯定会这么做）某种对我们怀有敌意且得到欧亚内陆地区巨大资源支持的海外扩张"。③凯南对二战后美国安全的主张明显带有麦金德的痕迹，而且他后来也更加明确地指出，"在我国历史的绝大部分时间里，我们的安全一直都是有赖于英国的地位；加拿大则是一直保持我国与英帝国间良好关系的一个特别有用而且是不可或缺的人质；英国的地位则是有赖于能否保持欧洲大陆的均势"，正如同对英国一样，"确保没有任何单一强国统治欧亚大陆"，对我们而言同样是必须的。④

在战后国际关系史上，明确从地理政治角度来思考美国对外政策并

---

① George F. Kennan, *Realities of American Foreign Policy*, Princeton: Princeton University Press, 1954, p. 64.

② John L. Gaddis, *Strategies of Containment*, New York: Oxford University Press, 2005, p. 27.

③ George F. Kennan, *Realities of American Foreign Policy*, Princeton: Princeton University Press, 1954, p. 65.

④ George F. Kennan, *American Diplomacy 1900-1950*, Chicago: University of Chicago Press, 1951, p. 5.

对其发展做出了重要贡献的,是二战后美国著名的政治家兼外交家亨利·基辛格。基辛格曾经大量使用"地理政治"一词,这在《白宫岁月》一书中显得特别明显。尽管基辛格在此书中对海洋国家与大陆国家间的力量平衡并没有给予过多关注,但他明确将"地理政治"与全球范围的均势及美国在这种全球性均势体系中永恒的国家利益联系在一起,而这点也正是地理政治思想的核心要素。对基辛格来说,"地理政治"代表了一种与美国传统上的自由主义和保守主义相对立的政策。这种政策的核心,就是将美国对外政策建立在一种对国家利益的明智认识基础上,而不是建立在那些容易导致极端并且常常是起伏不定之政策的感情基础上。对基辛格而言,这种政策意味着美国应当同中国建立起某种超越意识形态的现实利益关系,这种关系的根本目的是共同遏制苏联的扩张主义野心,即美国并非寻求在中苏两国间选择中国一方,但美中两国确实有共同抑制苏联扩张野心的必要。①

四 地理政治学与海洋转型

二战结束后,美国取代英国成为体系中主导性海洋强国兼领导者,但与此同时,美国同样继承了历史上英国对大陆均势的警觉,正是这种警觉使美国在二战后和冷战后对欧亚大陆核心区域(西欧和东亚)的政策与历史上英国对欧洲大陆的政策并没有多少本质性区别,即防止大陆核心区域出现一个占绝对优势的国家,这也是主导性海洋强国最根本的战略利益。② 首先,一旦某个国家取得欧亚大陆核心区域的霸权,那么它也将获得必要的资源,从而有能力对主导性海洋强国的地位发起挑战;其次,一旦某个国家取得欧亚大陆核心区域的霸权,那么它也将能使大陆市场对主导性海洋强国完全封闭,而后者在保持一个开放性体系

---

① Leslie W. Hepple, "The Revival of Geopolitics", *Political Geography Quarterly*, Supplement, Vol. 5, No. 4, 1986, p. S27.
② Walt W. Rostow, *The United States in the World Arena*, New York: Harper and Row, 1960, p. 543、544.

上的既得利益,则要求体系中的核心区域必须保持对自己及追随者的门户开放。① 正因为保持欧亚大陆核心区域强国间的均势直接关系到主导性海洋强国兼体系领导者的相对权力优势,故历史上的英国和二战后的美国历来都对大陆事态保持着足够的警觉,这种警觉实际上也正是历史上的主导性海洋强国不惜以战争方式反复卷入大陆核心区域事态发展的根源。

在战后美国对外政策史上,美国历届政府的决策者一般都是从这种地理政治的视角来看待苏联威胁的。1950年,杜鲁门政府发布的国家安全委员会第68号文件就曾写道,"一方面,世界人民渴望免除因核战争风险而引起的焦虑。另一方面,克里姆林宫统治地区的任何更进一步的重大扩张,都将使集结起一个足以能够用更为优势的力量来抵抗克里姆林宫的联盟根本无法形成。正是从这个意义上说,美利坚合众国及其公民正处于极度危险中"。② 1988年,里根政府发布的《国家安全战略报告》也写道,"如果某个敌对的国家或国家集团统治了欧亚大陆——即通常被称为世界心脏地带的地区,美国最基本的安全利益将处于极度危险中。我们为防止出现这种情况曾进行过两次世界大战。而且自1945年以来,我们一直在竭力防止苏联利用其地理战略上的优势来统治其西欧、亚洲和中东的邻国"。③ 即使在冷战结束后,虽然有许多美国学者一直在反复地强调美国应该要适时撤出西欧和东亚,但冷战后美国历届政府的政策都表明,美国对欧亚大陆核心区域的政策在冷战时和冷战后一直保持着惊人的延续性。

---

① 有关对主导性海洋强国这一核心利益的详细探讨,参见 Ludwig Dehio, *The Precarious Balance: Four Centuries of the European Power Struggle*, New York: Random House/Vintage, 1962, p. 58、75、166、263。
② 梅孜编译:《美国国家安全战略报告汇编》,时事出版社1996年版,第311页。
③ 梅孜编译:《美国国家安全战略报告汇编》,时事出版社1996年版,第71页。

冷战后的美国对外政策与"结构理论"主导的大战略研究间的脱节，不仅显示出按照"科学路径"建构起来的"结构理论"的种种不足，且同时反映出当下普遍地缺少一种思考与当代国际关系实践相关的大战略问题的分析框架，而这点同样也体现在与当代中国对外政策和对外战略密切相关的研究和思考中。近年来，有许多学者都曾经明确指出，当代中国学者有关中国的对外政策和对外战略的思考，所依据的理论背景主要是现实主义。但值得特别注意的是，这里所说的"现实主义"很大程度上就是指沃尔兹创立的"结构现实主义"及在此基础上衍生的次级理论。与"结构理论"在探讨冷战后美国对外政策时的遭遇相似，这种理论也无法解决当代中国对外政策和对外战略面临的许多重大问题，尤其是无法为思考与当代中国"海洋转型"相关的重大政策问题提供一个合适的分析框架。这些重大问题主要包括：当代中国究竟应选择向陆发展还是向洋发展？海上力量的发展对中国这样一个国家而言究竟意味着什么？中国面向海洋的发展趋势将会对区域秩序乃至全球秩序产生什么影响？

与面向大西洋沿岸的欧洲国家一样，中国同样是一个典型的"陆海复合型强国"。这种国家在发展道路上面临的首要难题，是究竟选择向陆发展还是向洋发展？这个问题在中国历史上不止一次地出现过。明代中国在经历了郑和七次下西洋的壮举后，出于各种原因，最终选择了"禁海"，从而丧失了一次宝贵的历史机遇。清代中国在19世纪中期同样也出现了"海防"与"塞防"之争，这场论争及最终结局对近代中国的历史发展也产生了举足轻重的影响。当代中国在进入21世纪后，同样出现了海权与陆权的论争，这种论争迄今为止并没有形成明确的共识，而导致这种局面产生的关键，是双方使用的不是同一种语言和同一个框架。正是因为如此，这种论争无论有多么激烈，充其量也就是"鸡同鸭讲"，因为双方的争论很大程度上都不是在同一个时空或同一个框架内进行的，双方无法找到任何的共同点，由于缺少任何实质性的限制,双方也都不可能有意义地阐明自身立场的依据,因此也不可能说服对方。①

在理论上,"海洋转型"不仅意味着一国在政治、经济及社会的发展上决定性地依赖海外资源和海外市场,同时也意味着一国武装力量构成上的变化,即与海洋相关的武装力量所占比重的变化。无论从哪一种角度看,这两种类型的发展都将对中国的内外政策产生具有实质性意义的影响,而如何正确地理解和把握所有这些与"海洋转型"相配套或是"海洋转型"所必然带来的政策变化,则将会直接地关系到中国的发展能否持续。从严格意义上说,要理解和把握所有这些与"海洋转型"相配套或是"海洋转型"所必然带来的政策变化,就必须对相关政策的内涵及其可能产生的效应有一个基本认识,而做到这点的关键是必须首先确立一个与需要思考的问题相匹配的认识框架。就现有的国际关系理论而言,要思考与当代中国"海洋转型"相关的战略问题,最值得探索的,就是二战后美国的经典现实主义理论所体现的地理政治学。②

---

① 有关中国明清两代的海洋能力的发展,参见:Jakub J. Grygiel, *Great Powers and Geopolitical Change*, Baltimore: John Hopkins University Press, 2006; John L. Rawlinson, *China's Struggle for Naval Development 1839-1895*, Cambridge MA: Harvard University Press, 1967. 有关当代中国学者在这个问题上的论争,参见:Andrew S. Erickson and Lyle J. Goldstein, "Introduction: Chinese Perspectives on Maritime Transformation" in Andrew S. Erickson, Lyle J. Goldstein, Carnes Lord, eds., *China Goes to Sea: Maritime Transformation in Comparative Historical Perspective*, Annapolis, MD: Naval Institute Press, 2009, pp. xiii-xxxvi. 对这个话题的讨论,参见 Zhengyu Wu, "Towards Land or Towards Sea? The High-Speed Railway and China's Grand Strategy", *Naval War College Review*, Vol. 66, No. 3, 2013, pp. 53-66。

② "海洋转型"是国际战略研究领域新近出现的一个议题,对这个问题迄今为止还没有出现任何理论性的探索,却积累了非常丰富的历史案例研究,其中最重要的,是有关历史上法国和德国进行过的海洋转型。参见 Andrew S. Erickson, Lyle J. Goldstein, Carnes Lord, eds., *China Goes to Sea: Maritime Transformation in Comparative Historical Perspective*, Annapolis, MD: Naval Institute Press, 2009; C. I. Hamilton, *Anglo-French Naval Rivalry 1840-1870*, Oxford: Clarendon Press, 1993; Holger Herwig, "*Luxury*" *Fleet: The Imperial German Navy, 1888-1918*, Amherst, N. Y.: Humanity Books, 1987. 对这个问题的最新讨论,参见 Robert S. Ross, "Nationalism, Geopolitics and Naval Expansionism: From the Nineteenth Century to the Rise of China", *Naval War College Review*, Vol. 71, No. 4, 2018, pp. 16-50。

作为当今东亚地区首屈一指的强国，当代中国的"海洋转型"不仅将对区域秩序，而且将对全球秩序产生重大影响。作为一个崛起中的陆海复合型强国，当代中国在海洋转型中面临的首要问题，是如何应对那些来自周边邻国的压力。当代中国海洋转型中需要解决的另一个问题，是如何应对主导性海洋强国兼体系领导者的压力。除实力上的领先优势外，主导性海洋强国相对于崛起中的陆海复合型强国的另一优势，是在防止边缘地带陆海复合型强国的崛起上与大陆上其他国家存在共同利益，这也是历史上主导性海洋强国能够多次成功构建大同盟的根源之一。当代中国"海洋转型"遭遇的困境并不是独有的，历史上陆海复合型强国的海洋转型无一例外都遇到过这种双重压力，而如何应对这种压力且避免重蹈历史覆辙，恰恰是当代中国必须要认真思考和努力应对的问题。[①]

无论从何种角度看，当前中国正在进行中的海洋转型都将是深刻影响到21世纪前期世界政治发展的一个不容忽视的重大事态，这种转型不仅将直接关系到中国在21世纪的可持续发展，同时也将会深刻地影响21世纪期间的亚太区域秩序乃至全球国际秩序。在理论上，当今中国的海洋转型很大程度上也将是检验中国能否在21世纪继续坚持和平发展道路的最主要的试金石，因为历史经验已经反复证明，没有任何国家可以容忍在欧亚大陆边缘地带出现一个陆海两栖性强国，历史上的法国和德国都因此而无一例外地引发了现代历史上的两轮霸权战争。正是

---

① 对历史上位于边缘地带陆海复合型强国在海洋转型过程中遭遇的双重压力，最经典的讨论有两本主要著作，参见 Ludwig Dehio, *The Precarious Balance: Four Centuries of the European Power Struggle*, New York: Random House/Vintage, 1962; Nicholas J. Spykman, *The Geography of Peace*, New York: Harcourt Brace and Co., 1944。此外，还有一系列其他相关历史著作可以参考，这其中最重要的就是有关路易十四的法国与威廉二世的德国的研究。这两个国家都在特定的历史时期中尝试进行过海洋转型，这也是现代世界历史上两次最接近成功的海洋转型，但最终这两次努力都在双重压力下归于失败。有关这种双重压力的讨论，请参见本书第二部分的各章节。

从这个意义上说，如何正确地思考和应对中国在 21 世纪前期的海洋转型过程中可能遭遇的挑战与压力，是中国国际关系学界无法回避的根本问题，而解决这个问题的关键首先就在于确立一种正确的理论框架和思考范式。地理政治学对当代中国的价值与意义很大程度上也正是集中体现在这一方面。①

五 主要内容与框架结构

作为现代意义上的专门术语，地理政治学（Geopolitics）、地缘政治学（Geopolitik）和政治地理学（Political Geography）在当代中文话语语境中都算不上是完全陌生的词语，但有关三者间的区分却常常被许多研究者忽视。简单地说，地理政治学主要指那种基于历史上海权与陆权的相对重要性而阐发的一整套彼此间有密切联系的理论；地缘政治学则是指两次世界大战间隔期间内主要由德国"慕尼黑学派"提出的一整套有关地理空间与国家政策间关系的理论；政治地理学则是指那种力图以政治因素解释人文地理现象的现代地理学分支。这三者之间的界限在许多具体研究中往往是模糊不清的，因此就需要研究者对此进行非常细致的甄别，以免在研究中误入歧途。自"世纪末时代"诞生之日起，地理政治学与国家大战略间就存在密切联系，造成这种联系的关键则在于，任何大战略都必须反映客观的地理政治现实，否则将危及国家的成

---

① 要理解地理政治学与二战后美国遏制战略间的内在联系需要参考两个人的著作，一是乔治·凯南，二是与他同时代的沃特·李普曼，参见 George F. Kennan, *Realities of American Foreign Policy*, Princeton: Princeton University Press, 1954; George F. Kennan, *American Diplomacy 1900–1950*, Chicago: University of Chicago Press, 1951; Walter Lippmann, *U.S. War Aims*, Boston: Little, Brown and Company, 1944; Walter Lippmann, *U.S. Foreign Policy: Shield of the Republic*, Boston: Little, Brown and Company, 1943。两位美国冷战史学家约翰·加迪斯和梅尔文·莱富勒的著作都极好地展示了地理政治思想对战后美国大战略的影响，参见 Melvyn P. Leffler, *A Preponderance of Power: National Security, the Truman Administration, and the Cold War*, Stanford: Stanford University Press, 1992; John L. Gaddis, *Strategies of Containment: A Critical Appraisal of American National Security Policy during the Cold War*, New York: Oxford University Press, 2005。

功乃至生存，只有那些推行了某种反映客观地理政治现实的大战略的国家，才能够获取或保持自己的相对优势，而这点也是被历史实践反复加以验证的一条真理。

对当代中国研究者而言，要准确把握地理政治学理论框架的关键，必须首先明确地理政治学最基本的分析单位和权力变量。中文的地理政治研究中的"海权""陆权"这些关键性术语都是从英文翻译过来的，但英文中的"Power"一词具有两重含义：一是指"强国"，二是指"权力或力量"。这种情况就要求中文的著译者必须要根据上下文语境对"Sea Power"或"Land Power"之类的确切含义做出明确区分，但目前绝大多数中文著译者几乎从来没有对两者进行过任何实质性的区分，而是全部译作"海权"或"陆权"，这种情况很大程度上正是造成了中文研究者在概念使用上的混乱。事实上，如果要真正做到与英文著作的原意相对应，中文著译者必须要注意区别两类不同性质的分析范畴。第一类分析范畴中包含的实际上也就是地理政治学的主要分析单位（unit of analysis），即地理政治学视野中的国际政治主要行为体，其中最重要的就是"Sea Power"（海上强国）、"Land Power"（陆上强国）和"Rimland Power"（边缘地带强国）。第二类分析范畴中包含的主要是地理政治学的内生性变量，这些变量大致有五种类型，即"Sea Power"（海上力量）、"Land Power"（陆上力量）、"Air Power"（空中力量）、"Space Power"（空间力量）及目前已经可以确切知晓会出现的"Cyberspace Power"（智能空间力量）。

在理论上，地理政治学的分析很大程度上涉及的乃是第一类范畴，即海上强国、陆上强国和边缘地带强国的大战略取向，但大多数研究者在具体分析过程中通常也可能涉及第二类范畴，即涉及针对各种权力类型的分析，这种情况则要求中文的著译者要时刻注意这两类性质不同的分析范畴间的联系与区别。这两类范畴间的具体关系是："海上强国""陆上强国""边缘地带强国"原则上都可能不同程度地拥有"海上力量""陆上力量""空中力量""空间力量"和"智能空间力量",但由于战略需求上的差异,这三类不同类型的强国在发展各自需要的力量类型方面必然会出现不同程度的侧重。中文著译者常使用的"海权""陆权"和"空权"确切地说属于第二类分析范畴,即它们分别等同于"海上力量""陆上力量"和"空中力量",这也是所有这三个概念的首创者原本使用的含义。从严格意义上说,地理政治学在当今中国仍然处于一个艰难的起步阶段,而造成这种状况的主要原因,一是盲目的科学化倾向妨碍了地理政治学在中国的进步,二是研究者自身的不严谨。

本书有两个主要目的,一是力图建立一种相对正确的地理政治学理论框架,从而为其他研究者进行更深入的研究奠定一个良好的基础;二是在这个理论框架的基础上,初步地探讨一下与当代中国海洋转型相关的几个主要问题。这里必须加以注意的就是:首先,本书力图展示的地理政治学理论框架,绝非任何意义上的终极版本,而是为其他研究者对此进行更深入的探讨提供一个比较好的基础,这种基础的确定同时也将在很大程度上有利于当今中国战略研究水平的进步;其次,本书也并不力求为所有与当代中国海洋转型相关联的战略问题提供现成的答案(这些答案实际上只有在具体的实践过程中才能逐渐地形成,且这个过程可能要花费一代甚至几代人的时间),而是为更有效和更深入地思考和探讨这些问题提供一个比当下那些熟知的理论更为合适的分析框架。任何与当代中国在21世纪期间的和平发展相关联的理论与话题,都不可能是一蹴而就的仓促之举,而是必须经历几代人的探索、思考与完善才能够做到了然于胸。而做到这点就需要中国国际关系研究者对古今中外的理论与实践进行长期的认真研究和艰辛思考,且这个过程也不是任何形式的装神弄鬼和哗众取宠能够替代的。

本书除导论外共分为两大部分,第一部分是力图在经典理论的基础上揭示出地理政治学的分析框架,第二部分则主要是探讨地理政治学在具体个案中的实际运用。本书第一部分包括三章(第一、二、三章):

第一章是探讨地理政治学与当代现实主义理论的关系，特别是地理政治学与现实主义理论相脱节的原因、地理政治学的现实主义本质及地理政治学不同于当代主流现实主义理论的分析特征；第二章主要探讨地理政治学的三个核心命题，即海洋优势与大陆核心区域均势间的共生性关系、主导性海洋强国承担大陆义务的重要性、心脏地带大陆强国战略上特有的两重性；第三章是探讨地理政治学在当代现实主义理论中的定位，这其中主要是探讨地理政治学与当代主流现实主义理论的关系及其可能的贡献。本书第二部分共四章（第四、五、六、七章）：第四章主要是探讨地理政治视野中的现代国际体系运行模式，尤其是德国大史学家路德维希·德约阐述的现代国际关系的运行模式，这种模式与保罗·肯尼迪的大国兴衰模式完全不同；第五章是探讨边缘地带陆海复合型强国的战略地位，其中尤其是它们在发展方向选择上面临的主要问题及两难选择，这些问题不仅对历史上许多强国的命运产生了重要影响，而且对中国的未来发展也具有重要意义；第六章主要以历史上著名的"克劳备忘录"为起点，从地理政治的角度探讨了20世纪初英德对抗的兴起，对这个历史问题的分析不仅有助于认识当代中国海洋转型中将面临的问题，而且对如何避免中国重蹈现代强国崛起的老路具有重要意义；第七章主要是探讨边缘地带陆海复合型强国在发展海权上面临的挑战及必须注意的问题，这些挑战与问题本质上都是与人们对海洋的"公地属性"的错位认识及由此产生的"绝对安全观"密切联系在一起的。

第 I 部分
地理政治学的理论框架

第一章

地理政治学与现实主义理论

当代的地理政治学作为一个独立学科门类,其内部实际上存在两大主要分支:一是批判地理政治学(Critical Geopolitics);二是经典地理政治学(Classical Geopolitics)。这两大分支间的核心区别在于,前者侧重对那些体现权力政治逻辑的地理政治话语进行"文本解构"(text deconstruction)和"话语分析"(discourse analysis),进而揭示那些历史上产生过重大影响的地理政治话语背后隐含的权力关系;后者是将地理空间看成所有政治行为赖以发生的前提条件,其重点很大程度上是揭示历史上那些反复出现的国际政治行为的空间模式。① 正是从这个意义上说,"经典地理政治学"很大程度上也就是人们在日常的(国际)政治话语中经常会涉及的地理政治学,而所谓"批判地理政治学"实质上乃是广义的"批判理论"(critical theory)的一个重要分支。虽然"经典地理政治学"与"批判地理政治学"名义上都属于同一学科门类,但无论就思想内涵还是就具体形式而言,这两者实际上是性质截然不同的两种类型的思想体系。本书中提到的地理政治学都是指"经典地理政治学"。②

---

① Mark Bassin, "The Two Faces of Contemporary Geopolitics", *Progress in Human Geography*, Vol. 28, No. 5, 2004, p. 621.
② 有关二战后"经典地理政治学"的起源及发展,参见 Geoffrey Parker, *Geopolitics: Past, Present and Future*, London: Pinter, 1998; Geoffrey Parker, *Western Geopolitical Thought in the Twentieth Century*, London: St. Martin's Press, 1985。有关二战后"批评地理政治学"的起源及发展,参见 Gearoid O'Tuathail, *Critical Geopolitics: The Politics of Writing Global Space*, London: Routledge, 1996; John Agnew and Stuart Corbridge, *Mastering Space: Hegemony, Territory and International Political Economy*, London: Routledge, 1995。

| 地理政治学、大战略与海洋转型

自诞生之日起,地理政治学虽然一直都被看成国际关系理论中现实主义阵营的一个重要分支,但当代国际关系学科中主流的现实主义理论话语中却几乎没有包含任何实质性的地理政治逻辑或地理政治分析。① 这种彼此之间的相互脱节,无论对地理政治学还是对现实主义理论而言,其危害都是显而易见的。这种脱节不仅使当代现实主义理论丧失了一个重要的分析工具,因此越来越缺少政策上的相关性,同时也使得地理政治学越来越被边缘化,从而有着逐渐地淡出国际政治研究的风险。二战后出现的地理政治学与现实主义理论的相互脱节,很大程度上乃是由两个人为因素造成的:一是地理政治学在战后普遍被认为与纳粹德国的侵略扩张有密切联系;二是现代国际关系理论(尤其是当代现实主义理论)的科学化转向。② 早期的地理政治学主要是关注那些永恒的地理现实是如何迫使人类朝地理环境预先确定的方向前进的,因而这种研究有明显的决定论意味。但战后国际关系学科的科学化转向则是要排斥不可控的地理现实的影响,而这点则是将地理政治研究排斥在任何严肃的国际关系研究之外。

从严格意义上说,若要准确地把握地理政治学与现实主义理论间的相互关系及其在当代现实主义理论体系中的确切定位,不可或缺的前提之一,就是系统地澄清和阐述地理政治学与现实主义理论的内在联系。这其中涉及的重大问题主要有三个。一是造成二战后地理政治学与现实主义理论相互脱节的确切原因究竟是什么?二是地理政治学的现实主义

---

① Jakub J. Grygiel, *Great Powers and Geopolitical Change*, Baltimore, MD: Johns Hopkins University Press, 2011, p. 11. 另见 Mackubin T. Owens, "In Defense of Classical Geopolitics", *Naval War College Review*, Vol. 52, No. 4, 1999, pp. 59–76; Ladis K. Kristof, "The Origins and Evolution of Geopolitics", *Journal of Conflict Resolution*, Vol. 4, No. 1, 1960, pp. 15–51。

② Jakub J. Grygiel, *Great Powers and Geopolitical Change*, Baltimore, MD: Johns Hopkins University Press, 2011, p. 3. 另见 Leslie W. Hepple, "The Revival of Geopolitics", *Political Geography Quarterly*, Supplement, Vol. 5, No. 4, 1986, pp. S21–S36; Ladis K. Kristof, "The Origins and Evolution of Geopolitics", *Journal of Conflict Resolution*, Vol. 4, No. 1, 1960, pp. 15–51。

内涵,即为什么地理政治学可以被看成当代现实主义理论的一个重要分支?三是地理政治学分析框架与现实主义理论(尤其是结构现实主义理论)提供的分析框架相比,有哪些独具特色的分析特征?有关这三个问题的确切答案不仅涉及我们对地理政治学的认识,同时很大程度上也同样涉及对当代现实主义理论的认识。而后者的最典型代表,就是由肯尼斯·沃尔兹创立的结构现实主义理论。沃尔兹曾经明确强调,理论并非对既定现实的描述,而是对新现实的创造,这种创造能够对我们观察到的无数现象进行简化、排序和解释。理论离现实越远,解释力就越强。所以,一个理论构建出"一种现实,但从来没有人能够说这就是现实"。①

一 地理政治学与现实主义理论的脱节

现代意义上的地理政治学起源于"世纪末时代"的欧洲。它的形成和发展受到两个特定因素的影响:首先,工业革命造成的革命性变化使那个时代的人对即将到来的新世纪充满了希望和恐惧,而由此产生的认识、解释和指导这些变化的渴望也正是地理政治学产生的催化剂;其次,到19世纪末和20世纪初,西方人的海外探险时代基本上已经结束,世界首次以前所未有的面貌完整地呈现在世人面前,这也为那种以整体认识为终极目标的地理政治学的诞生创造了条件。② 在现代政治思想史上,地理政治学大致上有两种内涵:广义的地理政治学乃是指任何致力于地理环境和政治现象间的互动联系及因果关系的研究,这种广义上的地理政治学不仅包括基于特定地域视角的专门著述,同时也包括主要从空间视角对国际权势结构进行的整体研究;狭义的地理政治学则是

---

① Kenneth N. Waltz, *Theory of International Politics*, New York: McGraw-Hill, 1979, p. 9.
② 有关现代地理政治学研究的起源与发展,参见 Klaus Dodds and David Atkinson, eds., *Geopolitical Traditions: A Century of Geopolitical Thought*, London: Routledge, 2000; Geoffrey Parker, *Geopolitics: Past, Present and Future*, London: Pinter, 1998; Geoffrey Parker, *Western Geopolitical Thought in the Twentieth Century*, London: St. Martin's Press, 1985。

指基于历史上的海权与陆权的相对重要性及由此引申出的战略含义而阐发的一整套彼此间存在密切联系的理论,这种狭义上的地理政治学通常被称为"经典地理政治学",这也是战后国际政治研究话语中通常说的地理政治学。①

"世纪末时代"诞生的地理政治学几乎一开始便形成了特色鲜明的三大思想传统,即盎格鲁—撒克逊民族的经典地理政治学、德国地缘政治学和法国维达尔传统。② 在二战结束后的很长时间内,德国地缘政治学由于被认为与纳粹德国的种族灭绝及侵略扩张存在着密切联系,因此除一些批判性的历史研究外,无论在思想内容还是研究方法上,自二战结束后几乎完全销声匿迹。与德国地缘政治学相类似,具有强烈批判精神的法国维达尔传统,在二战结束后很长一段时间里也完全偃旗息鼓,这种状况一直延续到20世纪70年代中后期,此后"批判地理政治学"的兴起与繁荣最终才使得法国维达尔传统至少是部分得到了复兴。③ 自二战结束以来,真正获得了实质性发展的,确切地说主要是体现了盎格鲁—撒克逊民族(主要是19世纪的英国和20世纪的美国)对外政策关切的经典地理政治学。而导致这种实质性发展的核心动力,从根本意义上说主要是来自经典地理政治学揭示的权力政治逻辑与20世纪后半期的美苏冷战及二战后美国对欧亚大陆核心区域的大战略间存在的密切联系。④

---

① Oyvind Osterud, "The Uses and Abuses of Geopolitics", *Journal of Peace Research*, Vol. 25, No. 2, 1988, p. 192.

② Geoffrey Parker, *Western Geopolitical Thought in the Twentieth Century*, London: St. Martin's Press, 1985, p. 10.

③ 有关地理政治思想传统及其战后的发展,参见 Geoffrey Parker, *Geopolitics: Past, Present and Future*, London: Pinter, 1998; Gertjian Dijkink, *National Identity and Geopolitical Visions: Maps of Pride and Pain*, London: Routledge 1996; Geoffrey Parker, *Western Geopolitical Thought in the Twentieth Century*, London: St. Martin's Press, 1985。

④ Leslie W. Hepple, "The Revival of Geopolitics", *Political Geography Quarterly*, Supplement, Vol. 5, No. 4, 1986, p. 23.

第一章　地理政治学与现实主义理论

自诞生之日起，无论就思想内涵还是具体内容而言，现代意义上的地理政治学一直是现实主义国际关系理论的一个重要组成部分。在战后国际关系学科发展进程中，首先将地理政治研究纳入国际关系研究领域的，是两位作为政治学家而不是地理学家培养起来的学者，即尼古拉斯·斯皮克曼和汉斯·摩根索。这两位早期的经典现实主义理论家在此同时也奠定了国际关系研究作为一门独立学科的基础。[①] 斯皮克曼和摩根索不仅将地理政治研究引入国际关系领域，同时也对其进行了重大改造。这种改造有两方面的内涵：首先，地理因素的作用范围被严格地限制在对外政策领域，即地理因素不再是一种对所有人类活动的解释；其次，地理因素仅仅被看成一种影响国家权力或政策行为的诸多变量之一，因而不再有统摄一切的地位。[②] 但二战结束后，作为一种大战略分析框架的地理政治学却逐渐与主流的现实主义理论相脱节，这种情况乃是由两个特定原因造成的：一是地理政治学普遍被认为与纳粹德国在战时的侵略扩张存在着密切联系；二是战后美国国际关系理论的科学化转向。

在理论上，地理政治学（Geopolitics）与地缘政治学（Geopolitik）有着非常密切的亲缘关系，英语中"Geopolitics"一词最初就是来源于德语中"Geopolitik"一词。地缘政治学形成于两次世界大战间隔期间的德国。这个流派最重要的代表性人物，是一战结束后的德国"慕尼黑学派"的首要代表卡尔·豪斯浩弗（Karl Haushofer）。[③] 与那种主要关注体系中反复出现的国家间关系模式的地理政治学不同，地缘政治学的首要特征在于明确将现代国家看作一种在有限地理空间中寻求生存的有机

[①] Jakub J. Grygiel, *Great Powers and Geopolitical Change*, Baltimore: John Hopkins University Press, 2006, p. 8.

[②] Hans J. Morgenthau, *Politics among Nations: the Struggle for Power and Peace*, New York: Knopf, 1985, p. 108; Nicholas J. Spykman, *America's Strategy in World Politics*, New York: Harcourt, Brace and Co., 1942, p. 446.

[③] Ladis K. D. Kristof, "The Origins and Evolution of Geopolitics", *Journal of Conflict Resolution*, Vol. 4, No. 1, 1960, p. 36.

体，并且进而在此基础上强调所谓"种族构成"和"生存空间"对现代国家生存与发展的重大意义。① 地缘政治学的形成和发展真正体现的，是20世纪早期风靡一时的"达尔文主义"对现代社会科学的巨大影响，地缘政治学的核心内容也因此在二战结束后，一直被看成为战时纳粹德国的侵略扩张和种族灭绝提供了合法依据。② 这种被人们普遍认定和普遍接受的密切联系，使战后国际关系领域中几乎所有研究者一直都非常刻意地在自己的研究与任何形式的地理政治理论或地理政治分析间保持着相当的距离。

除政治上原因外，地理政治学与主流现实主义理论的脱节也因为这两种理论的性质存在着根本差异，即"经典路径"与"科学路径"间的差异。"经典路径"本质上是一种起源于史学、哲学和法学的构建理论的路径，这种路径首要特征是依赖判断力的实施和一系列必要前提，即如果拘泥于严格的验证或检验的标准，那么对国际关系就很难能够提出多少有意义的见解。而有关国际关系的任何普遍意义的命题必定是来自一种科学上不完善的感知或直觉的过程。与这种来源的不完善相对应，这些具有普遍性意义的命题最多只能是尝试性和非结论性的。"科学路径"则恰恰强调任何有关国际政治的理论命题"要么是基于逻辑或数学上的证据，要么是基于非常严格的经验性检验程序"，那些采用"科学路径"的研究者虽然对待国际关系经典理论的态度有很大差异，但他们都将自己看成一门全新科学的开创者，且坚定地认为自己的理论最终将压倒和取代以往的理论。正是从这个意义上说，与地缘政治学相比，二战后美国国际关系理论的"科学化转向"对造成地理政治学与现实主义理论的脱节是更为关键的。③

---

① Geoffrey Parker, *Geopolitics: Past, Present and Future*, London: Pinter, 1998, p.20.
② John H. Paterson, "German Geopolitics Reassessed", *Political Geography Quarterly*, Vol. 6, No. 2, 1987, p.108.
③ Hedley Bull, "International Theory: The Case for a Classical Approach", *World Politics*, Vol. 18, No. 3, 1966, p.361.

"经典路径"和"科学路径"是指对国际关系理论化的两种不同的路径。这种论争不是具体的研究方法之争,而是两种不同的理论构建路径之争,这种论争的焦点集中在哪一种路径能够对国际关系实践进行更好的提炼和概括。这种论争也不能简单地归结为认识论之争,虽然涉及认识论上的立场,但核心仍然是具体的理论构建路径。"经典路径"与"科学路径"的分歧,涉及的乃是国际关系理论的性质,即究竟应该构建什么样的理论及国际关系理论究竟应提供什么样的知识?[1]"科学路径"力图构建的乃是由一系列有内在逻辑联系且旨在解释变量间相互关系的命题或假设构成的理论;"经典路径"力图构建的乃是一种思辨(哲学)性的旨在对现象的意义进行诠释或理解的理论。正是因为如此,按照实证科学标准建构起来的现实主义理论,其核心特征是刻意保持与现实间的距离,即理论旨在解释现实却不一定非得符合现实。由于地理政治学关注的核心要素不具备普适性的特点,当代主流现实主义理论因此普遍将这些要素排斥在外,即这种理论完全排斥了地理政治因素对国家行为的影响。[2]

二战后的地理政治学与现实主义理论间的脱节并不是意味着地理政治研究的消亡。事实上,作为一种大战略分析框架的地理政治学在战后相关的战略性与政策性讨论中,一直保持着重大且持久的影响力,地理

---

[1] 有关这两种路径的内在分歧,参见 Tim Dunne, Lene Hansen and Colin Wight, "The End of International Relations Theory?", *European Journal of International Relations*, Vol. 19, No. 3, 2013, pp. 405-425; Stanley Hoffmann, "An American Social Science: International Relations", *Dædalus*, Vol. 106, No. 3, 1977, pp. 41-60; Stephen George, "The Reconciliation of the 'Classical' and 'Scientific' Approaches to International Relations?", *Millennium*, Vol. 5, No. 1, 1976, pp. 28-40。

[2] "经典路径"和"科学路径"的最重要的代表,分别是英国国际关系理论家赫德利·布尔(Hedley Bull)与美国国际政治学家肯尼斯·沃尔兹(Kenneth Waltz),他们两人的代表性著作可以分别被看成"经典路径"和"科学路径"的代表性作品。参见 Hedley Bull, *The Anarchical Society: A Study of Order in World Politics*, New York: Palgrave, 1977; Kenneth N. Waltz, *Theory of International Politics*, New York: McGraw-Hill, 1979。

政治学与现实主义理论相脱节的实质性影响之一就是使主流的现实主义理论越来越缺乏政策的相关性。为了弥补这种缺陷，许多现实主义理论家（尤其是罗伯特·杰维斯、斯蒂芬·沃尔特和约翰·米尔斯海默）曾多次尝试在理论中引入地理变量（主要是空间距离）以提升理论的政策相关性。① 然而，这些后天植入的变量在主流现实主义理论框架中只能作为干扰性变量存在，因此无法改变其内在的逻辑。从根本上说，地理政治学与现实主义理论间的脱节造成的危害实际上是双重的：首先，地理政治变量或地理政治分析的缺失，造成了主流现实主义理论的日益抽象化，因此也越来越丧失对政策或战略的指导意义；其次，与主流现实主义理论的脱节，同样也使原本作为一种大战略分析框架的地理政治学，由于长期以来得不到进一步的提升和发展，越来越具有蜕化为边缘性学科的风险。②

地理政治学与现实主义理论的脱节，根本上是由于两种理论的构建路径和根本性质有着本质区别。当代现实主义理论都是按照实证科学路径构建的理论，是由有关国际政治的一系列具有内在联系且旨在解释不同变量间关系的命题或假设构成的。地理政治学则是按经典路径构建的理论，是由有关国际政治的一系列普遍命题构成的。③ 这种由构建路径

---

① 有关将地理因素引入现实主义理论的努力，参见 John J. Mearsheimer, *The Tragedy of Great Power Politics*, New York: W. W. Norton and Company, 2001; Stephen Walt, *The Origins of Alliances*, Ithaca, N. Y.: Cornell University Press, 1987; Robert Jervis, "Cooperation under the Security Dilemma", *World Politics*, Vol. 30, No. 2, 1978, pp. 167-214。

② 有关这种脱节对地理政治学的负面作用，参见 Mackubin T. Owens, "In Defense of Classical Geopolitics", *Orbis*, Vol. 59, No. 4, 2015, pp. 59-76; Jakub J. Grygiel, *Great Powers and Geopolitical Change*, Baltimore, MD: Johns Hopkins University Press, 2011; Colin S. Gray, "Inescapable Geography", *Journal of Strategic Studies*, Vol. 22, No. 2, 1999, pp. 161-177。

③ Hedley Bull, "International Theory: The Case for a Classical Approach", *World Politics*, Vol. 18, No. 3, 1966, p. 361。布尔后来进行了进一步论述，参见 James Richardson, "Academic Study of International Relations", in J. D. B. Miller and R. J. Vincent, eds., *Order and Violence: Hedley Bull and International Relations*, Oxford: Clarendon Press, 1990, pp. 140-185; Hedley Bull, "Martin Wight and the Theory of International Relations", *British Journal of International Studies*, Vol. 2, No. 2, 1976, pp. 101-116; Hedley Bull, "International Relations as an Academic Pursuit", *Australian Outlook*, Vol. 26, No. 3, 1972, pp. 251-265。

和理论本质导致的差异,实际上也是解释了为什么当代主流现实主义理论家,虽然也意识到了主流现实主义理论框架的种种缺陷和地理政治因素的巨大解释力,却从来没有能够成功地将这两种不同的理论结合在一起。地理政治学的思想体系本质上恰恰是国际政治经典理论的一个组成部分。这种理论实际上是由一系列有关国际政治的普遍性命题组成的思想体系。① 也正是从这个意义上说,当代研究者的主要任务,不是对经典的地理政治学思想进行科学化改造,以使其与主流现实主义理论相融合,而是在于从经典地理政治学思想中抽取出最关键性的命题,使其以明确的形式展现出来,从而为未来的进一步发展打下基础。

二 地理政治学的现实主义内涵

自二战结束以来,主要体现盎格鲁—撒克逊民族对外政策关切的经典地理政治学,是战后国际关系研究中唯一得到了真正重视的地理政治思想体系。这个思想体系主要建立在三个地位已经得到公认的代表性思想家的理论基础上,这三位思想家分别是美国海军史学家阿尔弗雷德·马汉、英国地理学家哈尔福德·麦金德以及美国国际政治学家尼古拉斯·斯皮克曼。这三位学者构建的理论,无论就具体形态还是就内容实质而言,彼此间都具有高度的同质性和互补性,因而在理论上完全可以被人们当成一个有机整体加以对待。现代地理政治学的大厦从根本上说正是建立在这三位具有代表性的思想家的理论基础上的。如果就根本的思想内容而言,马汉、麦金德和斯皮克曼的思想都属于战后历史上长期占据了国际关系研究中主导地位的现实主义阵营,而造成这种内在联

---

① 布尔曾经在他的一系列文章中详细阐述过这两种理论本质属性不同因而无法调和,参见 Hedley Bull, "Martin Wight and the Theory of International Relations", *British Journal of International Studies*, Vol. 2, No. 2, 1976, pp. 101–116; Hedley Bull, "New Directions in the Theory of International Relations", *International Studies*, Vol. 14, No. 2, 1975, pp. 277–287; Hedley Bull, "International Relations as an Academic Pursuit", *Australian Outlook*, Vol. 26, No. 3, 1972, pp. 251–265; Hedley Bull, "International Theory: The Case for a Classical Approach", *World Politics*, Vol. 18, No. 3, 1966, pp. 361–377。

系的关键,就在于这种以马汉、麦金德和斯皮克曼为主要代表的地理政治思想,完全符合当代学者用以界定古往今来之现实主义理论的三个主要标准,即有关国际无政府状态、国际政治主要行为体和国际政治本质的认识。①

无论是哪一种形态的现实主义理论,其最首要的出发点都是对国际无政府状态本质的基本认识,这种认识不仅被研究者作为一种前提假定嵌入当代现实主义理论中,而且被视为鉴别现实主义理论的首要标志。确切地说,国际无政府状态实际上有两重内涵:首先,是指一种没有政府的状态,这一重内涵最早是由英国政治思想家约翰·洛克加以阐述的;其次,是指一种混乱无序且人人相互为战的战争状态,这点则是由英国政治思想家托马斯·霍布斯最早予以阐述的。② 一般来讲,在现代国际关系理论史上,无论哪一种类型的现实主义者,其首要的共同特征,就在于对国际无政府状态的本质都持有一种霍布斯式的认识,即国际无政府状态本质上就是一切人反对一切人的战争状态,这种状态不是意味着战争一直在发生,而是意味着战争随时可能会发生。对现实主义思想家而言,国际无政府状态与"混乱"和"无序"是完全同义的,即国际关系本质上乃是一种霍布斯式的自

---

① 有关马汉、麦金德和斯皮克曼的代理政治思想的现实主义本质,参见 Francis P. Sempa, *Geopolitics: From the Cold War to the 21st Century*, New Brunswick, New Jersey: Transaction Publishers, 2002; Geoffrey Parker, *Western Geopolitical Thought in the Twentieth Century*, London: St. Martin's Press, 1985. 另见 Colin S. Gray, "Nicholas John Spykman, the Balance of Power, and International Order", *Journal of Strategic Studies*, Vol. 38, No. 6, 2015, pp. 873–897; Lucian M. Ashworth, "Realism and the Spirit of 1919: Halford Mackinder, Geopolitics and the Reality of the League of Nations", *European Journal of International Relations*, Vol. 17, No. 2, 2010, pp. 279–301; Greg Russell, "Alfred Thayer Mahan and American Geopolitics: The Conservatism and Realism of an Imperialist", *Geopolitics*, Vol. 11, No. 1, 2006, pp. 119–140。

② Helen Milner, "The Assumption of Anarchy in International Relations Theory: A Critique", *Review of International Studies*, Vol. 17, No. 1, 1991, p. 69. 关于"国际无政府状态"(International Anarchy)在现代国际关系理论中(尤其是现实主义理论中)的地位,参见 Hedley Bull, *The Anarchical Society: A Study of Order in World Politics*, New York: Palgrave, 1977; Kenneth N. Waltz, *Theory of International Politics*, New York: McGraw-Hill, 1979。

第一章　地理政治学与现实主义理论

然状态,生活在这种状态中的国家间存在永恒且无法根本消除的利益冲突和零和博弈。①

与主流的现实主义理论略有不同的就是,马汉、麦金德、斯皮克曼这三位经典地理政治思想家,从来都没有对国际无政府状态的性质进行过非常精确的阐述,但他们对国际无政府状态的认识与当代现实主义理论家的表述实质上是相同的,这主要体现在这三位经典地理政治思想家历来都是以对抗视角来界定国际政治本质的。对马汉而言,现代国际关系的历史实质上就是一部海洋国家与大陆国家彼此争夺和相互抗衡的历史,这些对抗中对获胜一方起到决定性作用的,就是对海洋的经略和控制。② 在麦金德眼中,自古典文明时期以来的国际关系史,实际上就是一部以海洋为主业的民族与那些历史上居住在心脏地带的游牧民族间相互竞争的历史,这种竞争在不同历史时期内会有不同的表现形式。作为与摩根索同时代的思想家,斯皮克曼曾经在他两部著作中都明确指出,国家间无政府状态赋予了国际政治永恒的对抗性特征,作为一个远离欧亚大陆的国家,美国无论在战争时期还是在和平时期,其首要任务是保证欧亚大陆边缘地带的核心区域(西欧与东亚)永远不会被任何一个单一的强国控制。③

---

① Jack Donnelly, *Realism and International Relations*, Cambridge: Cambridge University Press, 2000, p. 10. 当代现实主义理论普遍都是将霍布斯式的"国际无政府状态"看作理论建构的首要出发点,参见 Stefano Guzzini, *Realism in International Relations and International Political Economy*, London: Routledge, 1998; Kenneth N. Waltz, *Theory of International Politics*, Reading, Mass.: Addison-Wesley, 1979。

② 有关马汉海权思想的核心,参见 Philip A. Crowl, "Alfred Thayer Mahan: The Naval Historian", in Peter Paret, ed., *Makers of Modern Strategy: From Machiavelli to the Nuclear Age*, Princeton: Princeton University Press, 1986, pp. 444 - 480; Margaret T. Sprout, "Mahan: Evangelist of Sea Power", in Edward M. Earle, ed., *Makers of Modern Strategy: Military Thought from Machiavelli to Hitler*, Princeton, New Jersey: Princeton University Press, 1941, pp. 415-445。

③ 有关马汉、麦金德与斯皮克曼思想的本质,参见 R. Gerald Hughes and Jesse Heley, "Between Man and Nature: The Enduring Wisdom of Sir Halford J. Mackinder", *Journal of Strategic Studies*, Vol. 38, No. 6, 2015, pp. 898 - 935; Colin S. Gray, "Nicholas John Spykman, the Balance of Power, and International Order", *Journal of Strategic Studies*, Vol. 38, No. 6, 2015, pp. 873-897; Jon Sumida, "Alfred Thayer Mahan, Geopolitician", *Journal of Strategic Studies*, Vol. 22, No. 2, 1999, pp. 39-62。

现实主义思想或理论的另一共同特征,就是将主权—领土国家(无论是现代早期的王朝国家,抑或是现代世界中的民族国家)作为国际关系中的最主要行为体,而这点同样也会使"国家"(无论是何种意义上的国家)通常成为当代现实主义国际关系理论的基本分析单位。无论在古典的还是在当今的现实主义国际关系理论中,国家作为国际政治中最主要的行为体,不仅具备主权和领土这两项最基本的属性,且同时被赋予许多拟人化的特征。[①] 这其中最重要的就是,现实主义者一般都认为,在国际无政府状态中,作为一种主要行为体的国家首要的行为动机是生存。在生存动机基础上,现实主义者同时还赋予或衍生出了国家的其他许多与生存动机相关联的特征,其中最重要的是,生活在无政府状态中的国家一般都自觉或不自觉地将追求自身权力的最大化当成一个根本目标。国家的生存和权力最大化动机,实际也正是解释了为什么现实主义者都是将国家间的无政府状态看作一种霍布斯式的自然状态,国际无政府状态的性质与国家的行为动机构成了一种相互强化的循环。[②]

与现实主义理论一样,地理政治学同样也是以"国家"作为其最重要的分析单位,这种国家的本质与现实主义理论中国家的本质是相同的,即国家不仅具有领土和主权,并且都是以生存和权力作为主要行为动机,地理政治学关注的重点,实际上是考察国家作为一种空间行为体的基本特征以及由国家间互动产生的空间模式,即地理政治学从根本上

[①] Jack Donnelly, *Realism and International Relations*, Cambridge: Cambridge University Press, 2000, p. 11. 有关国家(无论是以往的王朝国家还是现代的民族国家)作为当代现实主义理论的基本分析单位的最主要特征,参见 Jack Donnelly, *Realism and International Relations*, Cambridge: Cambridge University Press, 2000; Stefano Guzzini, *Realism in International Relations and International Political Economy*, London: Routledge, 1998.

[②] 有关霍布斯式的国际无政府状态与现实主义理论中的国家行为动机(即生存动机与权力最大化)两者间的相互强化,参见 Alexander Wendt, "Anarchy is What States Make of It: The Social Construction of Power Politics", *International Organization*, Vol. 46, No. 2, 1992, pp. 391–425; Helen Milner, "The Assumption of Anarchy in International Relations Theory: A Critique", *Review of International Studies*, Vol. 17, No. 1, 1991, pp. 67–85。

第一章 地理政治学与现实主义理论

说乃是将国家看作一种地理空间的现象，进而在此基础上来分析国家的权力基础和互动本质，两者都是以国家作为基本分析单位的。① 对现实主义理论来说，国际政治实践中最主要的行为角色是那些主要按照领土规模和物质资源加以界定的强国（power），这点同样适用于地理政治学。此处略有不同的是，地理政治学意义上的强国，不仅包括领土规模和物质资源，同时也包括地理位置及由此形成的战略取向。正是从这个意义上说，地理政治学意义上的强国，可以按照地理位置划分为海洋强国、大陆强国和陆海复合型强国，其中在历史上起到最重要作用的，就是主导性海洋强国、心脏地带的大陆强国和边缘地带的陆海复合型强国。②

现实主义思想或理论的第三个共同特征，就是其强烈并且是一以贯之的物质主义倾向（materialism），即古往今来的现实主义者无一例外都是将物质性权力看作国际政治中最具决定性的因素。在理论上，无论是哪种类型的现实主义者，一般都是俾斯麦式的铁血哲学的信奉者，这种铁血哲学最主要的体现，是现实主义者不仅将生存看作国家在国际政治中最重要的行为动机，而且将获得和确保那些物质权力（资源）看作国家在国际政治中确保生存或实现其他目标的最有力保证。③ 确切地说，尽

---

① Geoffrey Parker, *Western Geopolitical Thought in the Twentieth Century*, London: St. Martin's Press, 1985, p. 2. 对这个问题的更深入阐述，参见 Geoffrey Parker, "Continuity and Change in Western Geopolitical Thoughts during the 20th Century", *International Social Science Journal*, Vol. 43, No. 127, 1991, pp. 21-34; Ladis K. D. Kristof, "The Origins and Evolution of Geopolitics", *Journal of Conflict Resolution*, Vol. 4, No. 1, 1960, pp. 15-51。

② Geoffrey Parker, "Continuity and Change in Western Geopolitical Thoughts during the 20th Century", *International Social Science Journal*, Vol. 43, No. 127, 1991, p. 22. 有关"国家"作为一种最基本的分析单位在经典地理政治思想中的地位和作用，参见 Geoffrey Parker, *Geopolitics: Past, Present and Future*, London: Pinter, 1998; Geoffrey Parker, *Western Geopolitical Thought in the Twentieth Century*, London: St. Martin's Press, 1985。

③ Jack Donnelly, *Realism and International Relations*, Cambridge: Cambridge University Press, 2000, p. 11. 关于物质性权力在古往今来的现实主义理论（尤其是当代的结构现实主义理论）中的地位和作用，参见 Alexander Wendt, *Social Theory of International Politics*, Cambridge: Cambridge University Press, 1999; Stefano Guzzini, *Realism in International Relations and International Political Economy*, London: Routledge, 1998。

管同样重视非物质性因素的作用,但对现实主义者而言,非物质性因素的作用永远也无法达到物质性因素的高度,现实主义者通常也因此被称为悲观主义者,因为他们都认为国家在国际无政府状态中的生存和发展,都必须依靠足够强大的物质实力(尤其是军事实力)来加以保证。古往今来的现实主义者的最重要特质之一,不仅在于将物质性因素的地位排在了非物质性因素的地位之上,而且在于对物质性权力的实际限度有清醒的认识,这也是现实主义者与形形色色的军国主义者最主要的界限。①

与当代的现实主义理论一样,地理政治学阐述的乃是一种具有强烈物质主义倾向的权力政治逻辑。作为一种分析框架,地理政治学实际上包含了两类不同性质的变量,即地理变量(这其中既包括自然地理也包括人文地理的变量)和技术变量(这其中不仅包括物质性技术也包括组织性技术)。地理政治学根本上是一门有关这两类变量间的互动联系及其在政治和战略上的相关含义的科学,其实质上反映的乃是这两类不同变量(地理变量和技术变量)间的互动联系所产生或塑造的国际政治现象和全球权力构造。在战后国际关系学科史上,对地理政治学最显著的误解之一,在于混淆了地理政治学的分析单位及其包含的权力(技术)变量。确切地说,经典地理政治学实际上包含了三种不同类型的地理政治行为体(即海洋强国、大陆强国、陆海复合型强国)及至少五种不同形式的权力(技术)变量(主要是海上力量、陆上力量、空中力量、空间力量、智能空间力量)。地理政治学考察的实际重点,就是

---

① 有关现实主义者对物质性权力的界定和认知,参见 G. John Ikenberry, ed., *Power, Order and Change in World Politics*, Cambridge: Cambridge University Press, 2014; Stefano Guzzini, *Power, Realism and Constructivism*, New York: Routledge, 2013; Robert O. Keohane and Joseph S. Nye, *Power and Interdependence*, Boston: Longman, 2011。

这五类权力（技术）变量的变化发展及彼此间的互动联系对三类地理政治行为体的影响。①

尽管战后国际关系理论中长期占据主导地位的正是强调物质权力的现实主义理论，但地理因素在战后现实主义理论中的作用，并非一种权力源泉，而仅仅是一种对权力施加影响的限制因素，就如同克劳塞维茨设定的战场一样，地理因素提供了一种以距离弱化权力的"摩擦"（friction）。② 由于仅仅是权力的障碍而不是权力的源泉，地理因素不仅可以被克服，且不具有任何意义上的重要性，地理因素仅仅是国家权力斗争的一种背景，在重要性上技术因素已经取代地理因素，尽管技术因素不能取消地理特性，但核时代的技术因素"对地理特性的影响一直非常具有革命性，因而技术因素已经取代地理因素而成为地理政治的基本要素"，即地理因素已经为技术发展所淘汰。③ 地理因素在战后国际关系研究中的地位，已经不再是一种能够影响到人类行为的"环境"，而只是一种个人或国家在其中活动的"场所"，这种从"环境"到"场所"的转变导致的后果，是地理因素几乎被弱化到毫不相关的地步，这

---

① 对地理政治学的这种误解非常普遍，尤其在中文的地理政治著作和地理政治译文中，其中最明显的例证就是马汉的海权著作。马汉的海权著作实际上是有关海洋国家（Sea Power）在特定历史时期中通过使用海上力量（Sea Power）这一威力强大的武器，从而对历史进程和国家繁荣产生巨大影响。但有关 Sea Power 一词在具体语境中的确切所指，中文的著译者几乎没有在中文用词上做出任何实质性的区分，而是全部翻译成"海权"，这种情况妨碍了我们对马汉著作的正确理解。实际上，将地理政治学包含的分析单位与地理政治学内在的权力变量（power vairables）相混淆，很大程度上也正是影响中文研究者对地理政治学的理解和把握的一个最主要障碍。对这个问题的详细探讨，参见吴征宇《地理政治学与大战略》，中国法制出版社 2012 年版。另见 Jakub J. Grygiel, *Great Powers and Geopolitical Change*, Baltimore, MD: Johns Hopkins University Press, 2011; Colin S. Gray and Geoffrey Sloan, eds., *Geopolitics, Geography and Strategy*, London: Frank Cass Publishers, 1999。

② Daniel Deudney, "Geopolitics as Theory", *European Journal of International Relations*, Vol. 6, No. 1, 2000, p. 79; Harold Sprout, "Geopolitical Hypotheses in Technological Perspective", *World Politics*, Vol. 15, No. 2, 1963, p. 196.

③ 对这个问题的更深入探讨，参见 Ciro Zoppo, "The Geopolitics of Nuclear Deterrence", in Ciro Zoppo and Charles Zorgbibe, eds., *On Geopolitics: Classical and Nuclear*, Dordrecht, Netherlands: Martinus Nijhoff, 1985, p. 153。

种转变实际体现的信念是，历史发展趋势"就是从为生存而必须服从自然的境地，朝着拥有持续不断扩大的改造和操纵自然环境以使其适应人类目的之能力的方向发展"。① 这种弱化在战后国际关系理论研究中造成的最严重后果之一，就是使作为经典现实主义理论一个重要分支的地理政治学，长期以来一直都被排除在主流现实主义理论的视野之外。

三 地理政治学的两大分析特征

虽然与主流的现实主义理论有着几乎完全相同的理论假定（theoretical assumption），但地理政治学却有着完全不同于当代现实主义理论的两个重要特点。首先，地理政治学本质上是一种"系统理论"（systemic theory）而不是"简化理论"（reductionist theory），即作为一种分析框架的经典地理政治学兼容了体系层次和单元层次这两种类型的变量。其次，地理政治学从根本意义上说是一种"动态理论"（dynamic theory）而不是"静态理论"（static theory），即这种理论不仅可以解释国际政治的延续性，同时也可以解释国际政治的变化性，这也是地理政治学的一个独具魅力之处。② 对地理政治学独具的两大分析性特征的认识，涉及二战后国际政治理论发展（尤其是理论构建）中的一个基本问题，即国际政治理论研究中的"层次分析问题"（the level-of-analysis issue）。层次分析问题的出现与体系概念进入国际政治理论研究是相互伴随的，这个问题的出现标志着战后的国际关系理论开始进入一个相对

---

① Harold Sprout and Margaret Sprout, *Towards a Politics of the Planet Earth*, New York: Van Nostrand Reinhold, 1971, p. 24.
② 有关国际政治中的"系统理论"与"简化理论"的区分，参见 Kenneth N. Waltz, *Theory of International Politics*, New York: McGraw-Hill, 1979。有关国际政治中的"动态理论"与"静态理论"的区分，参见 Robert Gilpin, *War and Change in World Politics*, New York: Cambridge University Press, 1981。在当代主流现实主义理论话语中，"简化理论"和"静态理论"这两个标签一直都有非常负面的含义。

成熟和自觉的阶段,这个问题对于理解地理政治学不同于主流现实主义理论的特征同样具有重要意义。①

"层次分析问题"的出现与二战后美国国际关系学科中的"行为主义革命"是紧密联系在一起的。"行为主义学派"倡导对国际关系研究进行科学改造,是为了将国际关系研究改造成为一门严谨和实证的学科,而这就要求研究者必须注意辨别和区分不同类型的变量,以便在不同变量间建立可供验证的关系假设。尽管对这种观点本身一直存在很大争议,但"行为主义革命"对国际关系理论的改进确实产生了很大影响,这种影响之一是层次分析意识的增强。② 从严格意义上说,国际关系研究中的"层次"实际上有两种含义:首先,不同的层次代表了不同"解释来源"(自变量)的所处位置;其次,不同的层次本质上代表了不同"研究对象"(因变量)的所处位置。在现代国际关系理论史上,"层次分析问题"之所以能够引起长期争论,很大程度上是由于研究者没有能够对层次的这两种不同的含义进行区别。由于层次的概念实际上有两种截然不同的含义,因此要明确国际关系研究中"层次分析问题"的实质,首先必须要做到的就是对层次的内涵进行明确界定。③

---

① 有关对国际关系研究中的"层次分析问题"及其核心含义的讨论,参见 Ahmet Nuri Yurdusev, "'Level of Analysis' and 'Unit of Analysis': A Case for Distinction", *Millennium*, Vol. 22, No. 1, 1993, pp. 77-88; Martin Hollis and Steve Smith, *Explaining and Understanding International Relations*, Oxford: Claredon Press, 1990; J. David Singer, "The Level-of-Analysis Problem in International Relations", *World Politics*, Vol. 14, No. 1, 1961, pp. 77-92。

② 有关二战后美国国际关系学界的"行为主义革命"对"层次分析问题"的形成及含义的巨大影响,参见 Nicholas Onuf, "Levels", *European Journal of International Relations*, Vol. 1, No. 1, 1995, pp. 35-58; J. David Singer, "The Level-of-Analysis Problem in International Relations", *World Politics*, Vol. 14, No. 1, 1961, pp. 77-92。

③ 有关对国际政治研究中的所谓"层次"含义的讨论与界定,参见 Barry Buzan, "The Level of Analysis Problem in International Relations Reconsidered", in Ken Booth and Steve Smith, eds., *International Relations Theory Today*, Cambridge: Polity Press, 1995, pp. 198-216; Ahmet Nuri Yurdusev, "'Level of Analysis' and 'Unit of Analysis': A Case for Distinction", *Millennium: Journal of International Studies*, Vol. 22, No. 1, 1993, pp. 77-88; Kenneth N. Waltz, *Theory of International Politics*, New York: McGraw-Hill, 1979; William Moul, "The Level of Analysis Problem Revisited", *Canadian Journal of Political Science*, Vol. 6, No. 3, 1972, pp. 494-513。

在理论上，层次分析的主要目的是帮助研究者更好地辨别和区分国际关系研究中的各种变量，从而使研究者能够在不同变量间建立起可供验证的关系假设。如果将不同的分析层次看成不同的"研究对象"（因变量）所处的位置，"层次分析问题"就是变成了研究者根据个人兴趣在不同的"研究对象"间进行选择的问题，这种做法实际上歪曲了"层次分析问题"的本质。一般来说，"层次分析问题"的意义就在于定义国际体系中的不同分层，这里的每一个分层都代表了一个不同的"解释来源"（自变量）所处的位置，"层次分析问题"实际上是关于研究者如何辨别和区分不同的"解释来源"所处的位置的问题。由于"体系"乃是指由一组彼此间存在着密切互动联系的单元构成的有机整体，所以"体系"实际上应包含三个不同的层次，即体系层次、互动层次、单元层次。这三个层次上可以充当"解释来源"的独立变量分别是：体系层次的"结构"（structure）、互动层次的"进程"（process）和单元层次的"属性"（attribute）。①

所谓"结构"就是指体系构成单元之间的排列以及这种排列所依照的原则。"结构的概念建立在这样一个事实的基础上，即以不同的方式并置或合并到一起的单元有不同的行为方式，并且在相互作用中产生不同的后果。"在现代国际关系理论史上，首次对体系的结构加以明确界定的，是美国国际政治学家肯尼斯·沃尔兹。所谓"进程"就是指体系构成单元间联系和互动的方式，尤其是那些经久不衰和反复出现的方式。体系单元间联系和互动的方式必然对体系结构和单元属性产生直接的影响，但单元间联系和互动的方式也必然会受到体系结构和单元属性的某种约束，因此"进程"既不同于"结构"也不同于"属性"。所谓"属性"就是指体系构成单元的内部特征。属性理论乃是指那些以

---

① 对"层次"具体含义的讨论，参见 Barry Buzan, "The Level of Analysis Problem in International Relations Reconsidered", in Ken Booth and Steve Smith, eds., *International Relations Theory Today*, Cambridge: Polity Press, 1995, pp. 198–216。

第一章 地理政治学与现实主义理论

体系构成单元的内部特征来解释体系构成单元外在行为的理论,典型的对外政策理论实际上就是一种属性理论。对任何试图理解体系单元行为的尝试而言,体系构成单元的内部特征是一个必不可少的"解释来源"(自变量)。①

从层次分析的角度看,地理政治学本质上是一种"系统理论"而不是"简化理论",即地理政治学是一种兼容了体系层次变量和单元层次变量的理论,而不是一种单纯倚重体系层次变量或单元层次变量的理论,这点也是地理政治学有别于主流现实主义理论的首要特征。在理论上,当代主流现实主义理论都是不同程度的"简化理论",尽管沃尔兹强调他的目的是创立一种国际政治的"系统理论",但他的理论却是一种有关"结构"的作用和影响的理论②。而此后出现的形形色色的现实主义理论,实际上也都没有能够将体系层次变量和单元层次变量融合在同一个理论框架中。与主流的现实主义理论不同,地理政治学是一种从空间视角对国际关系进行的研究,其根本目的是形成一种对世界的整体认识。虽然对世界的各组成部分的研究是地理政治学必不可少的组成部分,但这种研究的最终目标还是实现对整体更明确的认识。地理政治学将国家看作整体世界的组成部分,但这些部分组成的模式和结构恰恰是

---

① 有关对一种真正意义上的国际政治系统理论(systemic theory)应该包括的这三种不同层次的讨论,参见 Martin Hollis and Steve Smith, *Explaining and Understanding International Relations*, Oxford: Claredon Press, 1990, Chapter 1; Kenneth N. Waltz, *Theory of International Politics*, New York: McGraw-Hill, 1979, Chapter 1。另见 Barry Buzan and Richard Little, *International Systems in World History: Remaking the Study of International Relations*, Oxford: Oxford University Press, 2000, pp. 241–343; Barry Buzan, Charles Jones and Richard Little, *The Logic of Anarchy: Neorealism to Structural Realism*, New York: Columbia University Press, 1993, pp. 29–65.

② 肯尼斯·沃尔兹创立的结构现实主义理论不是他设定的"终极理论",他理想中的国际政治系统理论应是一种能够将体系层次、互动层次和单元层次这三种类型的变量融合在一起的理论,他本人的理论并没有做到这点。这也是为什么后来那些依据他的理论发展起来的现实主义理论(即进攻性现实主义、防御性现实主义和新古典现实主义)都不断要引入"结构"以外的变量来解释相关问题。这种做法并没有违反沃尔兹理论的内在逻辑,但问题是后来的学者没有一个人能达到沃尔兹的高度,即创立出一种将相关各层次的变量融合在一起的理论框架。

地理政治学的最高关切,即地理政治学是一种兼容了体系层次变量和单元层次变量的理论。①

地理政治学从根本上说包含了两类不同性质的变量,即地理变量(自然地理变量、人文地理变量)和技术变量(物质性技术、组织性技术)。除自然地理变量可以被看成常量外,其他所有变量都具有非常鲜明的动态性特征,而这点也是地理政治学有别于现实主义理论的第二个特征,即地理政治学是一种"动态的"而非是"静止的"理论。尽管国际政治中的权力变迁是当代现实主义理论一个重要关注点,但当代现实主义理论普遍对国际政治现实的动态特征缺少足够的关注和把握②。造成这种状况的主要原因,关键是由于当代现实主义理论框架中从来没有融入能够对国际政治中的权力变迁进行适时把握的变量,而这点也是造成当代现实主义理论频遭诟病的一个重要原因。尽管有许许多多学者都认为,新技术(尤其是核武器和信息技术)的出现将终结地理政治研究,但这些批判意见实际上乃是忽略了技术因素恰恰是地理政治学内在的关键变量之一,技术进步实质上改变的,主要是地理因素对国家的

---

① Geoffrey Parker, "Continuity and Change in Western Geopolitical Thoughts during the 20th Century", *International Social Science Journal*, Vol. 43, No. 127, 1991, p. 22. 有关对(经典)地理政治学的整体性特征的论述,参见 Colin S. Gray, "In Defense of the Heartland: Sir Halford Mackinder and His Critics a Hundred Years on", *Comparative Strategy*, Vol. 23, No. 1, 2004, pp. 9 -25; Geoffrey Parker, *Geopolitics: Past, Present and Future*, London: Pinter, 1998; Michael P. Gerace, "Between Mackinder and Spykman: Geopolitics, Containment, and after", *Comparative Strategy*, Vol. 10, No. 4, 1991, pp. 347-364; Geoffrey Parker, *Western Geopolitical Thought in the Twentieth Century*, London: St. Martin's Press, 1985。

② 现实主义理论视野中的国际政治变化,主要指体系中大国的兴衰,而不是社会意义上的进步。罗伯特·吉尔平在他的《战争与世界政治中的变革》一书中专门提出了一种解释历史上大国兴衰的理论框架,但除此之外,现实主义理论中似乎没有出现另外的解释模式。正因为如此,对结构现实主义理论的主要批评意见之一,是它无法解释国际政治中的变化,即社会意义上的进步。沃尔兹对这种批评颇不以为然,因为这种批评超出了现实主义理论解释的范畴。沃尔兹的看法是正确的,但他创立的理论确实也没有提出一种解释体系中大国兴衰的分析框架。

政策和战略的重要程度及影响程度,而不是从根本上否定地理因素在国际政治中的巨大作用。①

二战后,地理政治学的衰落并不是自身原因造成的,主要是由于两个外界因素的影响,这其中反映出的实际上是对地理政治学的误解。首先,纳粹德国的对外扩张与地理政治学并没多少直接联系。② 战后出现的许多研究结果都表明,德国地缘政治学并非像二战时许多学者认为的那样是一种纳粹地理政治学。地理政治学和政治学一样,虽然不属于特定的意识形态或政治信仰,但也无法做到绝对的价值中立。地理政治学过去是,且仍然是一门与人的价值判断和政治信仰密切相联的科学,而它在具体实践中始终都受到特定的道德哲学和政治哲学的影响。其次,二战后国际关系理论越来越朝着实证科学方向发展,这种发展导致了地理政治学日益边缘化。③ 按照实证科学的标准,理论应该是一种被高度抽象化的现实,目的是解释一种规律或相关变量间的因果关系。如果一种理论兼容了地理政治因素,将会越来越贴近现实,因而将成为一种对

---

① 有关对(经典)地理政治学包含的内在变量的分析,参见 Mackubin T. Owens, "In Defense of Classical Geopolitics", *Orbis*, Vol. 59, No. 4, 2015, pp. 463 - 478; Saul Bernard Cohen, *Geopolitics: The Geography of International Relations*, London: Rowman and Littlefield, 2015; Herman van der Wusten and Gertjan Dijkink, "German, British and French Geopolitics: The Enduring Differences", *Geopolitics*, Vol. 7, No. 3, 2000, pp. 19 - 38; Geoffrey Parker, "Continuity and Change in Western Geopolitical Thoughts during the 20th Century", *International Social Science Journal*, Vol. 43, No. 127, 1991, pp. 21-34; Geoffrey Parker, *Western Geopolitical Thought in the Twentieth Century*, London: St. Martin's Press, 1985。

② 对这个问题的论述,参见 David Thomas Murphy, "Hitler's Geostrategist? The Myth of Karl Haushofer and the 'Institut für Geopolitik'", *Historian*, Vol. 76, No. 1, 2014, pp. 1-25; Mark Bassin, "Race contra Space: the Conflict between German Geopolitik and National Socialism", *Political Geography Quarterly*, Vol. 6, No. 2, 1987, pp. 115-134。

③ 参见 Zhengyu Wu, "Classical Geopolitics, Realism and the Balance of Power Theory", *Journal of Strategic Studies*, Vol. 41, No. 6, 2018, pp. 786-823; Mackubin T. Owens, "In Defense of Classical Geopolitics", *Orbis*, Vol. 59, No. 4, 2015, pp. 463 - 478; Jakub J. Grygiel, *Great Powers and Geopolitical Change*, Baltimore, MD: Johns Hopkins University Press, 2011; Ladis Kristof, "The Origins and Evolution of Geopolitics", *Journal of Conflict Resolution*, Vol. 4, No. 1, 1960, pp. 15-51。

现实的描述而不是解释。从这个意义上说，地理政治学日益边缘化，是实证科学的风尚造成的，而不是由于其本身失去了与政策和战略的相关性。

冷战后有关对地理政治学的批评主要有两点。首先，许多学者都指出，冷战结束后国家对经济利益的追求将超越对物质权力的追求，这种变化将最终导致"地理经济学"取代"地理政治学"。其次，虽然地理政治学提供的分析框架在过去的时代非常有效，但技术进步（尤其是核武器、空中力量、空间技术和信息技术）将会淡化地理政治学拥有的解释力。① 这两种批评乍一看虽然具有某种合理性，但问题在于二者都混淆了地理政治学的分析单位（unit of analysis）与地理政治学理论框架中包含的权力变量或技术变量。② 这点就意味着，经济因素和技术因素实际上是地理政治学理论框架中的内在组成部分，经济发展和技术进步虽然完全能改变不同地理政治因素在政策和战略上的相对重要性，却永远也无法抵消地理政治因素的巨大影响。

---

① 关于这两种批评意见，参见 Robert D. Blackwill and Jennifer Harris, *War by Other Means: Geoeconomics and Statecraft*, Cambridge: Harvard University Press, 2016; Martin Libicki, "The Emerging Primacy of Information", *Orbis*, Vol. 40, No. 2, 1996, pp. 261-274; Edward N. Luttwak, "From Geopolitics to Geo-economics", *The National Interest*, Vol. 20, No. 2, 1990, pp. 17-24; Harold Sprout and Margaret Sprout, *Foundations of International Politics*, Princeton, NJ: Van Nostrand, 1962。

② 对地理政治学包含的内在变量的论述，参见 Mackubin T. Owens, "In Defense of Classical Geopolitics", *Orbis*, Vol. 59, No. 4, 2015, pp. 463-478; Christopher J. Fettweis, "On Heartlands and Chessboards: Classical Geopolitics, Then and Now", *Orbis*, Vol. 59, No. 4, 2015, pp. 233-248; Geoffrey Parker, "Continuity and Change in Western Geopolitical Thoughts during the 20th Century", *International Social Science Journal*, Vol. 43, No. 127, 1991, pp. 21-34。

第二章

地理政治学的核心命题

　　地理政治学不仅是经典现实主义理论的一个重要分支,且同样是当代大战略研究最倚重的思想基础之一,任何形式的大战略研究由于从根本上说都无法离开对空间区位的把握,所以在很大程度上都必须兼容某种程度的地理政治分析。地理政治学相对于当代主流现实主义理论具有的这一优越性,不仅体现在抽象的学理层面上,且更体现在地理政治学与二战后乃至于冷战后国际政治实践的密切联系中。这种联系同样也解释了包含在地理政治学核心命题中的战略思想,能够对二战后乃至冷战后的美国对欧亚大陆核心地区的政策产生重大影响的原因。尽管"地理政治"作为一个专门性术语在战后国际政治话语中很少出现,但有关国际关系的地理政治分析恰恰是二战后美国的战略学和苏联学的基础。正是因为如此,当代美国头号冷战史学家约翰·加迪斯(John Lewis Gaddis)才会采用"地理政治法则"(The Geopolitical Code)来讨论二战结束以后美国对苏联及其领导的东方阵营实施的遏制战略,这种法则同样也适用于冷战结束后美国对欧亚大陆的战略实践。[1]

　　与当代主流现实主义理论不同,作为一种按照"经典路径"构建

---

[1] 关于对"地理政治法则"的界定,参见 John Lewis Gaddis, *Strategies of Containment: A Critical Appraisal of American National Security Policy during the Cold War*, New York: Oxford University Press, 2005, pp. vii–xi。

的国际政治理论，地理政治学的理论框架是建立在一系列彼此间有密切联系的核心命题基础上的。二战后，尽管有许多的研究者和实践者一直都在不断借用或引用地理政治学包含的核心命题，但同时很少有人尝试过对地理政治学的核心命题进行深入阐述。这种状况很大程度上正是强化了地理政治学与当代主流现实主义理论的相互脱节。确切地说，地理政治学的理论框架赖以维系的三个彼此间密切联系的核心命题包括：（1）海洋优势与大陆核心区域均势间的共生性关系；（2）主导性海洋强国承担大陆义务的重要意义；（3）心脏地带强国战略上特有的两重性。在理论上，这三项核心命题不仅构成了地理政治学的理论内核，而且揭示出一种本质上不同于当代主流现实主义理论的均势观。而这点同样也意味着，对地理政治学核心命题的认识同样也能够弥补当代主流现实主义理论的某些根本缺憾。正是从这个意义上说，地理政治学不仅是现实主义思想传统的重要组成部分，而且具有某些当代主流现实主义理论无法具备的优越性。[①]

与德国地缘政治学和法国维达尔传统相比，主要建立在马汉、麦金德和斯皮克曼阐述的思想基础上的地理政治学关注的首要问题，就是由工业革命引发的技术变动趋势对海洋国家与大陆国家间力量对比的潜在含义。这种关切根本体现的乃是几个世纪以来盎格鲁—撒克逊民族在对外政策问题上的传统恐惧感，即现代历史上的主导性海洋强国对单一强权控制大陆（核心区域）及由此而丧失海洋优势的恐惧。尽管美国在二战以后取代英国成为主导性海洋强国，但美国同样继承了英国的传统恐惧感，正是这种恐惧使二战以后美国对苏联及其领导的共产主义阵营的遏制政策与历史上英国对欧洲大陆的均势政策相比并没有多少本质性的区别，这两种政策的核心都是防止欧亚大陆的核心区域出现一个占据绝对优势的国家，而这点正是经典地理政治思想家界定的主导性海洋国家

[①] 有关地理政治学包含的不同于主流现实主义理论的均势观，参见 Zhengyu Wu, "Classical Geopolitics, Realism and the Balance of Power Theory", *Journal of Strategic Studies*, Vol. 41, No. 6, 2018, pp. 806-810。

最根本的战略利益。马汉、麦金德和斯皮克曼的地理政治研究实际展示的很大程度上也正是几个世纪以来，以盎格鲁—撒克逊民族为主体的海洋性国家在如何应对单一强权控制大陆（核心区域）问题上的战略思考及经验总结。①

一　海洋优势与大陆均势

作为一种大战略理论框架，地理政治学包含的首要命题是有关海洋优势与欧亚大陆核心区域（欧洲和东亚）均势间存在着一种密切的共生性关系。这种密切的共生性关系不仅是历史上的主导性海洋国家（即1945年前的英国和1945年后的美国）历来关注的核心焦点之一，而且很大程度上也解释了为什么历史上曾经出现的主导性海洋国家（即英国和美国）虽然在大陆上似乎并没有多少切身的利益，却在现代历史中总是会反复干预大陆（欧洲和东亚）局势的发展。地理政治学对海洋优势与欧亚大陆核心区域（欧洲和东亚）均势间共生性关系的关注，从根本上说不仅是历史上盎格鲁—撒克逊民族对外政策关切的体现，同时

---

① 阿尔弗雷德·马汉的主要著作就是著名的《海权对历史的影响》系列四部曲，参见 Alfred T. Mahan, *The Influence of Sea Power upon History*, 1660 – 1783, Boston: Little, Brown, 1890; Alfred T. Mahan, *The Influence of Sea Power upon the French Revolution and Empire*, 1783 – 1812, 2 Volumes, Boston: Little, Brown, 1892; Alfred T. Mahan, *The Life of Nelson: The Embodiment of the Sea Power of Great Britain*, 2 Volumes, Boston: Little, Brown, 1897; Alfred T. Mahan, *Sea Power in Its Relations to the War of 1812*, 2 Volumes, Boston: Little, Brown, 1905。后来有学者对马汉的海权著作进行了提炼，形成了两本非常好的简化版，参见 John B. Hattendorf, ed., *Mahan on Naval Strategy: Selections from the Writings of Rear Admiral Alfred Thayer Mahan*, Annapolis, MD: Naval Institute Press, 2015; Allan Westcott, ed., *Mahan on Naval Warfare: Selections from the Writings of Rear Admiral Alfred Thayer Mahan*, New York: Dover Publications, 2003。哈尔福德·麦金德的主要作品，参见 Halford J. Mackinder, *Britain and the British Seas*, Oxford: Clarendon Press, 1902; Halford J. Mackinder, "The Geographical Pivot of History", *The Geographical Journal*, Vol. 23, No. 4, 1904, pp. 421 – 437; Halford J. Mackinder, *Democratic Ideals and Reality: A Study in the Politics of Reconstruction*, New York: W. W. Norton, 1962; Halford J. Mackinder, "The Round World and the Winning of Peace", *Foreign Affairs*, Vol. 21, No. 4, 1943, pp. 595 – 605。尼古拉斯·斯皮克曼的主要著作，参见 Nicholas J. Spykman, *America's Strategy in World Politics*, New York: Harcourt, Brace and Co., 1942; Nicholas J. Spykman, *The Geography of the Peace*, New York: Harcourt Brace and Co., 1944。

也深刻地揭示出历史上主导性海洋国家最核心的战略利益，即防止欧洲大陆或欧亚大陆核心区域（欧洲和东亚）被任何单一强国独占。实际上，也正是这种核心利益的驱动，才使主导性海洋国家主导和参与了历史上反对大陆国家企图统一大陆的历次重大战争，这其中最重要的就是反对路易十四和拿破仑的法国及反对威廉二世和希特勒的德国的一系列重大战争。①

作为经典现实主义理论的一个重要分支，地理政治学可以归类为"均势现实主义"，即是以"均势"原则为核心构建的且认为稳定的国际秩序必须建立在体系内主要国家间权力分布大致平衡基础上的现实主义理论。② 与当代现实主义理论不同的是，地理政治学包含的均势观，既不是高度抽象的，也没有普遍的适用性。对经典地理政治思想家而言，均势原则实际上只适用于大陆，确切地说，仅适用于1945年前的欧洲或1945年后的欧洲与东亚。不仅如此，这种大陆均势的本身并不是最终目的，而只是主导性海洋强国维持其海洋优势以及在体系中总体

---

① 经典地理政治思想对战后美国大战略的影响最集中地体现在乔治·凯南和沃特·李普曼的著作中，参见 George F. Kennan, *Realities of American Foreign Policy*, Princeton: Princeton University Press, 1954; George F. Kennan, *American Diplomacy 1900-1950*, Chicago: University of Chicago Press, 1951; Walter Lippmann, *U. S. War Aims*, Boston: Little, Brown and Company, 1944; Walter Lippmann, *U. S. Foreign Policy*, Boston: Little, Brown and Company, 1943。有关经典地理政治思想对战后美国大战略实际影响的最好展示，参见 Melvyn P. Leffler, *A Preponderance of Power: National Security, the Truman Administration, and the Cold War*, Stanford: Stanford University Press, 1992。

② 有关"均势现实主义"，参见 Jack S. Levy, "Interstate War and Peace", in Walter Carlsnaes, Thomas Risse and Beth A. Simmons, eds., *Handbook of International Relations*, London: SAGE Publications Ltd., 2012, pp. 581-606。另见 Jack S. Levy, "What Do Great Powers Balance Against and When?", in T. V. Paul, James J. Wirtz and Michel Fortmann, eds., *Balance of Power: Theory and Practice in the 21st Century*, Stanford, California: Stanford University Press, 2004, pp. 29-51; Jack S. Levy, "Balances and Balancing: Concepts, Propositions, and Research Design", in John A. Vasquez and Colin Elman, eds., *Realism and the Balancing of Power: A New Debate*, Englewood Cliffs, N. J.: Prentice Hall, 2003, pp. 128-153。

性优势地位的一个必要前提。① 对经典地理政治思想家（马汉、麦金德、斯皮克曼）而言，海洋优势与大陆均势实际上也正是主导性海洋强国维持自己在体系中总体性优势地位的两个核心支柱，这两者彼此间有着一种密切的共生性关系，即主导性海洋强国如果要维持其体系中的总体优势地位必须两者兼备，或者说这两者彼此间不存在任何选择。这种在海洋优势与大陆均势间的共生性关系实际上也正是经典地理政治思想家共同关注的核心主题。

虽然在马汉的思想诞生时期，"地理政治"一词还没出现，但作为现代历史上最著名的海军史学家，马汉以他的"海权历史哲学"为现代地理政治学的发展做出了重要贡献。马汉的"海权历史哲学"实际上是建立在他对现代历史上欧洲的大陆强国与海洋强国间冲突和竞争的详细考察基础上的。这种竞争的主角，首先就是以奥地利和西班牙为核心的哈布斯堡王朝，哈布斯堡王朝的绝对优势曾经使其他欧洲国家面临最终被统一的危险；其次是路易十四的法国，法国在这个时期里发展出具有优势的大陆力量和海上力量，其优势甚至威胁到整个欧洲，再次是拿破仑的法国，这个时期的法国曾经征服了除俄国和英国以外的整个欧洲大陆。马汉对1792—1815年（也就是法国大革命和拿破仑战争的时期）英法两国间竞争与对抗的历史考察，集中体现了他对海洋优势与大陆均势间存在一种密切的共生性关系的认识。马汉指出，法国以征服或结盟的方式控制了欧洲大部地区，同时还关闭了欧洲大陆上的所有

---

① 有关历史上海洋优势与大陆均势间的密切共生性关系，参见 Ludwig Dehio, *The Precarious Balance*: *Four Centuries of the European Power Struggle*, New York: Random House/Vintage, 1962。其他与此相关的论述，参见 Jack S. Levy, "What Do Great Powers Balance Against and When?", in T. V. Paul, James J. Wirtz and Michel Fortmann, eds., *Balance of Power*: *Theory and Practice in the 21st Century*, Stanford, California: Stanford University Press, 2004, pp. 29 – 51; Jack S. Levy, "Balances and Balancing: Concepts, Propositions, and Research Design", in John A. Vasquez and Colin Elman, eds., *Realism and the Balancing of Power*: *A New Debate*, Englewood Cliffs, N. J.: Prentice Hall, 2003, pp. 128 – 153。

港口（即拿破仑对英国的大陆封锁体系），其最终目的是"攫取和整合欧洲国家的海军，从而直接向英国发起挑战"。①

对马汉来说，拿破仑的法国对欧洲大陆的控制，使得其有机会利用整个大陆的资源建立起一支具有优势力量的海军，这支海军最终将有可能在海上战胜英国；一个国家如果既拥有了欧洲大陆霸权同时又建立起能够战胜英国的海上力量，那么这个国家必然也将会有能力统治整个世界，即拿破仑的法国正在威胁的实际上是整个世界。② 在马汉看来，海上力量相对于陆上力量的优势，不仅在于海洋能提供的经济收益和运输便利，还在于普通的军事胜利虽然可以击溃一支大规模有组织的军事力量，却根本无法打败像法国大革命这样的大规模民族运动，或是由类似拿破仑这种"举世无双"的统帅领导的大国。③ 马汉虽然历来被称为"海权福音的传道者"（The Gospel of Sea Power），但他绝非只重视海上力量。马汉明确强调，英国拥有的海洋优势，不仅在于其国土资源提供的规模、人口和经济力量，同时也在于欧洲大陆强国间的均势。如果某个单一强国最终能够统一欧洲大陆，那么它同样也将有能力打败英国，或者用拿破仑的话来说，它将最终能够以"陆地征服海洋"，这正是英国必须与法国血战到底的原因。④

马汉与麦金德都认为，一国陆上资源的规模和质量将决定其海上力量的强弱，不同的是，马汉认为海权与陆权的历史模式同样适用于未

---

① Alfred T. Mahan, *The Influence of Sea Power upon History, 1660-1783*, Boston: Little, Brown, 1890, p. 139; Alfred T. Mahan, *The Influence of Sea Power upon the French Revolution and Empire, 1783-1812*, Vol. II, Boston: Little, Brown, 1892, p. 276.

② 有关马汉对这个问题的主要论述，参见 Alfred T. Mahan, *The Life of Nelson: The Embodiment of the Sea Power of Great Britain*, Vol. I, Boston: Little, Brown, 1897, p. 186。

③ 有关马汉对这个问题的主要论述，参见 Alfred T. Mahan, *The Influence of Sea Power upon the French Revolution and Empire, 1783-1812*, Vol. II, Boston: Little, Brown, 1892, p. 409。

④ Alfred T. Mahan, *The Influence of Sea Power upon History, 1660-1783*, Boston: Little, Brown, 1890, p. 27.

来，麦金德却担心现代技术的发展与扩散将导致海上力量对陆上力量的优势发生颠倒。① 麦金德对现代地理政治学的主要贡献是他的"心脏地带理论",这个理论乃是基于对历史上的海洋国家与大陆国家间冲突模式的考察,这种考察的重点主要是:克里特 vs. 希腊;凯尔特不列颠 vs. 罗马;英国 vs. 欧洲大陆国家。② 麦金德从历史考察中得出三项非常重要且具有深远影响力的地理政治发现:一是海上力量必须依赖安全可靠且资源丰富的陆上基地;二是一个拥有更丰富的资源而且不受到其他陆上国家干扰的大陆强国最终将能够战胜一个海洋强国;三是最佳地理战略位置是一个既有岛屿性特征同时又拥有丰富资源的地方。③ 麦金德据此进一步指出,欧亚非大陆(即世界岛)不仅承载了世界上绝大部分的人口和资源,同时也具有潜在的岛屿性特征,如果一个大陆强国控制了世界岛的主要资源且不受其他陆上国家的干扰,那么它同样也将成为最强的海洋国家。④

麦金德的理论并非旨在说明大陆国家或陆上力量必然要优于海洋国家或海上力量。麦金德认为,大陆国家如果要战胜海洋国家必须同时满足两项条件,一是拥有建立优势海上力量的充足资源,二是不受到其他陆上国家的干扰,否则,像英国这种拥有可靠的领土资源基地的海洋强

---

① Stephen B. Jones, "Global Strategic Views", *Geographical Review*, Vo. 45, No. 4, 1955, p. 494.

② 有关麦金德的生平与思想的研究,参见 Gerry Kearns, *Geopolitics and Empire: The Legacy of Halford Mackinder*, Oxford: Oxford University Press, 2009; Brian W. Blouet, *Halford Mackinder: A Biography*, College Station, TX: A and M University Press, 1987; W. H. Parker, *Mackinder: Geography As An Aid to Statecraft*, Oxford: Clarendon Press, 1982。

③ Francis P. Sempa, *Geopolitics: From the Cold War to the 21st Century*, New Brunswick, New Jersey: Transaction Publishers, 2002, p. 28. 有关麦金德地理政治思想的核心,参见 Colin S. Gray, "In Defense of the Heartland: Sir Halford Mackinder and His Critics a Hundred Years On", *Comparative Strategy*, Vol. 23, No. 1, 2004, pp. 9-25。

④ 这种思想集中体现在 Halford J. Mackinder, *Democratic Ideals and Reality: A Study in the Politics of Reconstruction*, New York: W. W. Norton, 1962, p. 70。另见 Colin S. Gray, "In Defense of the Heartland: Sir Halford Mackinder and His Critics a Hundred Years On", *Comparative Strategy*, Vol. 23, No. 1, 2004, pp. 9-25; Geoffrey Sloan, "Sir Halford J. Mackinder: The Heartland Theory Then and Now", *Journal of Strategic Studies*, Vol. 22, No. 2, 1999, pp. 15-38。

国仍然将最终胜出。正是从这个意义上说,麦金德强调,控制了世界岛核心地区的国家,同样也将能获得丰富的资源,从而建立起能够战胜海洋国家的强大海军,英国因此必须反对任何企图统一欧洲或取得欧陆霸权的国家。① 麦金德认为,所谓"心脏地带"是大陆上最具战略重要性的区域,是未来世界性帝国的潜在发源地。这是一片位于欧亚大陆中心地带连绵广阔的平原的地区,海洋国家对此地历来都无法施加任何影响,但占据这片地区且具有高度机动性的大陆国家,却可以向除北面之外的任何一个方向扩张。麦金德指出,此前占据"心脏地带"的大陆帝国之所以未能统治世界,原因一是人力资源的短缺,二是陆上力量相对于海上力量的机动性不足,但进入 20 世纪后,人口的增长及铁路的出现已经消除了这两个主要障碍。②

在麦金德看来,现代科学技术的发展使一个占据了心脏地带的大陆帝国有能力首先征服其他大陆国家,进而最终彻底战胜海洋国家。正因为如此,麦金德认为海洋国家及其大陆盟友"必须要反对企图统一东欧和心脏地带资源的任何强国"。③ 麦金德得出的这个结论实际上也就意味着,英国的海洋优势与欧洲大陆强国间的均势存在着密切的共生性关系。与麦金德的理论相似,尼古拉斯·斯皮克曼同样也坚持认为,无论是在战时还是在平时,美国安全的第一道防线实际上是欧洲和东亚的均

---

① 有关麦金德对这个问题的阐述,参见 Halford J. Mackinder, *Democratic Ideals and Reality: A Study in the Politics of Reconstruction*, New York: W. W. Norton, 1962, p.150。另见 Daniel Deudney, "Greater Britain or Greater Synthesis", *Review of International Studies*, Vol. 27, No. 2, 2001, pp. 187–208; Michael P. Gerace, "Between Mackinder and Spykman: Geopolitics, Containment, and after", *Comparative Strategy*, Vol. 10, No. 4, 1991, pp. 347–364。

② 有关麦金德对这个问题的阐述,参见 Halford J. Mackinder, *Democratic Ideals and Reality: A Study in the Politics of Reconstruction*, New York: W. W. Norton, 1962, p.74。另见 Geoffrey Sloan, "Sir Halford J. Mackinder: The Heartland Theory Then and Now", *Journal of Strategic Studies*, Vol. 22, No. 2, 1999, pp. 15–38; Arthur Butler Dugan, "Mackinder and His Critics Reconsidered", *The Journal of Politics*, Vol. 24, No. 2, 1962, pp. 241–257。

③ 这种看法实际上也正是麦金德"心脏地带理论"最核心的要素,参见 Halford J. Mackinder, *Democratic Ideals and Reality: A Study in the Politics of Reconstruction*, New York: W. W. Norton, 1962, p.139。

势,而这点也正是美国在世界政治中必须坚决维护的首要利益。① 斯皮克曼指出,从地理政治意义上说,美国与欧洲及东亚的关系类似于英国与欧洲大陆的关系。对英国来说,保持欧洲大陆上的均势关系到英国的安全与海洋优势;对美国来说,保持欧洲和东亚的均势同样直接关系到自身至关重要的战略利益。② 正是在这种地理政治类比(美国 vs. 欧洲或东亚等同于英国 vs. 欧洲大陆)的基础上,斯皮克曼进一步明确指出,"维持跨大西洋和跨太平洋地区的均势是保持新世界(美洲国家)的独立和美国在全世界权势地位的绝对必要的前提",如果只依靠本土性防御,这对美国而言存在着巨大风险。③

早在1942年,当第二次世界大战仍然处在胶着状态时,斯皮克曼就明确对轴心国取得战争胜利的后果发出了警告。他认为,"如果德国—日本的联盟在欧亚大陆上获得了战争的胜利,进而将其所有力量用于

---

① Nicholas J. Spykman, *America's Strategy in World Politics*, New York: Harcourt, Brace and Co., 1942, p. 4. 与麦金德相比而言,斯皮克曼受到的重视非常少,有关斯皮克曼地理政治思想的研究,无论就数量还是质量而言,都无法与有关麦金德的地理政治思想的研究相提并论,这点与斯皮克曼对二战后美国对外政策的巨大影响是不相匹配的。有关斯皮克曼地理政治思想的研究,参见 Colin S. Gray, "Nicholas John Spykman, the Balance of Power, and International Order", *Journal of Strategic Studies*, Vol. 38, No. 6, 2015, pp. 873–897; Patrick Porter, "A Matter of Choice: Strategy and Discretion in the Shadow of World War II", *Journal of Strategic Studies*, Vol. 35, No. 3, 2012, pp. 317–343; Robert Art, "The United States, the Balance of Power, and World War II: Was Spykman Right?", *Security Studies*, Vol. 14, No. 3, 2005, pp. 365–406; Michael P. Gerace, "Between Mackinder and Spykman: Geopolitics, Containment, and after", *Comparative Strategy*, Vol. 10, No. 4, 1991, pp. 347–364; David Wilkinson, "Spykman and Geopolitics", in Ciro Zoppo and Charles Zorgbibe, eds., *On Geopolitics: Classical and Nuclear*, Dordrecht, Netherlands: Martinus Nijhoff, 1985, pp. 77–130。

② Nicholas J. Spykman, *America's Strategy in World Politics*, New York: Harcourt, Brace and Co., 1942, p. 124.

③ Nicholas J. Spykman, *America's Strategy in World Politics*, New York: Harcourt, Brace and Co., 1942, p. 457. 另见 Walt W. Rostow, *The United States in the World Arena*, New York: Harper and Row, 1960; George F. Kennan, *Realities of American Foreign Policy*, Princeton: Princeton University Press, 1954; George F. Kennan, *American Diplomacy 1900–1950*, Chicago: University of Chicago Press, 1951; Walter Lippmann, *U. S. War Aims*, Boston: Little, Brown and Company, 1944; Walter Lippmann, *U. S. Foreign Policy: Shield of the Republic*, Boston: Little, Brown and Company, 1943。

与新世界对抗",那么战略上美国将面临难以突破的全面包围。① 他强调,为防止美国陷入这种包围,"即使和平时期,我们的持续政策关切就应当是确保没有任何一个旧世界(即欧亚大陆)的国家或者是国家联盟能够在任何区域(即欧洲和东亚)占据支配性地位,进而最终威胁到美国的安全"。② 与麦金德略有不同的是,斯皮克曼并没有将欧洲或东亚的均势与美国的海洋优势完全明确地联系在一起,但他的认识实际上更进了一步。他反复强调,欧洲和东亚的均势不仅直接关系到美国的本土安全,还关系到美国在整个世界上的总体地位。③ 斯皮克曼明确地指出,只有始终坚持"不让任何单一国家在欧洲和远东获取绝对支配性地位"的政策,才能够最终保障美国在战后世界上的独立与安全。但斯皮克曼没有能够指出的是,这种政策同时也必然会导致美国在全球范围的总体优势。④

二 主导性海洋强国与大陆义务

地理政治学包含的第二个核心命题,是有关主导性海洋强国承担大陆义务(Continental Commitment)的意义,即这种义务对维持欧亚大陆核心区域(即欧洲与东亚)的均势具有无可替代的重要性。除规模上的相形见绌外,工业革命及其引发的技术进步给主导性海洋国家造成的另一个非常不利的政治后果,就是使海上力量作为一种大战略工具的有效性日益减少,而这点很大程度上也意味着,主导性海洋国家如果要防止大陆均势出现不利于自己的变化,就必须承担相应的大陆义务。而这

---

① Nicholas J. Spykman, *America's Strategy in World Politics*, New York: Harcourt, Brace and Co., 1942, p. 183.
② Nicholas J. Spykman, *The Geography of the Peace*, New York: Harcourt Brace and Co., 1944, p. 34.
③ Nicholas J. Spykman, *America's Strategy in World Politics*, New York: Harcourt, Brace and Co., 1942, p. 24.
④ Nicholas J. Spykman, *The Geography of the Peace*, New York: Harcourt Brace and Co., 1944, p. 60.

点不仅是麦金德和斯皮克曼的著作传达的主要信息,也导致了地理政治学的关注点由"海权论"向"陆权论"的转移。1919 年,麦金德在《民主的理想与现实》一书中就明确表达出对一战前英国自由放任式的大陆政策的不满,正是这种不满使他要利用一战后的有利时机来重新安排中东欧地理政治格局;1943 年,斯皮克曼在《世界政治中的美国战略》一书中表达出的核心观点,同样是强调美国的安全利益与欧亚大陆核心区域的均势间存在密切联系,这也是斯皮克曼所揭示的美国介入二战的关键。麦金德和斯皮克曼强调的重点实际上是一致的,即海洋国家如果想继续保持现有优势就必须承担相应的大陆义务①。

在现代世界历史上,主导性海洋国家(即 1945 年前的英国以及 1945 年后的美国)虽然一直都可以通过海上力量或空中力量保护自己,但它们无法承受一个大陆霸权国带来的风险,因为一个控制欧亚大陆核心区域(欧洲或东亚)的霸权国将可能最终战胜海洋国家。而这点同样也正是解释了为什么历史上的主导性海洋国家,尽管在大陆上既没有扩张领土的欲望也没有扩大影响的动机,却总是在必要时倾全力干预大陆事务的发展以恢复大陆核心区域(欧洲或东亚)强国间的均势。历史上的主导性海洋国家虽然对必要时干预大陆事态很少表现出犹豫,但其内部对这种干预的方式历来存在着激烈争论,这种争论的核心就在于海洋国家(尤其在和平时期)究竟是否应承担相应的大陆义务?这种对大陆义务的分歧不仅是地理政治思想史上曾经出现的"海权论"与"陆权论"(即马汉与麦金德及斯皮克曼间的分歧)的分界线,还同样

---

① 与通常的认识相反,"海权论"与"陆权论"的核心分歧,实际上并不在于到底哪一种力量形式更为重要或哪一种力量形式具有某种压倒性优势,而在于海洋国家能否像历史上曾经做到的那样,依靠单一的海上力量就足以在和平时期确保以及在战争时期有效地干预大陆局势的发展,尤其是防止欧亚大陆的核心区域被任何单一强国独占。从严格意义上说,"海权论"与"陆权论"的核心分歧,与现代战略学领域中有关"英国式战争方式"的讨论是紧密联系在一起的,这两条脉络实际上真正关注的,是海洋国家究竟应该采取什么样的方式来维持欧亚大陆核心区域的局势不出现不利于自己的发展,而这点也正是冷战后有关美国大战略讨论的关键。

体现在当代美国学者有关后冷战时代美国对欧亚大陆核心区域政策的讨论中，尤其体现在"离岸制衡"和"选择性干预"的争论中。①

马汉阐述的海上力量的重要性主要体现在两方面：一是海洋经济（即产业、运输和殖民地）是决定一国繁荣的关键要素，海军优势可以保护与海洋经济相关的国家利益；二是一个有海洋优势的国家总能够战胜一个在大陆上占优势的国家，这方面最好的例证就是英国在1660—1815年取得的一系列胜利。② 马汉集中从国家繁荣和历史进程两方面来说明海洋优势的重要性，他最著名的"海权的历史影响"系列著作很大程度上就是对现代历史上英国海洋优势崛起历程的考察。马汉将英国在1688—1815年的崛起历程归结为英国政府"大力运用了海权这一威力强大的武器——这种崛起也是对英国政府推行的那种具有高度连续性且专注于一个特定目标之政策的回报"。③ 历史上英国对海洋优势和海外利益的专注有两个具体的内涵：一是在和平时期尽量远离欧洲大陆国家的联盟，从而得以腾出足够的精力和资源专注开拓海外利益；二是只有在欧洲大陆均势遭到严重破坏的情况下才进行必要的干预，因为大陆均势的破坏最终可能将导致某个单一强国或国家联盟建立起大陆霸权。④

---

① 有关"大陆义务"，参见 Paul Kennedy, *The Rise and Fall of British Naval Mastery*, London: Penguin, 2001; David French, *The British Way in Warfare 1688–2000*, London: Unwin Hyman Ltd., 1990; Michael Howard, *The Continental Commitment: The Dilemma of British Defense Policy in the Era of the Two World Wars*, London: Temple Smith, 1972。有关"离岸制衡"与"选择性干预"的分歧，参见 Christopher Layne, *The Peace of Illusions: American Grand Strategy from 1940 to the Present*, Ithaca: Cornell University Press, 2006; Robert J. Art, *A Grand Strategy for America*, Ithaca: Cornell University Press, 2003; John J. Mearsheimer, *The Tragedy of Great Power Politics*, New York: W. W. Norton, 2001。

② Jon Sumida, "Alfred Thayer Mahan, Geopolitician", *Journal of Strategic Studies*, Vol. 22, No. 2, 1999, p. 39.

③ Alfred T. Mahan, *The Influence of Sea Power upon History, 1660–1783*, Boston: Little, Brown, 1890, p. 76.

④ Quincy Wright, *A Study of War*, Chicago: University of Chicago Press, 1965, p. 636.

第二章 地理政治学的核心命题

马汉对1660—1815年英国海洋优势崛起的阐述和分析一直被后人当成经典,但问题是马汉认为这种基于历史经验形成的战略模式也同样适用于未来。① 在现代世界历史上,英国对欧陆政策的成功主要因为在当时的技术条件下,单纯靠皇家海军的力量就足以确保英国的本土安全以及必要时对欧洲大陆局势的有效干预。但19世纪中期后,工业革命在欧洲大陆的扩散及随之而来的工业技术对海军力量的影响,都极大地削弱了皇家海军保卫本土和有效干预大陆局势的能力。英国的海洋优势乃是基于其经济实力的。当那些具有更大领土规模和更多人力资源的大陆国家的工业水平逐渐超过英国时,英国享有的海洋优势便理所当然难以为继了。② 与此相对应的就是技术的发展和扩散同样使海上力量原先相对于陆上力量的各项优势(尤其是机动性)出现了大幅下降。在进入20世纪后,英国实际上已经无法单纯靠皇家海军的力量来调控和维持欧洲大陆的均势了,这正是英国发现自己不得不在1904年和1907年分别与欧洲大陆两个强国(法国与俄国)结成事实上的同盟的原因,并且不得不在1914年一战刚刚开始时就迅速向大陆派出一支前所未有的大规模陆上远征军以最终战胜德国。③

与通常的认识相反,马汉从来没有忽视过海上力量赖以维系的陆上基地的重要性,他有关影响一国海上力量发展的六个要素的论述实际上证明了这一点。马汉明确指出,英国在1688—1815年参与的一系列重大战争绝不是单纯的海上战争,因为陆上力量对英国的本土防御及其对

---

① William E. Livezey, *Mahan on Sea Power*, Norman: University of Oklahoma Press, 1980, p. 274.

② David French, *The British Way in Warfare 1688 – 2000*, London: Unwin Hyman Ltd., 1990, p. xiii.

③ Paul Kennedy, "Mahan versus Mackinder: Two Interpretations of British Sea Power", in Paul Kennedy, *Strategy and Diplomacy 1870 – 1945: Eight Studies*, London: Fontana, 1984, p. 57. 这也是保罗·肯尼迪随后的两部重要著作的核心,参见 Paul Kennedy, *The Rise and Fall of the Great Powers: Economic Change and Military Conflict from 1500 – 2000*, London: Penguin, 2017; Paul Kennedy, *The Rise and Fall of British Naval Mastery*, London: Penguin, 2001.

欧洲大陆与海外世界的远征都起到很重要的作用。① 马汉创立的"海权历史哲学"的主要缺陷,就是认为英国可以在不承担大陆义务的情况下单纯靠海洋优势便足以维持其优势性地位。麦金德与马汉的不同之处就在于,麦金德认为,在工业革命不断得到扩散的背景下,英国如果想要继续保持海洋优势以及对海洋优势至关重要的大陆均势,就必须要承担相应的大陆义务。② 麦金德指出,第一次世界大战最引人瞩目的事态,并不是同盟国的最终胜利,而是德国几乎成功地征服了心脏地带。德国如果没有在东西两线发动攻势,而是将兵力集中在东线,那么将很有可能占据心脏地带,并进而在此基础上最终控制世界。麦金德强调,英国如果想要在不久的将来避免类似的灾难,除了承担相应的大陆义务别无选择。③

麦金德认为,基于第一次世界大战的教训,战后最迫切的任务,就是在东欧建立起一个有效的安全保障体系。他特别强调,必须设法在德国和苏联间建立起一系列新独立的国家,即他命名的"中间带国家"(Middle Tier States),以此作为将德国和苏联这两个地理政治大国隔开的战略缓冲区。④ 麦金德指出,东欧"中间带国家"几乎无法单纯靠自身力量将德国与苏联隔开,这些国家只有彼此间密切合作且必须得到区域外国家的大力支持,才能够有效地发挥战略缓冲的作用,否则一战后

---

① Stephen B. Jones, "Global Strategic Views", *Geographical Review*, Vo. 45, No. 4, 1955, p. 494.

② 有关马汉与麦金德的地理政治思想的对比,参见 Paul Kennedy, "Mahan versus Mackinder: Two Interpretations of British Sea Power", in Paul Kennedy, *Strategy and Diplomacy 1870 - 1945: Eight Studies*, London: Fontana, 1984, pp. 43-85。

③ 麦金德提出的这种看法实际上也是他最重要著作的核心观点,参见 Halford J. Mackinder, *Democratic Ideals and Reality: A Study in the Politics of Reconstruction*, New York: W. W. Norton, 1962, pp. 149-150。

④ 关于麦金德对"中间带国家"的强调及对其相关作用的认识,参见 Francis P. Sempa, *Geopolitics: From the Cold War to the 21st Century*, New Brunswick, New Jersey: Transaction Publishers, 2002, p. 31。

东欧地区的权力真空将引发新一轮欧洲大陆霸权的争夺。① 值得一提的是,麦金德对构建"中间带国家"提出了非常具体的条件,尤其强调海洋国家(即英国和美国)对这些国家进行支持的必要性。有许多后来的学者指出,麦金德提出的"中间带国家"的建议,与一战后"巴黎和会"建立的一系列中东欧国家的行动从战略上看是非常相似的,但这些中东欧国家的建立却没有能够防止第二次世界大战的爆发。② 对麦金德的这类批评虽然表面上看是非常正确的,因为20世纪前期的历史似乎证明了这种批评的准确性,但问题是,这种批评完全忽略了其中最关键的一条,即一战后的海洋国家(即英国和美国)从来没有承担或认真履行过麦金德反复强调的那种支持"中间带国家"的义务。

麦金德之所以强调必须在德俄两国间建立一系列"中间带国家",并且指出海洋国家(尤其是英国和美国)必须对这些国家承担义务,其目的就是说明海洋国家承担相应的大陆义务对维持大陆均势是至关重要的。正是从这个意义上说,"大陆义务"很大程度上构成了麦金德"心脏地带理论"的核心要义之一。从地理政治的角度看,斯皮克曼对战后美国对外战略的设想与麦金德对一战后英国对外战略的建议本质上是一致的。③ 斯皮克曼指出,美国的安全历来都与欧洲和亚洲的均势相伴随,但欧亚

---

① 有关麦金德对"中间带国家"的地位及相关战略弱点的认识,参见 Halford J. Mackinder, *Democratic Ideals and Reality*: *A Study in the Politics of Reconstruction*, New York: W. W. Norton, 1962, pp. 160-165。对麦金德有关"中间带国家"设想更进一步的讨论,参见 Colin S. Gray, "In Defense of the Heartland: Sir Halford Mackinder and His Critics a Hundred Years On", *Comparative Strategy*, Vol. 23, No. 1, 2004, pp. 9 - 25; Geoffrey Sloan, " Sir Halford J. Mackinder: The Heartland Theory Then and Now", *Journal of Strategic Studies*, Vol. 22, No. 2, 1999, pp. 15-38; Arthur Butler Dugan, "Mackinder and His Critics Reconsidered", *The Journal of Politics*, Vol. 24, No. 2, 1962, pp. 241-257。

② Arthur Butler Dugan, "Mackinder and His Critics Reconsidered", *The Journal of Politics*, Vol. 24, No. 2, 1962, pp. 252-257.

③ 关于斯皮克曼与麦金德两种地理政治思想的相似性,参见 Michael P. Gerace, "Between Mackinder and Spykman: Geopolitics, Containment, and after", *Comparative Strategy*, Vol. 10, No. 4, 1991, p. 350。

大陆上的均势从来都不是自由放任的产物，而恰是需要持续和谨慎的努力加以维持的结果。斯皮克曼对现代地理政治学最具原创性的贡献是所创立的"边缘地带理论"，这个理论的核心要义是如何保障美国在战后世界的安全利益。[①] 值得注意的就是，斯皮克曼从来没有提出美国应当推行所谓"离岸制衡"战略，他认为，美国必须在欧洲和亚洲承担相应义务才能够保证欧洲和亚洲的均势体系得以维持。实际上，斯皮克曼在他的理论中一直在强调的，就是主导性海洋强国需要在海上力量的支持下，在欧亚大陆上的核心区域（主要是战后的欧洲与东亚）承担起相应的大陆义务。

自二战结束后，美国便取代英国成为国际体系中的主导性海洋强国和领导者，与此相对应的是，二战后美国的政策界和战略界有关大战略之争论的核心问题之一，是美国作为一个远离大陆的超级大国如何处理与欧亚大陆上其他权力中心的关系。斯皮克曼认为，美国无论在战时还是在平时都必须密切地关注欧洲和亚洲的均势运行，但做到这点需要美国承担相应的大陆义务，因为从长远看，美国主动承担大陆义务以维持大陆均势的成本更低。[②] 斯皮克曼指出，美国或许可以选择和平时期退出大陆，但此后可能需要倾全国之力来重建欧洲或亚洲的均势，这么做的成本实际上要远高于一开始便主动承担起大陆义务的成本。对斯皮克曼来说，"离岸制衡"实际上是一个现代版本的孤立主义，但现代世界的相互依赖决定了任何形式的孤立主义都不会促进和平与安全。[③] 需要指出的是，冷战结束后，在美国有关"离岸平衡"和"选择性干预"

[①] 有关对斯皮克曼地理政治思想核心论点最新的阐述，参见 Colin S. Gray, "Nicholas John Spykman, the Balance of Power, and International Order", *Journal of Strategic Studies*, Vol. 38, No. 6, 2015, p. 884。

[②] 美国学者罗伯特·阿特正是借助斯皮克曼的思想来阐述"选择性干预"的必要性的，参见 Robert Art, "The United States, the Balance of Power, and World War Ⅱ: Was Spykman Right?", *Security Studies*, Vol. 14, No. 3, 2005, p. 405。

[③] 斯皮克曼在1942年出版的那本著作中专门地探讨了均势秩序在现代世界政治中的重要意义，参见 Nicholas J. Spykman, *America's Strategy in World Politics*, New York: Harcourt, Brace and Co., 1942, p. 468。

的论争仍然是围绕斯皮克曼半个多世纪前提出的问题展开的。进攻性现实主义者和防御性现实主义者虽然都主张美国在冷战后应当推行"离岸制衡"战略，但迄今为止没有任何人能够直面斯皮克曼曾经表达的观点，更不用说推翻这些看法了。①

三 心脏地带强国战略上的两重性

地理政治学包含的第三个核心命题，是有关心脏地带战略上特有的两重性，这也是斯皮克曼"边缘地带理论"对现代战略研究的一个重要贡献。从严格意义上讲，麦金德著作中展示的海洋国家与心脏地带大陆强国间的对抗，仅仅代表了一种特定历史时期的国际权势分布图景，即心脏地带作为权力中心的重要性并非注定的，而是由边缘地区在某些时期的羸弱造成的。麦金德思想的这一缺憾后来因冷战爆发从而被人们忽视了。在现代地理政治思想史上，对麦金德思想这一缺憾做出实质性修正的，就是著名的美籍荷兰裔国际政治学家尼古拉斯·斯皮克曼。斯皮克曼最重要的理论贡献是创立和提出了"边缘地带理论"。斯皮克曼的"边缘地带理论"与麦金德的"心脏地带理论"一起，代表了20世纪西方地理政治思想的最高成就。对麦金德与斯皮克曼这两种地理政治思想中核心分歧的展示，不仅有利于人们对几个世纪以来主导世界政治的权力冲突模式的认识，更为重要的是，与麦金德的理论相比，斯皮克曼的理论同时也根本地改变了俄国（和苏联）作为心脏地带大陆强国的基本战略属性。

除主导性海洋国家是否应该承担大陆义务外，经典地理政治思想中

---

① 有关"离岸制衡"与"选择性干预"两者间的主要分歧及其对后冷战时代美国大战略的实质性含义的相关探讨，参见 Hal Brands, "Fools Rush Out? The Flawed Logic of Offshore Balancing", *The Washington Quarterly*, Vol. 38, No. 2, 2015, pp. 7-28; Williamson Murray and Peter Mansoor, "U.S. Grand Strategy in the 21st Century: The Case for a Continental Commitment", *Orbis*, Vol. 59, No. 1, 2014, pp. 19-34; James E. Auer and Robyn Lim, "The Maritime Basis of American Security in East Asia", *Naval War College Review*, Vol. 54, No. 1, 2001, pp. 39-58。

还存在另一个往往被忽视却很重要的分歧，即麦金德和斯皮克曼对心脏地带战略属性的不同看法，这种忽视与人们对斯皮克曼思想的错误认识是紧密地联系在一起的。自二战结束以来，人们一般都是将斯皮克曼与麦金德看成一体的，而这点也就是意味着斯皮克曼创立的"边缘地带理论"本质上乃是麦金德理论的延伸，斯皮克曼的理论只是对麦金德的理论进行了更新和修正，但两者的逻辑上是一致的，即边缘地带是海洋国家与心脏地带强国都试图要控制的区域，正是这引发了海洋国家与心脏地带强国的冲突。斯皮克曼的贡献就在于指出，心脏地带国家如果最终控制了边缘地带，将会对美国形成战略上的包围。然而，对斯皮克曼思想的这种认识是错的。首先，"边缘地带"对斯皮克曼理论的意义与"内新月形地带"对麦金德理论的意义是不同的；其次，斯皮克曼与麦金德对海洋国家与心脏地带强国间的冲突也有完全不同的认识。将斯皮克曼的理论与麦金德的理论混淆在一起将导致对心脏地带战略性质的错误认识。①

麦金德地理政治思想的核心，是海洋国家与心脏地带强国间的对抗。技术发展使那些在规模、资源和人力上占据先天优势的大陆国家相对于英国这样的海洋国家而言将可能具备更多的权势潜力，因此，麦金德首要关注的就是海洋国家与心脏地带强国间力量对比的变化。② 麦金德地理政治思想的核心，就是他所提出的"心脏地带"，也就是地理范

---

① 有关斯皮克曼与麦金德两种思想的核心分歧，参见 Michael P. Gerace, "Between Mackinder and Spykman: Geopolitics, Containment, and after", *Comparative Strategy*, Vol. 10, No. 4, 1991, pp. 347-364。有关斯皮克曼地理政治思想新出版的论述对此也有涉及，参见 Colin S. Gray, "Nicholas John Spykman, the Balance of Power, and International Order", *Journal of Strategic Studies*, Vol. 38, No. 6, 2015, pp. 873-897; Patrick Porter, "A Matter of Choice: Strategy and Discretion in the Shadow of World War Ⅱ", *Journal of Strategic Studies*, Vol. 35, No. 3, 2012, pp. 317-343; Robert Art, "The United States, the Balance of Power, and World War Ⅱ: Was Spykman Right?", *Security Studies*, Vol. 14, No. 3, 2005, pp. 365-406。

② 有关麦金德地理政治思想的重点关注，参见 Michael P. Gerace, "Between Mackinder and Spykman: Geopolitics, Containment, and after", *Comparative Strategy*, Vol. 10, No. 4, 1991, pp. 347-364。

围上涵盖了俄国（苏联）、东欧、蒙古国、中国新疆和西藏的那片位于欧亚大陆中心地带的地区。这个地区之所以在麦金德地理政治思想中占中心地位，关键就在于麦金德界定的心脏地带不仅是一个拥有丰富的自然资源和人力资源的地区，而且是一个海洋国家历来都无法施加任何影响的场所，这片地区历来被草原游牧民族独占。[1] 麦金德认为，英国建立在海洋优势基础上的全球主导地位，乃要归因于历史上欧洲大陆恰好保持分裂，因而没有任何国家能够建立起一支与英国相抗衡的海上力量。但工业革命的扩散却使这种局面发生了根本变化。心脏地带在人力和资源上的先天优势以及在此基础上形成的政治专制，将可能改变海洋国家和心脏地带强国间的力量对比。而这种力量对比上的变化意味着，一个占据了心脏地带的强国有能力向外扩张并且控制欧亚大陆的沿海地区，从而最终能够发展起一支具有广阔资源基地支持的海上力量。[2]

麦金德的地理政治逻辑可以被简单概括为：在现代技术（尤其是铁路技术）条件下，一个占据了心脏地带的大陆强国有可能最终控制欧亚非大陆（世界岛），欧亚大陆上丰富的自然资源和人力资源将使这个国家有能力建立一支对英国的海洋优势构成致命威胁的海上力量，而正是这样的可能性导致了海洋国家与心脏地带大陆强国间的竞争与对抗。[3] 除心脏地带外，麦金德的地理政治思想中还包括了另外两个概念，即"内新月形地带"和"外新月形地带"。在麦金德的地理政治框架中，"内新月形地带"虽然拥有丰富的自然资源和人力资源，却不具备任何意义上的独立性，即这个地区历来是海洋国家和心脏地带强国间争夺的

---

[1] 有关麦金德对"心脏地带"的地理范围及战略特点的阐述，参见 Halford J. Mackinder, *Democratic Ideals and Reality: A Study in the Politics of Reconstruction*, New York: W. W. Norton, 1962, pp. 110–111。

[2] 有关麦金德对心脏地带强国战略潜力及其对海洋国家的挑战的分析，参见 Halford J. Mackinder, *Democratic Ideals and Reality: A Study in the Politics of Reconstruction*, New York: W. W. Norton, 1962, pp. 73–74。

[3] Colin S. Gray, *The Geopolitics of Superpower*, Lexington: University of Kentucky Press, 1988, p. 42。

对象，而它的重要性主要体现在海洋国家可以通过控制这片区域阻止心脏地带国家将大陆沿海地区组织为一个整体。① 麦金德界定的"内新月形地带"是一个从属于"心脏地带"和"外新月形地带"的地区，即它本身不是一个有独立地位的地区。"内新月形地带"虽然对海洋国家与心脏地带国家间的力量对比具有重要意义，但战略上是从属于海洋国家和心脏地带强国的。

斯皮克曼虽然也认为麦金德界定的"心脏地带"与"内新月形地带"所覆盖的区域构成了"大大陆"（即麦金德所说的"世界岛"）的主要部分，但明确对麦金德划分的地理政治范畴进行了一系列修正。理解这些修正的意义也正是理解"边缘地带"相对于"心脏地带"重要性的关键。② 斯皮克曼的修正，首先就是将欧亚大陆边缘地区（相当于麦金德所说的"内新月形地带"）合成为一个统一的"边缘地带"（the rimland），环绕欧亚大陆的一系列将大陆和大洋隔开的边缘海构成一条海上大道，从而将边缘地带连接成为一个整体；其次，斯皮克曼以他命名的"滨外洲"（offshore continents）取代了"外新月形地带"，但英国和日本不属于这一范畴，所以斯皮克曼将英国和日本笼统地称为"滨外岛"（offshore islands）。③ 与麦金德正相反，斯皮克曼认为世界政治中的权势斗争主要发源于边缘地带而非心脏地带，即历史上的权力斗争历来与欧亚大陆"心脏地带和边缘地带的关系有关，与边缘地区内部的权力分布有关，与海上势力对大陆沿岸的压力造成的影响有关，最后，与西半球参与这种压迫的程度有关"。这种认识实际上意味着，斯皮克曼界定的边缘地带并非像麦金德所说的那样处于海洋国家和心脏地

---

① J. Lowe, *Geopolitics and War: Mackinder's Philosophy of Power*, Washington D. C.: University Press of America, 1981, p. 70.

② 有关斯皮克曼对麦金德的修正及由此产生的重要意义，参见 Michael P. Gerace, "Between Mackinder and Spykman: Geopolitics, Containment, and after", *Comparative Strategy*, Vol. 10, No. 4, 1991, p. 352。

③ Nicholas J. Spykman, *America's Strategy in World Politics*, New York: Harcourt, Brace and Co., 1942, p. 37.

带国家之间的被动地位,而是经常与心脏地带国家和海洋国家产生对抗。①

对斯皮克曼来说,边缘地带国家不仅是世界政治中权力斗争的重要参与者,而且是国际政治永恒不变的权力斗争的主要发源地。② 斯皮克曼承认麦金德界定的那种历史上反复出现的海洋国家和心脏地带国家间冲突的存在,却不认为这种冲突是世界政治中最重要的主题,用他的话说,"从没有发生过单纯的海上力量同陆上力量的对抗。历史上的阵营总体现为,要么是一些边缘地带国家与英国一起对抗另一些边缘地带国家和俄国,或是英国与俄国(苏联)一起对抗一个在边缘地区占主导地位的强国"。③ 从根本上说,任何一种地理政治框架的首要目的,都是试图界定世界政治中反复发生的冲突模式。对麦金德来说,这种反复出现的权力冲突模式只有一种,即海洋国家和心脏地带国家间的对抗,但斯皮克曼却认为,这种反复出现的权力冲突模式实际有两种:一是海上强国及边缘地带盟友与心脏地带国家及边缘地带盟友间的对抗,二是海上强国与心脏地带大陆强国联手对抗一个位于边缘地带的强国。④ 这其中哪一种模式将占据上风则取决于边缘地带内部的权力分布状况。这种差异不仅区分了麦金德和斯皮克曼的分析框架,而且反映出他们两人对心脏地带国家战略属性的不同认识。

---

① Nicholas J. Spykman, *America's Strategy in World Politics*, New York: Harcourt, Brace and Co., 1942, p. 51.
② 有关斯皮克曼对"边缘地带"战略属性的界定,参见 Colin S. Gray, "Nicholas John Spykman, the Balance of Power, and International Order", *Journal of Strategic Studies*, Vol. 38, No. 6, 2015, p. 884。
③ Nicholas J. Spykman, *America's Strategy in World Politics*, New York: Harcourt, Brace and Co., 1942, p. 43. 对有关麦金德和斯皮克曼这两种地理政治思想中的核心冲突模式的深入探讨,参见 Michael P. Gerace, "Between Mackinder and Spykman: Geopolitics, Containment, and after", *Comparative Strategy*, Vol. 10, No. 4, 1991, pp. 347-364。
④ 有关斯皮克曼对国际政治中两种反复出现的冲突模式的界定,参见 Michael P. Gerace, "Between Mackinder and Spykman: Geopolitics, Containment, and after", *Comparative Strategy*, Vol. 10, No. 4, 1991, p. 354。

斯皮克曼认为，美国面临的主要威胁来自边缘地带而非心脏地带，如果二战中的纳粹德国和日本帝国能够取得最终胜利（即一个边缘地带的强国最终独占欧洲或东亚），那么美国将面临战略上被包围的危险。斯皮克曼指出，一个位于边缘地带且能够独占欧洲或东亚的强国，不仅能够包围美国，同样能够包围苏联，像第二次世界大战期间的德国和日本一样，如果它们一旦成功，将能把苏联的势力推回到乌拉尔山—贝加尔湖以东的地区。① 在斯皮克曼创立的地理政治框架中，边缘地带的战略属性实际上是双重的，要么是在心脏地带强国和海洋强国两者间保持分裂，要么是心脏地带强国和海洋强国联手对抗某个企图独占欧洲或东亚的边缘地带强国。② 边缘地带战略上的两重性同样也改变了心脏地带的战略属性。麦金德坚持认为，俄国和苏联作为一个位于心脏地带的大陆强国是海洋国家（二战前的英国和二战后的美国）的天然对手；斯皮克曼认为，边缘地带战略上的两重性同样决定了俄国和苏联作为一个心脏地带强国战略上的两重性：一方面，作为历史上草原游牧民族的直接继承者，其特有的地理位置使它能够通过向外扩张从而使边缘地带国家面临巨大压力；另一方面，只要俄国和苏联自己不打算在边缘地区建立某种霸权，那么它也是保卫和平最有效的大陆根据地。③

斯皮克曼"边缘地带理论"的首要贡献在于对19世纪和20世纪的同盟和阵营做出了完全不同于麦金德"心脏地带理论"的解释。斯皮克曼认为，在拿破仑战争和20世纪的两次世界大战中，海洋国家（首先是英国，后来还加上美国）都是与心脏地带大陆强国（即俄国和苏

---

① Nicholas J. Spykman, *America's Strategy in World Politics*, New York: Harcourt, Brace and Co., 1942, p. 195.
② 有关斯皮克曼对"边缘地带"两重性的界定，参见 Michael P. Gerace, "Between Mackinder and Spykman: Geopolitics, Containment, and after", *Comparative Strategy*, Vol. 10, No. 4, 1991, p. 356。
③ Nicholas J. Spykman, *The Geography of the Peace*, New York: Harcourt Brace and Co., 1944, p. 57.

联）一起联手来对抗一个位于边缘地带且力图独霸欧洲或东亚的强国的。① 从麦金德的视角看，海洋国家与心脏地带强国的对抗是压倒性主题，但从斯皮克曼的视角看，随着边缘地带权力中心的变迁，一种冲突模式（海洋国家与心脏地带大陆强国的对抗）将会被另一种冲突模式（即海洋国家与心脏地带强国联手来对抗某个边缘地带的强国）取代。这两种模式的转换取决于边缘地带的权力分布状况。② 基于斯皮克曼的逻辑可以得出一个合理的推论：一个位于边缘地带权力中心（中国）的出现，再加上冷战后的心脏地带强国（俄罗斯）的持续衰弱，实际上恰恰是加强了（而不是削弱了）心脏地带大陆强国（俄罗斯）和主导性海洋强国（美国）间利益上的一致性，这种一致性的核心就是要防止边缘地带出现一个占据压倒性优势的强国。

---

① Harold Sprout, "Geopolitical Theories Compared", *Naval War College Review*, Vol. 7, No. 5, 1954, p. 32.
② 有关斯皮克曼对"边缘地带"战略属性的界定，参见 Michael P. Gerace, "Between Mackinder and Spykman: Geopolitics, Containment, and after", *Comparative Strategy*, Vol. 10, No. 4, 1991, p. 356。

第三章

地理政治学在当代现实主义理论中的地位

在战后国际关系理论史上,现实主义阵营中一直有两条并行但又无法兼容的脉流,一脉乃是以"均势"为核心的现实主义理论(其中包括经典现实主义、结构现实主义、进攻性现实主义、防御性现实主义和新古典现实主义),另一脉则是以"霸权"为核心的现实主义理论(包括霸权稳定论、权力转移论和世界政治长周期理论)。除理论假设大致相同外,这两种理论的内容几乎完全相悖。均势论认为,由于无政府状态中国家的首要目标是生存,因而在所有其他次级目标中,最重要的就是避免霸权的出现,而均势是避免霸权出现的最主要手段;均势论预测,无政府状态中的生存压力将迫使国家通过制衡的手段来应对那些威胁其生存的国家,尤其是可能确立霸权的国家。霸权论认为,霸权国往往带来体系的稳定,因为霸权国在推进自身利益的同时,也会创立出一整套的规则与规范,从而实现对无政府状态的有效治理;霸权论预测,体系霸权的兴衰取决于国家间不平衡增长率,体系最不稳定的时期是衰落的领导者即将被崛起的挑战者赶上之时,因为此时两者都具有发动预防性战争的强烈动机。[①]

[①] 有关"均势现实主义"和"霸权现实主义",参见 Jack S. Levy, "Interstate War and Peace", in Walter Carlsnaes, Thomas Risse and Beth A. Simmons, eds., *Handbook of International Relations*, London: SAGE Publications Ltd., 2012, pp. 581-606。有关"霸权论"和"均势论"的核心,参见 William R. Thompson, *On Global War*, Columbia: The University of South Carolina Press, 1988, p. 37; Kenneth Waltz, *Theory of International Politics*, New York: McGraw-Hill, 1979, p. 126。

第三章 地理政治学在当代现实主义理论中的地位

"霸权论"和"均势论"虽然被看作现实主义阵营的两大核心,但很少有人真正关注过两者的内在联系,而这种联系恰恰是理解地理政治学在当代现实主义理论中定位的最关键要素。在理论上,造成"均势论"和"霸权论"对立的关键,是两者对体系霸权有不同界定:"均势论"界定的是以陆上力量为基础的大陆霸权,而不是以贸易、金融和海军力量为基础的海上霸权;"霸权论"则是以主导性经济、技术和金融领域和远程力量投送能力(主要是远洋海军)的绝对领先优势界定霸权的。确切地说,正因为二者对体系中霸权有着截然不同的界定,这两种理论实际上关注的根本不是同一个"体系"。"体系"不过是研究者设计的认识世界的工具,因此完全可以想象,现代国际体系乃是由两种不同原则所主导的体系构成的,即由"均势"原则主导的区域性(欧洲)大陆体系以及由"霸权"原则主导的全球性大洋体系。地理政治学力图揭示的,就是历史上区域性(欧洲)大陆体系和全球性大洋体系间的互动联系,这种联系在现代历史上通常是以领导者和挑战者这两类国家间的斗争形式表现的。①

现代世界历史进程确切地说是由两类不同性质的事态开启的:一是1494年法王查理八世进攻意大利,由此拉开了之后几个世纪里不断上演的争夺欧洲霸权斗争的序幕;二是1494年航海"大发现"的两个先驱者(即葡萄牙和西班牙)在罗马教皇亚历山大六世的斡旋下签订了《托德西拉斯条约》(Treaty of Tordesillas),展示了现代世界最早的海洋秩序的雏形。1494—1945年的现代国际关系实际上正是围绕这两条主线展开的,一是欧洲列强在区域性大陆体系中展开的竞争与对抗,二是

---

① 现代国际关系学科中的"均势论"和"霸权论",实际上对应的是现代历史上大致同时存在的两种不同类型的体系,参见 Jack S. Levy and William R. Thompson, "Balancing on Land and at Sea: Do States Ally against the Leading Global Power?", *International Security*, Vol. 35, No. 1, 2010, pp. 7-43; Jack S. Levy and William R. Thompson, "Hegemonic Threats and Great-Power Balancing in Europe, 1495-1999", *Security Studies*, Vol. 14, No. 1, 2005, pp. 1-33。

主导性海洋强国及其他欧洲海洋国家在全球性大洋体系中进行的激烈角逐。所谓现代国际关系实际上正是这两类不同性质和不同区域的活动交织形成的产物，但这恰恰是"霸权论"和"均势论"都没有体现出来的。在现实主义思想阵营中，地理政治学的首要价值根本上说就在于弥合了当今的"霸权论"和"均势论"的诸多理论分歧，即地理政治学视野中的现代国际关系是一个霸权秩序与均势秩序并存的时期，而区域性大陆体系和全球性大洋体系间的互动联系，也正是盎格鲁—撒克逊民族在现代世界中领导地位的基础。①

一 "霸权"与国际体系的稳定

霸权和霸权体系是现代国际关系理论研究者历来都予以密切关注的重点问题之一，在此基础上形成的霸权理论主要围绕三条主线展开：一是霸权与体系稳定的关系（霸权稳定论）；二是霸权的发展为什么会呈现周期性现象（霸权周期论）；三是导致霸权兴衰的根源是什么（霸权兴衰论）。

在现有的霸权理论中，霸权与体系稳定的关系是其中最引人注目的问题之一，目前对这一问题的研究主要集中在国际政治和国际经济两个领域。二者虽然有着不同的议程，但都是将自由国际政治经济秩序的形成归结为一个主导性国家的存在，即体系稳定只有体系中存在一个霸权国的情况下才可能得以实现，而这点也正是"霸

---

① 对 1494—1945 年区域性大陆体系和全球性大洋体系间互动联系的最佳展示，参见 Ludwig Dehio, *The Precarious Balance: Four Centuries of the European Power Struggle*, New York: Random House/Vintage, 1962。除德约撰写的著作外，对这个问题的详细论述还可以参考以乔治·莫德尔斯基为主要代表的世界政治"历史长周期理论"学派的相关著作，参见 William R. Thompson, *On Global War*, Columbia, South Carolina: University of South Carolina Press, 1988; George Modelski and William R. Thompson, *Seapower in Global Politics 1494–1993*, London: The Macmillan Press Ltd., 1988; George Modelski, *Long Cycles in World Politics*, Seattle: University of Washington Press, 1987。

第三章 地理政治学在当代现实主义理论中的地位

权稳定论"的核心要素。就现有霸权研究而言,美国学者罗伯特·吉尔平曾经于1981年首次提出的"霸权治理模式",是目前国际政治领域中"霸权稳定论"的最主要代表,但这个模式的主要缺陷,不仅在于对体系中霸权的标准缺乏明确界定,且同时将霸权与均势看作两种彼此绝对相排斥的秩序状态。而这点很大程度上是导致现有霸权研究停滞不前的根源。①

在现代国际关系理论史上,"霸权稳定论"(Hegemonic Stability Theory)一词最早是罗伯特·基欧汉创造的,但其理论基础最初则是由美国经济学家查尔斯·金德尔伯格在他于1973年首次出版的《大萧条中的世界1929—1939》一书中奠定的。这本著作的核心论点是自由国际经济秩序的创立和维持有赖于体系中一个主导性国家(霸权国)的存在。② 在理论上,"霸权稳定论"实际上包含了两条彼此相关联的命题:一是认为由体系中某个单一国家主导的"霸权式权力结构",对那些规则相对明晰且得到很好遵守的强有力的国际制度的发展最有利;二是认为"霸权式权力结构"的衰落将可能直接导致与这种权力结构相对应的那些国际制度效力的衰落。③ 确切地说,现代国际关系理论中"霸权稳定论"的真正创新之处,并不在于认为一个霸权国可以将制度或秩序强加于体系中相对弱小的国家身上(这种认识最早在修昔底德的著作中就已经出现),而在于将国际公共物品的供给及集体行动难题的

---

① 罗伯特·吉尔平提出的"霸权稳定论"主要体现在他出版的《战争与世界政治中的变革》一书中。参见 Robert Gilpin, *War and Change in World Politics*, New York: Cambridge University Press, 1981。最新有关罗伯特·吉尔平现实主义思想的研究成果,参见 Jonathan Kirshner, "Gilpin Approaches War and Change: A Classical Realist in Structural Drag", in G. John Ikenberry, ed., *Power, Order and Change in World Politics*, Cambridge University Press, 2014, pp. 131-161; Stepheno Guzzini, "Robert Gilpin: The Realist Quest of the Dynamics of Power", in Iver B. Neumann and Ole Waever, eds., *The Future of International Relations: Masters in the Making?*, London/New York, Routledge, 1997, pp. 121-144。

② Charles P. Kindleberger, *The World in Depression 1929-1939*, Berkley, CA: University of California Press, 1973, p. 293.

③ Robert O. Keohane, *After Hegemony*, Princeton: Princeton University Press, 1984, p. 31.

克服与体系中主导性国家的行为联系在一起,并在此基础上展示出霸权国的存在将会给体系带来的益处。①

金德尔伯格的论断提出后,霸权与体系稳定的关系逐渐成为现代国际关系研究的重要议题之一,"霸权稳定论"实际上就是指在此基础上形成的一整套彼此间有密切联系的理论。就现有的研究成果而言,这些研究主要集中在国际政治和国际经济两个领域。国际经济领域中的"霸权稳定论"有两大分支,即"领导理论"(Leadership Theory)和"霸权理论"(Hegemony Theory)。前者主要是关注国际经济体系基础设施的供给;后者则重点考察霸权国如何保持国际经济体系的开放。

国际政治领域中"霸权稳定论"的代表是罗伯特·吉尔平在他于1981年出版的《战争与世界政治中的变革》一书中首次提出的"霸权治理模式",这种模式的关注重点是体系中霸权国相对实力上的变化与体系中政治军事冲突间的内在联系。② 吉尔平提出的"霸权治理模式"有两点核心:(1)他强调国际秩序并不是一种"自发现象",即由国际政治实体间的互动而无意中导致的结果;(2)他认为国际秩序实际上是一种"强制行为"导致的结果,即只有一个主导性国家对国际事务的管理才能够给体系带来秩序。③

---

① Duncan Snidal, "The Limits of Hegemonic Stability Theory", *International Organization*, Vol. 39, No. 4, 1985, p. 581.
② 国际经济领域的"霸权稳定论",参见 David A. Lake, "Leadership, Hegemony and the International Economy", *International Studies Quarterly*, Vol. 37, No. 4, 1993, p. 460。吉尔平的"霸权治理模式",参见 K. Edward Spiezio, "British Hegemony and Major Power War 1815–1939", *International Studies Quarterly*, Vol. 34, No. 2, 1990, p. 167.
③ 有关罗伯特·吉尔平在《战争与世界政治中的变革》一书中提出的"霸权治理模式"的贡献及缺憾,参见 Jonathan Kirshner, "Gilpin Approaches War and Change: A Classical Realist in Structural Drag", in G. John Ikenberry, ed., *Power, Order and Change in World Politics*, Cambridge University Press, 2014, pp. 131 – 161; Barry Buzan, "Brilliant but Now Wrong: a Sociological and Historical Sociological Assessment of Gilpin's *War and Change in World Politics*", in G. John Ikenberry, ed., *Power, Order and Change in World Politics*, Cambridge University Press, 2014, pp. 233–262。

第三章 地理政治学在当代现实主义理论中的地位

吉尔平构建的"霸权治理模式"的立论基点,在于将国际政治和国际经济看作两个享有部分自主性的"亚体系",而一种稳定的国际政治秩序是一个有序的国际经济关系的必要条件,也正是这种对国际政治军事的关注,才使吉尔平提出的"霸权治理模式"不同于其他类型的"霸权稳定论"。[1] 吉尔平构建的"霸权治理模式"的核心要素在于,国际政治军事冲突的频率与霸权国的实力地位呈现一种反比关系:霸权衰落前,霸权国的优势及其对现状的偏好,将阻止其他国家挑战现存的秩序;霸权衰落开始后,霸权国虽然仍有对现状的偏好,但日益恶化的权力地位使其无法保护现存国际秩序不受破坏。[2] 吉尔平关注的国际冲突是一种居从属地位的国家挑战"管理"国际体系的霸权国导致的必然结果,但处于从属地位的国家只有在预期的挑战收益超过挑战成本时才会这么做,因为霸权国的利益和实力的结合将会使其他国家断定,挑战现状的预期成本将超过挑战现状的预期收益,也正是这点使霸权国主导的体系具有了高度稳定性。[3] 吉尔平提出的"霸权治理模式"也正是目前最成熟的"霸权稳定论"。

吉尔平在他构建的理论模式中界定的国际冲突,主要指涉及国际体系治理原则的霸权战争,而不是体系中经常爆发的那些一般意义上的国际冲突,即霸权国并不是力求维护一般性质的国际现状,而是要维护与挑战者间的权力现状。与其他形式的"霸权稳定论"相类似,吉尔平构建的"霸权治理模式"同样也存在两大根本缺陷,一是这个模式对国际体系中"霸权"的具体量度缺乏明确的界定,二是这个模式实际将霸权与均势看作两种彼此绝对相排斥的秩序状态。在现有的霸权理论

---

[1] M. C. Webb and S. D. Krasner, "Hegemonic Stability Theory", *Review of International Studies*, Vol. 15, No. 1, 1989, p. 190.

[2] Robert Gilpin, *War and Change in World Politics*, Cambridge: Cambridge University Press, 1981, p. 198.

[3] William R. Thompson, *On Global War*, Columbia, South Carolina: University of South Carolina Press, 1988, p. 42.

研究中，几乎所有版本的"霸权稳定论"都有的共同缺陷，就是对体系中霸权的标准始终缺乏明确界定，即它们对体系中霸权、准霸权和非霸权的力量分布从来也没有提出过明确的量度界限。与缺乏对霸权量度的界定相对应，吉尔平阐述的"霸权治理模式"的另一个主要缺陷，在于将霸权和均势看作两种相排斥的秩序状态，而这点很大程度上也是目前所有版本的"霸权稳定论"都共有的一个重要缺陷。对吉尔平"霸权治理模式"这两种缺陷的深入剖析，有助于理解"霸权现实主义"的内生性弊端。①

就国际政治领域的霸权研究而言，目前对霸权的量度主要是根据乔治·莫德尔斯基首创的世界政治"历史长周期理论"提出的标准，即是以主导性经济技术领域及全球性力量投送能力（尤其是海军）的绝对领先优势来界定的。② 与乔治·莫德尔斯基不同，吉尔平阐述的"霸权治理模式"没有明确提出体系霸权的界定标准，尽管吉尔平主要以"领导权"来界定体系霸权，但显然吉尔平实际上认为物质能力是构成体系中霸权国之绝对优势地位的主要来源，这表明吉尔平构建的"霸权治理模式"与国际体系单极结构是重合的。③ 吉尔平界定的霸权有两部分：一是绝对优势的经济实力，即霸权国不仅在世界经济总量中占绝对的优势，而且是其中"创新、增长、发展、信贷、投资、交换的首要来源"；二是绝对优势的政治军事力量，因为经济实力不会自动成为"霸权治理"的有效基础，一个经济上强大但政治上弱小的国家无法成为权

---

① 有关罗伯特·吉尔平"霸权治理模式"的主要弊端，参见 Richard T. Cupitt, Rodney L. Whitlock and Lynn Williams Whitlock, "British Hegemony and Militarized Interstate Disputes, 1815 – 1939", *Conflict Management and Peace Science*, Vol. 12, No. 2, 1993, pp. 41 – 64; K. Edward Spiezio, "British Hegemony and Major Power War 1815 – 1939: An Empirical Test of Gilpin's Model of Hegemonic Governance", *International Studies Quarterly*, Vol. 34, No. 2, 1990, pp. 165–181。

② George Modelski, *Long Cycles in World Politics*, Seattle: University of Washington Press, 1987, p. 10。

③ Bruce Russet, "The Mysterious Case of Vanishing Hegemony", *International Organization*, Vol. 39, No. 2, 1985, p. 209。

力等级中顶尖的霸权国。① 吉尔平对霸权标准的讨论，不仅缺乏概念上的明确性，而且缺少可以进行实际性操作的明确量度，而这点无疑将影响到"霸权治理模式"的适用性。

与缺乏对霸权量度的界定相对应，吉尔平将霸权和均势看作相互排斥的秩序状态。吉尔平将古典时期以来的历史分为三个时期，一是在1648年《威斯特伐利亚和约》前的帝国周期阶段，二是1648—1815年的欧洲均势阶段，三是在1815年《维也纳和约》签订后的霸权继承阶段。造成这种趋势的根源在于现代世界中三个相关联趋势的发展，一是民族国家取代帝国和城邦成为世界政治的主要行为体，二是现代科技基础上的持续经济增长的出现，三是全球性市场经济的形成。② 在理论上，吉尔平将1648—1815年欧洲均势阶段看成一种帝国周期和霸权继承间的过渡，指出，"作为帝国周期及帝国对国际体系进行控制的替代品，那些占统治地位的民族国家间相互制衡，或一国在体系中取得了凌驾他国之上的地位"。不仅如此，吉尔平对现代世界中霸权治理的范围也采用了扩张性定义，即将霸权描述为不仅是全球体系而且是核心地区（欧洲国家体系）的秩序机制，他认为，"首先在欧洲体系中，然后在全球规模上，政治经济霸权的继承模式逐渐取代了作为国际关系之根本秩序原则的帝国式继承模式"。③

吉尔平将霸权和均势看作两种彼此绝对排斥的秩序状态，是由对体系霸权的性质及基础缺乏界定造成的。在现代国际关系理论史上，对"霸权"历来有两种不同的界定方式，这两类霸权的性质及基础完全不

---

① Robert Gilpin, *War and Change in World Politics*, Cambridge: Cambridge University Press, 1981, p. 129、144.
② William R. Thompson, *On Global War*, Columbia, South Carolina: University of South Carolina Press, 1988, p. 43.
③ Robert Gilpin, *War and Change in World Politics*, Cambridge: Cambridge University Press, 1981, p. 116、144.

同甚至相悖。① "均势论" 界定的霸权乃是指 "一个强大到足以能统治体系中所有其他成员国的国家"，历史上出现的这类霸权主要是包括查理五世和腓力二世的哈布斯堡王朝、路易十四和拿破仑的法国、威廉二世和希特勒的德国和 20 世纪后半期的苏联，所有这些国家全都是大陆国家，都以庞大的陆上军事力量为首要标志，且以领土兼并或直接控制为根本目标。② "霸权论" 界定的乃是国际政治经济意义上的霸权，即是以主导性经济、技术和金融领域及全球性力量投送能力上（尤其是远洋海军）的绝对优势界定的霸权，这类霸权历史上仅仅包括荷兰、英国和美国。③ 在现代世界历史上，这两类不同性质的霸权分别活动在两种截然不同的区域内，即区域性（欧洲）大陆体系和全球性大洋体系，而所谓现代世界政治实际上是围绕这两种不同的舞台分别得以进行的。

二 "均势"与现代国际秩序

在现实主义理论谱系中，与霸权相对应的概念是均势，其含义就是指体系中的大国或国家集团间的权力分布呈现出一种大致平衡，这种平衡足以能够有效地阻止其中一个特别强大且意欲统治或支配国际体系的国家或国家集团实现其称霸野心。均势的理念深受 18 世纪启蒙思想的影响，它 "反映了欧洲启蒙时代思想家们的信念，在他们看来，宇宙

---

① 有关现代国际体系（1494—1945 年）的两种类型，参见 Jack S. Levy, "Interstate War and Peace", in Walter Carlsnaes, Thomas Risse and Beth A. Simmons, eds., *Handbook of International Relations*, London: SAGE Publications Ltd., 2012, pp. 581 – 606。另见 Jack S. Levy and William R. Thompson, "Balancing on Land and at Sea: Do States Ally against the Leading Global Power?", *International Security*, Vol. 35, No. 1, 2010, pp. 7 – 43; Jack S. Levy and William R. Thompson, "Hegemonic Threats and Great-Power Balancing in Europe, 1495 – 1999", *Security Studies*, Vol. 14, No. 1, 2005, pp. 1 – 33; Ludwig Dehio, *The Precarious Balance: Four Centuries of the European Power Struggle*, New York: Random House/Vintage, 1962。

② John J. Mearsheimer, *The Tragedy of Great Power Politics*, New York: W. W. Norton and Company, 2001, p. 40.

③ George Modelski, *Long Cycles in World Politics*, Seattle: University of Washington Press, 1987, p. 220.

（包括政治领域）是按照相互制衡的理性原理运行的。理智的人做出的似乎无规则的举动，总和起来将趋于公共的善"。① 按照启蒙时代的标准，国际社会中"公共的善"主要就是指均势，这也是为什么 1713 年的《乌得勒支和约》和 1815 年的《巴黎和约》都是将均势置于一种国际社会宪法性原则的地位。均势的功能主要有两种：一是确保以主权国家为单元、以主权独立平等为原则的国际体系的稳定和延续，二是确保体系中大多数成员国的独立与生存，即保持它们作为主权实体的根本属性。均势的目的不仅是体系稳定性，而且是不破坏体系构成要素的多样性，"如果目标仅仅是稳定，那么让其中一个要素破坏或压倒其他要素并取而代之便可以实现这种稳定"。②

自 16 世纪以来，近现代国际体系及其中绝大多数成员国曾经面临的一个最大问题，是如何应对那些力图且几乎能够在整个体系中占据压倒性优势的霸权觊觎国及由此产生的称霸努力。就近现代反霸斗争实践而言，其主要思想成果是均势论，确切地说，就是由历次重大反霸斗争实践所提示，并由其反复重演和再三确认的均势论。③ 作为现实主义理论阵营的一个重要分支，均势论不止一个，而是有许多种，大多数均势论仅仅是那些还没有被一种完善的理论加以整合的假说的组合。所有版本的均势论都是以现实主义的核心假设为前提的，即国际政治无政府状态、国家是国际政治主要行为体、国家的目标是权力或安全的最大化、国家以理性行动促进目标的实现。④ 均势理论家在许多问题上虽然都无法达成一致，但一般都认为均势的最高目标是防止霸权，即防止体系中的某一国家聚敛起绝对优势的权力以至能主宰体系中其他国家。其他一

---

① Henry Kissinger, *Diplomacy*, New York: Simon and Schuster, 1994, p. 21.
② Hans J. Morgenthau, *Politics among Nations: The Struggle for Power and Peace*, New York: McGraw-Hill/Irvin, 2006, p. 181.
③ Ludwig Dehio, *Germany and World Politics in the 20th Century*, New York: W. W. Norton and Co. 1959, p. 38.
④ Kenneth N. Waltz, *Theory of International Politics*, New York: McGraw-Hill, 1979, p. 118.

些次级目标则同样有助于防止霸权的出现：一是维持体系中其他国家（至少是其他大国）的独立；另一个是维持体系中主要国家间权力分布上的大致均等。①

不同版本均势论间存在的一个主要分歧，是有关均势的生成机理，目前对这个问题大致上有三种主要看法，即"自动生成论""半自动生成论"和"人工操作论"。均势的"自动生成论"主要是反映在那些将均势看作某种行为规律的各种观念中，这些观念的核心就在于认为：国际体系是通过国家的自利行为而得到非正式管辖的，即使没有任何国家对均势的结局感兴趣，但所有国家扩大权力的努力也同样会导致均势的出现。② 均势的"半自动生成论"认为，均势不是自动生成的，而是由某一国家持续地和有意地追求一种制衡战略得以维持的，这个国家通常被称为"平衡者"，在整个近现代历史上，这一角色与英国在维持欧洲均势中的作用是密切联系的。③ 均势的"人工操作论"认为：均势的形成源自相关国家的持续警觉及为此做出的深思熟虑的战略选择，持这种看法的学者都是将均势看成"艺术"而不是"科学"，而且他们认为某些政治领导者能够比其他的领导者更巧妙地将均势付诸实践。④ 尽管人们对均势生成机理的分歧由来已久，但事实上如果没有持续的警觉和深思熟虑的政策选择，均势将"自动生成"的观点恐怕站不住脚，正如伊尼斯·克劳德（Inis L. Claude Jr.）所指出的那样，"大多数沉迷于均势'自动生成'的学者事实上都同意，均势体系中的权力平衡是外交的产物"。⑤

---

① Hedley Bull, *The Anarchical Society: A Study of Order in World Politics*, New York: Columbia University Press, 1995, p. 102.
② Kenneth N. Waltz, *Theory of International Politics*, New York: McGraw-Hill, 1979, p. 119.
③ Inis L. Claude Jr., *Power and International Relations*, New York: Random House, 1962, p. 47.
④ Henry Kissinger, *A World Restored*, Boston: Houghton Mifflin, 1973, p. 7.
⑤ Inis L. Claude Jr., *Power and International Relations*, New York: Random House, 1962, p. 49.

第三章 地理政治学在当代现实主义理论中的地位

与均势的生成机理相关,虽然几乎所有版本的均势论都属于现实主义理论阵营,但人们在许多有关均势的论述中,都能够不同程度地发现对规范性因素重要性的强调。例如,汉斯·摩根索就强调"道德共识"对均势体系的合法性至关重要;保罗·施罗德也认为自律及决策者必须以更广泛的共同体利益界定自身利益的规范对维护均势运作极为关键。① 均势论的核心假设,就是在一个无政府体系中,所有国家都是以理性行为来扩大自己的权力或安全。但许多理论家往往在这个基础上又增加了一些额外假设,以提高均势论的解释力。但这些额外前提的加入往往却是限制了均势论的适用范围,即均势论的适用性仅仅被局限于几个特定的历史时期,而在这几个特定的体系中,均势论的几个核心命题几乎等于同义重复。② 由于避免霸权的出现是所有均势论的最高目标,均势理论家也因此提出了一系列国家可以采用的战略,这其中主要包括"内部制衡"和"外部制衡"。"内部制衡"是指国家对自身实力及与其密切相关的经济基础进行建设;"外部制衡"主要指相关国家间构建同盟以作为防御霸权国的屏障。

目前几乎所有版本的均势论存在的最大问题,是它们总是将均势及与此相关的命题当作一种适用于任何国际体系的普遍真理,但事实上很少有哪一种理论是普遍正确的,它们一般都不同程度地会带有各种限制条件,而正是这些条件指明了理论的解释范围,均势论也不例外。均势论乃是在近代以来欧洲国家体系历史经验的基础上发展起来的,其最佳

---

① 对均势运行条件的论述某种程度上分别构成了摩根索和施罗德这两位学者代表作的核心。参见 Hans J. Morgenthau, *Politics among Nations: The Struggle for Power and Peace*, New York: McGraw-Hill/Irvin, 2006; Paul W. Schroeder, *The Transformation of European Politics 1763-1848*, Oxford: Clarendon Press, 1994。

② 有关二战后国际关系理论家对均势论进行的完善及为此附加的条件,参见 Jack S. Levy, "What Do Great Powers Balance Against and When?", in T. V. Paul, James J. Wirtz and Michel Fortmann, eds., *Balance of Power: Theory and Practice in the 21st Century*, Stanford, California: Stanford University Press, 2004, pp. 29-51。

案例也都是来自 1945 年以前的欧洲，它至少包括了两个充当其限制条件的前提，即欧洲大国关系和欧洲国家体系，这两个前提往往都是含蓄的而不是明确的。① 而这种含蓄的前提导致的后果，就是使许多人在讨论与均势相关的话题时往往忽略这些前提，而这点正是为什么许多人将均势看成一种普遍适用的模式。在现代世界历史上，这种对均势的错误认识产生过极其严重的政治后果，这种后果的最明显体现，就是历史上不止一个国家曾经试图将均势的适用范围扩大，② 即将均势原则的适用范围由区域性欧洲大陆体系扩大到全球范围的大洋体系。这种企图导致的直接后果，就是历史上反复出现霸权战争，其中最典型的便是 20 世纪的两次世界大战。

均势论的大国倾向有两种含义。首先，体系平衡乃是指大国间的平衡，而不是一般国家间的平衡，均势理论家虽认为维持国家的独立是均势的一个主要目标，但他们真正的含义是保持体系中大国的独立和完整，因为只有大国才能对霸权威胁进行有效制衡。其次，尽管任何国家都希望一个霸权国的权力受到限制，但只有主要大国才具备这么做的实力，其他国家因为知道只能产生微不足道的影响，或由于自身固有的脆弱和短视，而总是会根据情况选择"制衡"或"搭车"。③ 均势论的大国倾向是所有版本均势论的共同特点。克劳德就认为："均势论关注的主要是大国间竞争和冲突"；沃尔兹也认为：任何国际政治理论必须以大国

---

① 对现实主义阵营中各种版本的均势论实际隐含的这两个前提的论述，参见 Jack S. Levy, "Balances and Balancing: Concepts, Propositions, and Research Design", in John A. Vasquez and Colin Elman, eds., *Realism and the Balancing of Power: A New Debate*, Englewood Cliffs, N.J.: Prentice Hall, 2003, pp. 128-153。

② 对均势的这种错误认识导致的后果，最明显的就是体现在第一次世界大战爆发前的德国。参见 Ludwig Dehio, "Ranke and German Imperialism"; Ludwig Dehio, "Thoughts on Germany's Mission 1900-1918", in Ludwig Dehio, *Germany and World Politics in the 20th Century*, New York: W. W. Norton and Co. 1959, pp. 38-71, 72-108。

③ Jack S. Levy, "Balances and Balancing: Concepts, Propositions and Research Design", in John A. Vasquez and Colin Elman, eds., *Realism and the Balancing of Power: A New Debate*, New Jersey: Pearson Education, Inc., 2003, p. 140.

为基础,因为正是大国为所有国家界定了行动的舞台;米尔斯海默则认为:大国关系是国际关系的本质。许多尝试将均势论建立在牢靠的科学基础上的学者曾经创立了许多严格的模型,但这些模型中为数不多的行为者都是大国。在有关两极体系和多级体系之稳定性的争论中,学者们同样也都是以大国间不爆发战争而不以一般性的不爆发战争来界定体系的相对稳定性的。①

均势论对欧洲体系的关注,集中体现在几乎所有的均势论从来不是以抽象的词汇,而是以欧洲国家体系的主导地位来界定霸权的,这其中有关对历史上霸权威胁形成制衡的例证,也几乎全部是来自前五个世纪的欧洲历史。均势理论家喜欢谈论的,普遍是针对16世纪哈布斯堡王朝、针对路易十四和拿破仑的法国、针对威廉二世和希特勒的德国形成的制衡联盟,即使像沃尔兹这种以"普世"词语来界定其理论的学者,也是以这些例证支持他的理论的。② 对均势论而言,历史上的霸权威胁主要来自16世纪的哈布斯堡王朝、路易十四和拿破仑的法国及威廉二世和希特勒的德国,这些国家全都是欧洲大陆国家,且它们历来关注的总是欧洲大陆的国际政治状况。均势论对欧洲大陆的关注同它另一个未阐明的假设是联系在一起的,即体系中权力或霸权的基础,乃是以大规模陆军的形式体现出来的陆上军事力量。即恰恰是查理五世、菲利普二世、路易十四、拿破仑、威廉二世的陆上军事力量对体系中的其他国家构成了霸权威胁,并且最终导致了此前五个世纪中针对这些国家的制衡联盟的形成。③

---

① 有关各种版本的"均势论"对大国的特殊关注,参见 Kenneth Waltz, *Theory of International Politics*, New York: McGraw-Hill, 1979, p. 72; Inis L. Claude., *Power and International Relations*, New York: Random House, 1962, p. 36。

② 有关"均势论"特定的欧洲中心倾向,参见 Inis L. Claude Jr., *Power and International Relations*, New York: Random House, 1962, p. 47; Michael Sheehan, *The Balance of Power: History and Practice*, London: Routledge, 1996, p. 115。

③ 对这个问题的详细阐述,参见 Jack S. Levy, "What Do Great Powers Balance Against and When", in T. V. Paul, James J. Writz, Michel Fortmann, eds., *Balance of Power Revisited*, Stanford: Stanford University Press, 2004, p. 40。

从表面上看,"均势论"和"霸权论"界定的体系稳定原则(即均势与霸权)完全不同甚至相悖,因此两者间似乎毫无妥协的余地,但与此相反,如果换一个角度看,这种对立很大程度上是虚假的而不是真实的,因为这种对立是由于两者对体系中霸权的性质及基础有着不同的界定。在现代国际关系思想史上,均势论从来不是以抽象词汇而是以欧洲国家体系的主导地位来界定霸权的,而这点同样意味着,均势论揭示的那种历史上欧洲国家对霸权国的制衡倾向,针对的乃是以庞大陆上力量为基础的陆上霸权,而非那种以贸易、金融和海军为基础的海洋霸权。正因为均势理论家潜意识中总是将庞大的陆上力量看作体系中霸权的基础,并且以欧洲国家体系主导地位来界定体系中霸权的性质,因此均势论关注的霸权与霸权论关注的那种以贸易、金融和海军为基础的国际政治经济霸权形成了异常鲜明的对比,这两种霸权从最根本意义上说完全不属于同一类型。由于对国际体系中霸权的性质及基础有着截然不同甚至完全相悖的界定,因此均势论和霸权论关注的实际上并不是同一个体系。①

三 霸权、均势与地理政治的内在联系

自1494年至1945年,被绝大多数国际关系研究者看作理所当然的现代国际体系,实际上乃是由两种既相互独立又密切联系的体系构成的,即区域性欧洲大陆体系和全球性大洋体系,而所谓现代世界政治也

---

① 对这个问题的最好阐述,参见 Jack S. Levy, "Interstate War and Peace", in Walter Carlsnaes, Thomas Risse and Beth A. Simmons, eds., *Handbook of International Relations*, London: SAGE Publications Ltd., 2012, pp. 581-606。另见 Jack S. Levy, "What Do Great Powers Balance Against and When?", in T. V. Paul, James J. Wirtz and Michel Fortmann, eds., *Balance of Power: Theory and Practice in the 21st Century*, Stanford, California: Stanford University Press, 2004, pp. 29-51; Jack S. Levy, "Balances and Balancing: Concepts, Propositions, and Research Design", in John A. Vasquez and Colin Elman, eds., *Realism and the Balancing of Power: A New Debate*, Englewood Cliffs, N. J.: Prentice Hall, 2003, pp. 128-153。

正是围绕这两个舞台分别进行的,这两种不同体系间的互动联系正是构成现代国际关系的一个最主要方面。① 正因为对体系中霸权的性质及基础有着截然不同的界定,"均势论"和"霸权论"的主张可能都是正确的,即区域性(欧洲)大陆体系只有在体系中主要大国间实力保持大致平衡的条件下才能够保持稳定,但全球性大洋体系则只有在一个主导性经济、技术和海军强国存在的情况下(历史上出现这类霸权的先后是荷兰、英国和美国)才是稳定的。② 正因为两者关注的并不是同一个体系,故而"均势论"和"霸权论"的对立很大程度上主要是由于它们忽视了历史上这两种体系间(区域性大陆体系和全球性大洋体系)的互动联系,而有关历史上两种不同体系间互动联系和因果关系的研究,则恰恰是马汉、麦金德和斯皮克曼代表的现代地理政治学关注的核心焦点。

马汉、麦金德和斯皮克曼的地理政治理论本质上都是围绕着"均势原则"构建起来的理论,而这点很大程度上也正是经典地理政治学和当代主流现实主义理论的交会点。自启蒙时代诞生之日起,"均势"一直是国际关系研究中最核心且最受关注的概念之一,"均势论"虽然构成当代现实主义理论最核心的研究纲领,但如果从严格意义上说,有关均势研究的传统中实际上包括了三大脉流,即"均势论"(balance of power theory)、"均势生成论"(theories of power balances)、"制衡论"

---

① 对区域性大陆体系与全球性大洋体系的划分及两者间的互动,参见 Ludwig Dehio, *The Precarious Balance: Four Centuries of the European Power Struggle*, New York: Random House/Vintage, 1962。另见 Aaron M. Zack, *Hegemonic War and Grand Strategy: Ludwig Dehio, World History, and the American Future*, Lanham, Maryland: Lexington Books, 2018; Charles Doran, "Economics, Philosophy of History, and the 'Single Dynamic' of Power Cycle Theory: Expectations, Competition, and Statecraft", *International Political Science Review*, Vol. 24, No. 1, 2003, pp. 13-49; William Thompson, "Dehio, Long Cycles, and the Geohistorical Context of Structural Transition", *World Politics*, Vol. 45, No. 1, 1992, pp. 127-152。

② 对这两种体系稳定原则的阐述,参见 Jack S. Levy, "Interstate War and Peace", in Walter Carlsnaes, Thomas Risse and Beth A. Simmons, eds., *Handbook of International Relations*, London: SAGE Publications Ltd., 2012, pp. 603-605。

(theories of balancing)。① 这三种理论间虽然有很大程度的重合，但它们彼此却各有侧重："均势论"关注的是国际体系中均势的反复出现；"均势生成论"力图解释这种体系性的均势反复出现的原因；"制衡论"主要说明国家采取制衡政策的条件。② 这三种理论虽然彼此间相互依赖，却有各自不同的理论逻辑和分析特点。经过多年的艰苦努力，当代主流现实主义者已经发展出相对完善的均势论和形形色色的制衡论，虽然这两种理论都包含一定程度的均势生成论，但一直到目前为止，主流现实主义者在解释体系性均势为什么反复出现的问题上成果有限，经典地理政治学则恰好可以填补这一缺憾。③

当代现实主义理论中有关体系性均势的最成熟理论，是肯尼斯·沃尔兹在他创立的结构现实主义理论基础上阐述的均势论。这个理论有两个最核心的前提性假定，即体系层次上存在着霍布斯式的国际无政府状态且单元层次上国家的最主要行为动机是生存。沃尔兹正是在这两个前提假设基础上得出了两个相互联系的推论：首先，体系层次上的国际无政府状态和单元层次上国家的生存欲望，将导致体系中均势的反复和自动生成；其次，通过模仿体系中最成功的国家，国家间激烈的相互竞争

---

① 对均势论的经典研究，参见 John A. Vasquez and Colin Elman, eds., *Realism and the Balancing of Power: A New Debate*, Englewood Cliffs, N. J.: Prentice Hall, 2003; Michael Sheehan, *The Balance Of Power: History and Theory*, London: Routledge, 1995; Ludwig Dehio, *The Precarious Balance: Four Centuries of the European Power Struggle*, New York: Random House/Vintage, 1962; Inis L. Claude Jr., *Power and International Relations*, New York: Random House, 1962; Edward V. Gulick, *Europe's Classical Balance of Power*, New York: Norton, 1955。

② Daniel H. Nexon, "The Balance of Power in the Balance", *World Politics*, Vol. 61, No. 2, 2009, pp. 336-338.

③ 当代主流现实主义者有关均势的研究，参见 Kenneth N. Waltz, *Theory of International Politics*, New York: McGraw-Hill, 1979; Hans Morgenthau, *Politics Among Nations*, 4th ed., New York: Knopf, 1967。另见 Susan B. Martin, "From Balance of Power to Balancing Behavior: The Long and Winding Road", in Andrew K. Hanami, ed., *Perspectives on Structural Realism*, New York: Palgrave Macmillan, 2003, pp. 61-82; Stephen Haggard, "Structuralism and Its Critics", in Emmanuel Adler and Beverly Crawford, eds., *Progress in Postwar International Relations*, New York: Columbia University Press, 1991, pp. 403-438。

最终将导致那些处于国际无政府状态中的国家行为上的相似性。① 沃尔兹虽然明确指出国际无政府状态中的均势将会在体系内反复和自动地生成，但他的理论却没有解释在存在诸多限制条件的情况下均势将如何在体系中生成。从严格意义上说，沃尔兹实际上说明了在国际无政府状态中的均势得以形成的动力机制，即体系层次上的无政府状态和单元层次上的国家生存动机将导致体系性均势反复和自动地生成。从理论角度上看，国际无政府状态中只要存在着两个或以上求生存的国家，均势都将会自动生成，即正如国际无政府状态是导致战争的必要条件一样，国际无政府状态也只是均势生成的必要条件。②

但需要指出的是，正如有关战争的体系性理论无法说明一场特定战争的原因一样，有关均势的体系理论同样也无法解释任何一个具体均势是如何形成的。这个缺憾不仅使沃尔兹创立的均势论一直备受争议，同时也促使许多的"新古典现实主义学者"力图将单元层次的变量纳入结构现实主义理论中以修正沃尔兹均势论的缺憾。③ 从理论上说，将单元层次上的变量（例如国内政治结构、经济组织形式、主导意识形态等）纳入结构现实主义框架中以解释特定的结果，并没有违反沃尔兹创立的结构现实主义理论的内在逻辑。沃尔兹曾经明确指出，"体系性理论说明了不同的单位之所以行为相似的原因（它们在体系中处于不同的位置）。单位层次的理论则是说明了处于相似位置的不同单位出现不同行为的原因"。④ 但非常遗憾的是，新古典现实主义者迄今为止一直没有能够将体系层次和单位层次的变量整合成为沃尔兹曾经设想的那种整体性理论，而是发展出一系列内容和逻辑上互不衔接且非常分散的"制

---

① Kenneth N. Waltz, *Theory of International Politics*, New York: McGraw-Hill, 1979, p. 124、128.

② Kenneth N. Waltz, *Theory of International Politics*, New York: McGraw-Hill, 1979, p. 118、122.

③ Daniel H. Nexon, "The Balance of Power in the Balance", *World Politics*, Vol. 61, No. 2, 2009, p, 63.

④ Kenneth N. Waltz, *Theory of International Politics*, New York: McGraw-Hill, 1979, p. 72.

衡论",即针对国家采取制衡战略的条件进行解释的理论。无论从理论还是实践的角度看,"制衡论"都不同于"均势生成论",因为后者是专门用来解释体系性均势为什么会反复形成。

与当代主流现实主义理论相比,经典地理政治学(马汉、麦金德和斯皮克曼代表的地理政治学)为现代世界政治中均势的形成提供了一种更为成熟的解释。与当代主流的均势论一样,经典地理政治学对现代世界政治中均势形成的解释同样包含了两项隐含的前提性条件:首先,"均势"是指体系中的主要大国间(而不是体系中所有国家间)的力量平衡;其次,"均势"原则只能够适用于大陆,即1945年以前的欧洲和1945年后的欧洲和东亚。① 与当代主流现实主义理论提供的均势生成论相比,经典地理政治学提供的均势生成论的最显著特征,在于说明了历史上主导性海洋强国(即1945年前的英国和1945年后的美国)作为"制衡者"(the balancer)的重要作用。正是从这个意义上说,经典地理政治学提供的均势生成论,其实质正是美国经典现实主义学者伊尼斯·克劳德曾经明确界定的"均势半自动生成论"(the semi-automatic conception of the operation of a balance of power system)。② 与伊尼斯·克劳德从历史经验中得出的纯粹理论性概括不同,经典地理政治学提供的均势形成论,不仅解释了历史上主导性海洋强国(即英国或后来的美国)必须不断干预大陆事务以保持大

---

① 目前几乎所有版本的均势论都是在不同程度上(或明确或含蓄)包含了这两项有关均势机理限制性条件,参见 Mette Eilstrup-Sangiovanni, "The End of Balance-of-Power Theory? A Comment on Wohlforth et al.'s 'Testing Balance-of-Power Theory in World History'", *European Journal of International Relations*, Vol. 15, No. 2, 2009, p. 364。另见 Jack S. Levy, "What Do Great Powers Balance Against and When?", in T. V. Paul, James J. Wirtz and Michel Fortmann, eds., *Balance of Power: Theory and Practice in the 21*st *Century*, Stanford, California: Stanford University Press, 2004, pp. 29 - 51; Jack S. Levy, "Balances and Balancing: Concepts, Propositions, and Research Design", in John A. Vasquez and Colin Elman, eds., *Realism and the Balancing of Power: A New Debate*, Englewood Cliffs, N. J.: Prentice Hall, 2003, pp. 128 - 153。

② Inis L. Claude Jr., *Power and International Relations*, New York: Random House, 1962, p. 47.

第三章 地理政治学在当代现实主义理论中的地位

陆均势的原因,同时也阐明了主导性海洋强国实现这一目标可以采取的方式。

在现代世界历史上,主导性海洋强国(即1688—1945年的英国及此后的美国)不断干预大陆(1945年前的欧洲及1945年后的欧洲与东亚)以保持大陆均势的核心原因,就在于海洋优势与大陆均势间本质上是一种共生性关系,而这点恰恰也正是历史上主导性海洋强国不断干预大陆事务的最根本原因。正如麦金德所言,海上力量最终必须依赖于一个安全且广阔的领土资源基地。一个统治了更为广阔的领土而且不受到其他陆上国家挑战的半岛形国家,最终将战胜一个在资源规模上与之相形见绌的海洋国家。自古典文明时期以来的世界历史表明,一个大陆国家若要战胜一个海洋国家通常有两种方式:一是征服海洋国家依赖的领土资源基地,且最终将海洋变为大陆国家控制下的内海(例如,罗马征服地中海);二是控制一个比海洋国家规模更大且更为富饶的领土资源基地,且在此基础上建立一支最终能够战胜海洋国家的海上力量(例如,斯巴达战胜雅典)。也正是因为如此,历史上的主导性海洋国家(即英国和美国)对任何企图在大陆核心区域(欧洲或东亚)取得主导性地位的国家历来都保持足够的警惕,因为一个控制了大陆核心区域(欧洲或东亚)的国家将有足够的资源和能力对主导性海洋国家的优势地位发起有力挑战,甚至可能最终战胜主导性海洋国家。[①]

虽然马汉、麦金德和斯皮克曼都认为海洋优势与大陆均势两者间密

[①] 对历史上盎格鲁—撒克逊民族这种特有的恐惧感的最好表现,参见 Halford J. Mackinder, *Democratic Ideals and Reality: A Study in the Politics of Reconstruction*, New York: W. W. Norton, 1962, especially Chapter 3, 4, 5。对麦金德地理政治思想中体现的这种恐惧感的分析,参见 Colin S. Gray, "In Defense of the Heartland: Sir Halford Mackinder and His Critics a Hundred Years On", *Comparative Strategy*, Vol. 23, No. 1, 2004, pp. 9-25; Geoffrey Sloan, "Sir Halford J. Mackinder: The Heartland Theory Then and Now", *Journal of Strategic Studies*, Vol. 22, No. 2, 1999, pp. 15-38; Arthur Butler Dugan, "Mackinder and His Critics Reconsidered", *The Journal of Politics*, Vol. 24, No. 2, 1962, pp. 241-257。

不可分，但作为"海权福音的传道者"，马汉与麦金德及斯皮克曼对如何实现大陆均势的方式持有完全不同的看法。对马汉来说，海上力量（海权）相对于陆上力量（陆权）具有的天然优势使英国可以在不承担足够的大陆义务的情况下，确保自己相对于大陆国家的优势。与这种看法正相反，对麦金德和斯皮克曼而言，现代技术的发展决定了主导性海洋国家如果要有效地干预大陆事务和维持大陆均势，就必须承担相应的大陆义务。从严格意义上说，马汉基于历史经验总结而提出的教益明显忽视了促成1688—1815年英国优势地位的一些非海洋或非海军的因素：1688—1815年，在英国与法国进行的六场战争中，英国一般都是与某个大陆盟友共同抗击法国，而绝非仅仅依靠皇家海军，而这点意味着单纯将英国的胜利归结于海洋优势可能有失偏颇。马汉对美国独立战争的研究也表明，他本人也认为英国无法单纯靠海洋优势来战胜一个大陆对手，法国的胜利归结于法国没有进行大陆战争，因而能够集中兵力最终战胜皇家海军。①

作为主导性海洋强国，历史上的英国及后来的美国都无法单纯依靠海上力量来战胜大陆国家及维持自己在体系内的总体优势。在现代历史上，主导性海洋强国的优势地位不仅基于自身的海军实力和领土资源，同时在很大程度上也基于那些作为其盟友的大陆国家的实力，即基于主导性海洋国家构建包含其他大陆强国在内的大同盟的能力。由于均势是体系内主权国家赖以生存的保证，因此历史上的主导性海洋强国总是能够与其他大陆国家联合在一起反抗那个企图独霸大陆的强国。自18世纪早期北方大战以来，即当俄国正式成为欧洲国家体系不可或缺的一员后，作为心脏地带的天然居住者及首屈一指的大陆强国，俄国始终是主

---

① 马汉有关美国独立战争期间英法两国海军间的一系列战斗及这场海上战争的最终结局的研究，与他后续著作中的观点实际上是一脉相承的，即海权绝非某个特定国家的专利且海上战争的结局也绝非先天注定。如果用现代国际政治的话语来表达，即海权（海上力量）本质上是一种体系性或结构性的要素，而绝非一种单元性要素。参见 Alfred T. Mahan, *The Influence of Sea Power upon History, 1660-1783*, Boston: Little, Brown, 1890, p. 505、538。

导性海洋强国（英国或美国）最重要的大陆盟友。而造成这种情况的最主要根源，就在于俄国和苏联与主导性海洋强国在防止边缘地带被单一强国统一上存在着共同利益。正是从这个意义上说，麦金德与斯皮克曼有关心脏地带强国战略属性上的分歧，很大程度上是一个伪问题，因为现代世界历史已经不止一次地证明了俄国和苏联作为心脏地带强国的双重属性。①

自 1713 年《乌得勒支和约》签署几个世纪以来，"均势"本质上一直是国际体系的公共产品，它的首要功能就在于确保体系内主权国家的生存。虽然当代学者经常会提及克劳德对均势生成机理的"自动生成论""半自动生成论"和"人工操作论"的分类，但这种区别实际上是非常模糊的，即有关一个国家可以在没有一种清晰且连贯之政策的情况下自发采取行动的说法是缺乏说服力的。克劳德也明确指出："绝大多数持均势自动生成论的学者实际都同意，均势体系中的均衡状态乃是有意识的外交活动的结果。"② 在现代世界历史上，"均势"作为一种国际公共产品，很大程度上是由主导性海洋强国提供的，即主导性海洋强国（即 1945 年前的英国和 1945 后的美国）在维护大陆均势中扮演了不可或缺的角色。而造成这种情况的原因就在于：一方面，大陆均势有助于保护主导性海洋强国在海军及经济和金融上的相对安全；另一方面，这种自利的政策客观上也有利于国际体系内主权国家的生存。正是从这个意义上说，现代历史上的大陆均势作为一种国际公共产品，很大程度上是由主导性海洋强国负责提供的。③ 而这点也是主导性海洋国家世界性优势地位之合法性的主要来源之一。

---

① 有关俄国和苏联作为心脏地带强国的战略属性，参见 Paul W. Schroeder, *Systems, Stability, and Statecraft: Essays on the International History of Modern Europe*, New York: Palgrave Macmillan, 2004; Ludwig Dehio, *The Precarious Balance: Four Centuries of the European Power Struggle*, New York: Random House/Vintage, 1962。

② Inis L. Claude Jr., *Power and International Relations*, New York: Random House, 1962, p. 50.

③ 对这个问题的最好阐述是德约的著作。参见 Ludwig Dehio, *The Precarious Balance: Four Centuries of the European Power Struggle*, New York: Random House/Vintage, 1962, p. 71。另见 Aaron M. Zack, *Hegemonic War and Grand Strategy: Ludwig Dehio, World History, and the American Future*, Lanham, Maryland: Lexington Books, 2018。

第 II 部分
地理政治学与海洋转型

第四章

"德约范式"与现代国际体系的运行模式

自二战结束以来,地理政治学的权力政治色彩及现代国际关系理论的科学化转向,都使地理政治学在现代国际关系研究中日益处于边缘的地位,但这点并没有妨碍它对战后美国对外政策的巨大影响。更为重要的就是,自 20 世纪 50 年代以来,地理政治学在国际关系历史研究中获得了长足发展,只是这种发展很大程度上未能引起科学路径信奉者的重视。这种发展中值得关注的,不仅有乔治·凯南在离开美国国务院后撰写的一系列外交史著作,也包括德国大史学家路德维希·德约(Ludwig Dehio)战后以英语出版的两本重要著作。德约 1888 年出生于东普鲁士的柯尼斯堡(战后划归苏联更名为加里宁格勒),先后在柏林和斯特拉斯堡接受教育。德约在斯特拉斯堡大学获得了博士学位后,即受聘担任普鲁士王国枢密档案馆馆员,由此开始了他的职业历史研究生涯。作为一名职业历史学家,德约担任过霍亨索伦王朝档案馆(1933—1946 年)和黑森州州立档案馆(1946—1954 年)的馆长。最值得一提的是,他曾在 1948—1956 年出任德国乃至西方史学界最古老的权威历史研究刊物《历史杂志》的主编。①

德约是一位主要以德语写作的历史学家,却在英语世界中享有很高地位,而这主要归功于他以英语出版的两本著作,即《德国与二十世纪世界政治》和《脆弱的平衡:四个世纪以来的欧洲权势斗争》。在现代国际关系思想史上,德约的主要成就乃是修正了兰克思想中固有的国际政治视野上的狭隘性,正是这种视野上的狭隘性造成兰克在关注历史上的欧洲大陆均势体系时,几乎是完全忽视了那个与大陆均势体系同时并存的大洋霸权体系。② 兰克狭隘的欧陆视野造成的直接后果,就是无意中助长了德意志民族的过头抱负,从而导致了世纪之交德意志极端民族主义的泛滥。德意志民族主义者从兰克范式中得出的结论,是欧洲列强体系也必定能够孕育出一个世界列强体系,即欧洲均势可以被扩大成为世界均势。作为兰克思想的继承者和批判者,德约阐述的现代国际体系运行模式并非欧洲列强和欧陆均势,而是更具有决定性意义的侧翼大国和大洋优势。③ 这种由约翰·西利(John Seeley)和阿尔弗雷德·马汉

---

① 德约被翻译成英文出版的两本重要著作是《德国与二十世纪世界政治》(1959 年)和《脆弱的平衡:四个世纪以来的欧洲权势斗争》(1962 年)。前者是他就一个共同主题撰写的一系列论文,后者则是他最重要的代表作,此书的德文版最早于 1948 年出版,英文版最早于 1962 年出版。参见 Ludwig Dehio, *The Precarious Balance*: *Four Centuries of the European Power Struggle*, New York: Random House/Vintage, 1962; Ludwig Dehio, *Germany and World Politics in the 20th Century*, New York: W. W. Norton and Co. 1959。有关德约思想的研究,参见 Aaron M. Zack, *Hegemonic War and Grand Strategy*: *Ludwig Dehio, World History, and the American Future*, Lanham, Maryland: Lexington Books, 2018; Charles Doran, "Economics, Philosophy of History, and the 'Single Dynamic' of Power Cycle Theory: Expectations, Competition, and Statecraft", *International Political Science Review*, Vol. 24, No. 1, 2003, pp. 13 – 49; William Thompson, "Dehio, Long Cycles, and the Geohistorical Context of Structural Transition", *World Politics*, Vol. 45, No. 1, 1992, pp. 127 – 152; George Modelski, *Long Cycles in World Politics*, Seattle, University of Washington Press, 1987。

② 有关兰克国际关系思想(尤其是均势思想)的主要缺陷,参见 Ludwig Dehio, *The Precarious Balance*: *Four Centuries of the European Power Struggle*, New York: Random House/Vintage, 1962, pp. 8-15。

③ 有关德约范式对现代国际关系的解释力及当代意义,参见 Aaron M. Zack, *Hegemonic War and Grand Strategy*: *Ludwig Dehio, World History, and the American Future*, Lanham, Maryland: Lexington Books, 2018, pp. 1–5。

（Alfred Mahan）提出、由德约应用于现代国际体系的理论模式，其解释力至今仍大为可观。

德约阐述的现代国际体系运行模式，与人们熟知的保罗·肯尼迪式的大国兴衰模式完全不同甚至相悖。保罗·肯尼迪的大国兴衰模式不仅是平面化的，不同类型的大国在此中没有多少实质性的区别，而且过分突出了经济因素对历史进程的作用，而这恰恰忽略了导致历史上主导性海洋强国总体优势的关键。与这种模式相比，德约范式不仅更深刻地揭示了历史上大国兴衰的核心机理，且同时展示出主导性海洋国家总能够最终获得胜利的关键。在理论上，德约范式的思想魅力还在于从一种特殊的角度阐释了德国为什么在20世纪前期发动两次世界大战及最终落败的内在机理，这种机理与通常意义上的国际关系研究相比是迥然不同的。不仅如此，德约范式同时也深刻预见到欧洲体系的消逝和两极体系的来临。这一结果的出现首先得益于欧洲国家体系内部的自我消耗，20世纪前期德意志帝国主义两轮发作也正是欧洲体系消逝和两极世界来临的主要催化剂。在冷战结束后的世界中，德约范式的价值还在于能够帮助人们对美国作为当今主导性海洋强国兼体系领导者的地位有一种全新的认识。

一 兰克与德意志民族主义

自16世纪以来，近现代国际体系及其中绝大多数成员国曾经面临的一个最大问题，是如何应对那些力图且几乎能够在整个体系中占据压倒性优势的霸权觊觎国及其由此产生的称霸努力。就现代历史上反霸斗争实践而言，其主要的思想成果是均势论，确切地说，是由现代历史上前后几轮重大反霸斗争实践加以提示，并由其反复重演和再三确认的均势论。

在现代国际关系思想史上，均势论最初的形成深受18世纪启蒙思想的影响，而它之所以流行且受到极度推崇，关键是在于向人们揭示了一条由欧洲国家体系历史经验反复加以确认的近乎自明的真理，即国际体系中任何一国的绝对优势地位及由此产生的称霸努力，迟早都将会招致体系中的其他国家（尤其是大国）单独或联合的制衡行动。在现代国际关系思想史上，均势论的渊源虽然能追溯到文艺复兴时期的意大利，甚至是中国和希腊的古典文明时期，但它的真正流行则始于路易十四时期。路易十四的扩张及由此引发的战争，不仅让人懂得了使法国成为侵略者的动力并非邪恶而是力量配置，同时也留下了一条深刻教训，即不能让类似事件再度重演。①

1789—1815 年的法国大革命和拿破仑战争是欧洲国家体系经历的第三轮大震荡，欧洲国家在这场反霸斗争中的胜利导致的直接后果，是巩固了均势在欧洲国家体系中的主导地位，而首次对此做出系统总结的是 19 世纪德国大历史学家、"科学史学"的创始人利奥波德·冯·兰克（Leopold von Ranke）。② 兰克的国际关系思想核心是他的均势思想，集中体现在其 1833 年首次发表的《论列强》一文中，核心贡献就在于首次提出了一项以均势的反复生成为主要基石的现代国际体系运行模

---

① 有关均势论的渊源及核心，参见 Martin Wight, "The Balance of Power and International Order", in Allan James, ed., *The Bases of International Order*, Oxford: Oxford University Press, 1973, p. 97; Herbert Butterfield, "The Balance of Power", in Herbert Butterfield and Martin Wight, eds., *Diplomatic Investigations*, Cambridge, MA: Harvard University Press, 1966, p. 132。现代国际关系理论家论有关均势的代表作，参见 Daniel H. Nexon, "The Balance of Power in the Balance", *World Politics*, Vol. 61, No. 2, 2009, pp. 336-338; T. V. Paul, James J. Wirtz and Michel Fortmann, eds., *Balance of Power: Theory and Practice in the 21st Century*, Stanford, California: Stanford University Press, 2004; Paul W. Schroeder, *Systems, Stability, and Statecraft: Essays on the International History of Modern Europe*, New York: Palgrave Macmillan, 2004; John A. Vasquez and Colin Elman, eds., *Realism and the Balancing of Power: A New Debate*, Englewood Cliffs, N. J.: Prentice Hall, 2003; Michael Sheehan, *The Balance of Power: History and Practice*, London: Routledge, 1996; Kenneth N. Waltz, *Theory of International Politics*, Reading, Mass.: Addison-Wesley, 1979; Inis L. Claude Jr., *Power and International Relations*, New York: Random House, 1962; Edward V. Gulick, *Europe's Classical Balance of Power*, New York: Norton, 1955。

② Edward V. Gulick, *Europe's Classical Balance of Power*, New York: W. W. Norton and Co., 1967, p. 36.

第四章 "德约范式"与现代国际体系的运行模式

式。与先前的许多思想家和国务家一样,兰克同样意识到列强间的均势是欧洲国际秩序的一大根本由来,即均势原则为欧洲国家体系的多样化统一发展提供了必要的条件。① 对兰克来说,均势的首要功能是防范其中一国取得霸权地位从而损害其他国家的独立,它的构造方式则在于,一批单个而言处于弱势的国家结成联盟,以抗衡或击败意欲称霸的国家;在兰克看来,欧洲列强犹如一群时分时合的天体,"它们总是自主运行,遵循自己内在动力",尽管可能暂时结盟,但任何强国都不会永远臣服于另一强国。②

兰克均势思想的理论创新性,就在于将均势看作一个由欧洲重大权势斗争推动的新陈代谢过程。即新强国崛起以反对头号强国扩张,新联盟形成以反对普世帝国追求;反霸斗争胜利或大国国内变革一次次造就新的霸权追逐者,欧洲国家体系也因此一次次经历生死斗争;均势反复遭到损伤或毁坏,又反复得到修复或重建。在现代世界历史上,欧洲国家对现代文明的思想贡献,一是主权,二是均势,这两者不仅在实践中是密切联系在一起的,甚至可以说是相伴而生的:1648 年《威斯特伐利亚和约》确定了国际社会中主权原则的宪法地位;紧接着,1713 年《乌得勒支和约》确立了国际社会中均势原则的宪法地位。主权与均势间共生关系的根源,在于均势是国际无政府状态中国家主权的最基本保障,兰克思想的主要魅力,则是以一项高度简洁且近乎自明的原则概括了自16 世纪以来的欧洲国际关系史,他总结的这一现代国际体系运行模式,同样为现代理论家所继承——这点集中体现在目前几乎所有均势论都毫

---

① 有关兰克对古典均势论的贡献,参见 Martin Wight, "The Balance of Power and International Order", in Allan James, ed., *The Bases of International Order*, Oxford: Oxford University Press, 1973, p. 97。

② Leopold von Ranke, "The Great Powers", in Leopold von Ranke, *The Theory and Practice of History: Edited with an Introduction by Georg G. Iggers*, Indianapolis: the Bobbs-Merrill Co., 1973, pp. 29-53.

无例外地继承了兰克思想的两大前提（即欧洲大国关系和欧洲国家体系上）。①

兰克均势思想的大国倾向意味着，虽然任何国家可能都愿意看到一个霸权国的权力受到限制，但只有大国才具备这么做的实力，小国总是会根据情况来选择制衡或追随，即均势乃是指大国间而不是一般国家间的力量平衡。兰克均势思想的大国倾向在战后的均势论著中随处可见：伊尼斯·克劳德曾指出，均势论主要关注大国间的竞争与对抗；肯尼斯·沃尔兹也认为，任何国际政治理论都必须以大国为基础。② 兰克均势思想的欧洲中心倾向与大国倾向是紧密联系的，因为在现代历史绝大部分时间里，体系中几乎所有大国都是欧洲国家，兰克思想中的欧洲中心倾向不仅被现代理论家继承，而且在经过几轮科学化改造后，"均势"这一源自欧洲国家体系历史经验的权力逻辑甚至被当作一条普遍适用的真理。③ 现代均势论欧洲中心倾向的集中体现，是所有的均势论都不是以抽象词汇而是以欧洲国家体系的主导地位来界定霸权的。现代理

---

① 兰克阐述的均势观主要体现在他 1833 年发表的《论列强》一文中。参见 Leopold von Ranke, "The Great Powers", in Leopold von Ranke, *The Theory and Practice of History: Edited with an Introduction by Georg G. Iggers*, Indianapolis: the Bobbs-Merrill Co., 1973, pp. 29-53。有关对兰克均势思想的现代研究，参见 Martin Wight, "The Balance of Power and International Order", in Allan James, ed., *The Bases of International Order*, Oxford: Oxford University Press, 1973; Edward V. Gulick, *Europe's Classical Balance of Power*, New York: W. W. Norton and Co., 1967; Herbert Butterfield, "The Balance of Power", in Herbert Butterfield and Martin Wight, eds., *Diplomatic Investigations*, Cambridge, MA: Harvard University Press, 1966。

② 有关现代均势论普遍带有大国中心倾向（即主要关注大国而非小国），参见 Inis L. Claude., *Power and International Relations*, New York: Random House, 1962, p. 36; Kenneth Waltz, *Theory of International Politics*, New York: McGraw-Hill, 1979, p. 72。另见 Jack S. Levy, "Interstate War and Peace", in Walter Carlsnaes, Thomas Risse and Beth A. Simmons, eds., *Handbook of International Relations*, London: SAGE Publications Ltd., 2012, pp. 581-606。

③ 参见 Jack S. Levy, "What Do Great Powers Balance Against and When?", in T. V. Paul, James J. Wirtz and Michel Fortmann, eds., *Balance of Power: Theory and Practice in the 21st Century*, Stanford, California: Stanford University Press, 2004, pp. 29-51; Jack S. Levy, "Balances and Balancing: Concepts, Propositions, and Research Design", in John A. Vasquez and Colin Elman, eds., *Realism and the Balancing of Power: A New Debate*, Englewood Cliffs, N. J.: Prentice Hall, 2003, pp. 128-153。

第四章 "德约范式"与现代国际体系的运行模式

论家历来谈论的,几乎全部是对早期的查理五世和腓力二世的哈布斯堡王朝、路易十四和拿破仑的法国、威廉二世和希特勒的德国的制衡行动,所有这些国家无一例外地都是欧洲大陆国家,且它们历来首要关注的都是欧洲大陆上的国际政治状况。

现代均势论在继承兰克均势思想两大前提的同时,同样继承了兰克国际政治视野的狭隘性。如前所述,兰克在关注欧洲大陆均势体系时,完全忽视了那个与大陆均势体系同时并存的大洋霸权体系,而这恰恰造成了兰克思想的两大弊端。① 首先,兰克没有意识到,欧洲均势并非一种完全封闭和自我平衡的过程,这个体系的保存和运作根本上有赖于欧洲东西两翼的国家不断用欧洲以外的资源来干预欧洲局势;其次,兰克也没有意识到,由于欧洲均势体系的保持和运行必须依赖外部力量的介入,因此均势在防止欧洲霸权形成的同时也促成了欧洲以外地区的强盛,这点从长远看势必造成欧洲总体地位的相对衰落。② 兰克狭隘的欧陆视野造成的直接后果,就是无意中助长了德意志民族的过头抱负,从而便利了德国极端民族主义思潮的泛滥。1871 年德国统一的直接后果,是德意志新一代民族主义的兴起,这代民族主义者虽然热衷于兰克的理念,却丝毫没有兰克的冷静与温和,他们喜欢谈论兰克的思想,是因为这些思想可以被延伸和改造,以作为极端民族主义抱负的思想基础。③

德国统一后的新一代民族主义者从兰克思想中得出的结论,就是从

---

① 对兰克均势思想两大弊端的修正构成了路德维希·德约代表作的核心。参见 Ludwig Dehio, *The Precarious Balance: Four Centuries of the European Power Struggle*, New York: Random House/Vintage, 1962。

② 对兰克均势思想的这两个核心弊端的具体批判,参见 Ludwig Dehio, *The Precarious Balance: Four Centuries of the European Power Struggle*, New York: Random House/Vintage, 1962, pp. 8-15。

③ 有关兰克均势思想对 20 世纪前期德意志民族主义曾经产生的负面影响,可以参考德约撰写的两篇重要文章,参见 Ludwig Dehio, "Ranke and German Imperialism" and "Thoughts on Germany's Mission 1900-1918", both in Ludwig Dehio, *Germany and World Politics in the 20th Century*, New York: W. W. Norton and Co. 1959, pp. 38-71, 72-108。

欧洲列强体系中也能成长出一个世界列强体系，正如普鲁士跃升为欧洲强国一样，他们认为统一的德国依据同样的方式也能够跻身世界强国之列。正是从兰克思想出发，世纪之交的德意志思想界形成了一种异常突出的主流思潮，即认为统一后的德国至少应该追求与英帝国并驾齐驱的世界强国地位，这其中被谈论得最多的，是如何突破欧洲均势的狭窄限界，从而造就足以制衡洲级大国（美国、俄国和英帝国）的世界均势。① 世纪之交的德意志民族主义思想的核心，是如何将兰克的均势机理扩大到世界范围，即如何促使英帝国的优势地位让位于一种相互竞争的世界强国间的均势，这种思考赋予了德意志民族主义者一种扭曲的"道义感"，即德国正担负反对英帝国世界霸权的历史使命。世纪之交的德意志民族主义者最为津津乐道的历史任务，就在于将早先由兰克揭示的欧陆均势机理扩大到世界范围，从而使欧洲均势最终上升为一种囊括各国的"普世"均势，这种理念很大程度上一直传承并主宰了20世纪前期的德国对外政策。②

在现代国际关系思想史上，对兰克均势思想（同时也是对几乎所有的现代均势论）蕴含的国际政治视野上的狭隘性做出了实质性修正的，是20世纪前期的德国大史学家、兰克思想传统的继承者，同时也是其主要的批判者——路德维希·德约。与兰克不同，德约从没有将欧洲大陆的均势体系看作完全封闭的，对德约来说，欧洲大陆均势体系得以保存和持续运行的关键就在于，欧洲从来也不是一个封闭体系，每当一个潜在强国有可能以强制性手段来统一欧洲时，欧洲东西两翼必然会出现制衡它的力量，这些力量通过将欧洲以外地区的资源引入争夺欧洲霸权斗争的方式阻止了霸权国的最终胜利。与兰克相反，德约也没有将欧洲

---

① 有关世纪之交德意志民族主义国际观的核心，参见 Ludwig Dehio, "Ranke and German Imperialism", in Ludwig Dehio, *Germany and World Politics in the 20th Century*, New York: W. W. Norton and Co. 1959, pp. 38-71。

② 有关德意志民族主义的终极使命感，参见 Ludwig Dehio, "Thoughts on Germany's Mission 1900-1918", in Ludwig Dehio, *Germany and World Politics in the 20th Century*, New York: W. W. Norton and Co. 1959, pp. 72-108。

第四章 "德约范式"与现代国际体系的运行模式

均势体系的运行看作一个可以无限重复下去的过程,对德约而言,引入欧洲侧翼强国及区域外的资源以阻止欧洲区域统一倾向的做法实际上掩盖了一个潜在的巨大代价,那就是欧洲国家每一次针对霸权觊觎国制衡过程的反复,都将更加削弱欧洲国家相对于世界其他地区/国家(尤其是俄国和美国)的权势地位,而这点意味着欧洲国家体系的生命期实际上是有限的。①

二 大洋体系与大陆体系

德约对兰克思想的首要修正,是他从来没有将欧洲大陆均势体系看作一个完全封闭和自我平衡的过程,历史上欧洲均势的反复形成和持续运行正是得益于侧翼强国的不断干预。② 在理论上,德约对兰克思想进行修正的前提是他对全球性大洋体系和区域性大陆体系的明确划分,这种划分的意义是指出了人们通常认为的现代世界政治并不是真正意义上的世界政治,而只是一个特定的次级性体系的区域政治,且那个历来由主导性海洋强国治理的全球性大洋体系也正是欧洲国家体系得以持续保存的关键。③ 一般来讲,在现代历史绝大部分时间里,由于国际体系中的主要行为者都是欧洲国家,且欧洲区域体系同时也主导了世界其他地区,绝大多数现代理论家也因此往往将从欧洲国家体系历史经验中得出的均势逻辑看作一种普遍规律,而不是一个欧洲国家体系特定的地理政

---

① 参见 Ludwig Dehio, *The Precarious Balance: Four Centuries of the European Power Struggle*, New York: Random House/Vintage, 1962, pp.8-15。
② 对德约国际关系思想的最集中概括,参见 Aaron M. Zack, *Hegemonic War and Grand Strategy: Ludwig Dehio, World History, and the American Future*, Lanham, Maryland: Lexington Books, 2018, pp.9-26。在现代国际关系理论中,对德约的研究主要集中在以乔治·莫德尔斯基为代表的世界"历史长周期理论"中,参见 George Modelski, *Long Cycles in World Politics*, Seattle, University of Washington Press, 1987。
③ 有关德约对历史上两种体系的区分及其意义,参见 William Thompson, "Dehio, Long Cycles, and the Geohistorical Context of Structural Transition", *World Politics*, Vol.45, No.1, 1992, pp.127-152。

治环境的产物,而这点恰恰是德约在他的著作中明确加以排斥的理念。①

与现代均势论的"普世"倾向不同,德约展示的那种由历史上反霸斗争实践反复确认的均势逻辑,仅仅适用于区域性欧洲大陆体系而不适用于全球性大洋体系,即现代历史上欧洲大国对霸权觊觎国的制衡倾向,针对的是以庞大的陆军力量为基础的陆上霸权,而非以贸易、金融和海军力量为基础的海上霸权。② 与这种认识相对应,德约同时也指出,区域性欧洲大陆体系的均势与主导性海洋国家的权力优势间存在着密切联系。他指出,作为一个主导性海洋国家,英国一直是欧洲均势最雄辩的保护者,也是自身全球性主导地位最沉默的捍卫者,对英国来说,"欧洲均势本身并不是最终目的,而只是英国在海洋那边世界中的绝对优势的前提"。③ 尽管德约从来没有显示出对地理政治教条的那种刻板推崇,但他的著作却近乎于完美地融合了现代地理政治学的三项最核心命题,即海洋优势与大陆核心区域(历史上的欧洲)均势间的共生关系、主导性海洋强国承担大陆义务的重要性、心脏地带强国战略上特有的两重性。从这个意义上说,德约的著作乃是对这三项地理政治命题最生动的历史展示。

对德约而言,历史上的主导性海洋强国虽然与那些大陆国家有着截然不同的特性,但这不意味着欧陆事态的发展与它们无关,事实上,这类国家在反抗欧陆霸权的过程中都扮演了关键角色。而造成这种情况的

---

① 对现代均势论普遍带有的欧洲中心倾向的解释,参见 Jack S. Levy and William R. Thompson, "Hegemonic Threats and Great-Power Balancing in Europe, 1495–1999", *Security Studies*, Vol. 14, No. 1, 2005, pp. 1–33。

② 有关对均势逻辑和霸权逻辑的实质性区分,参见 William Thompson, "Dehio, Long Cycles, and the Geohistorical Context of Structural Transition", *World Politics*, Vol. 45, No. 1, 1992, pp. 127–152。

③ 德约对英国欧陆政策的关注与对英国大洋政策的关注是联系在一起的,参见 Ludwig Dehio, *The Precarious Balance: Four Centuries of the European Power Struggle*, New York: Random House/Vintage, 1962, p. 85。

第四章 "德约范式"与现代国际体系的运行模式

原因就在于,一旦某个大陆强国取得了欧陆霸权必然会威胁到主导性海洋国家的根本利益,因为欧陆霸权将会使这个国家获得足够资源,从而有能力动摇主导性海洋国家在经济和海军上的优势。这种海洋优势与大陆均势间的共生关系,不仅是现代地理政治学的最主要关注点,而且是德约著作重点关注的核心。作为以全球范围的经济和海军上的优势来界定利益的国家,主导性海洋强国历来关注欧洲以外的商业与市场的扩张,大陆国家则历来关注大陆的领土扩张。由于活动在不同区域内,这两类国家间似乎不太可能因利益冲突而产生碰撞。然而,德约不仅指出这两类国家间的碰撞带有明显规律性,且同时指出争夺欧洲区域霸权是导致这种碰撞的首要根源,即由于主导性海洋强国的权势取决于自己在两类体系间的主导性中介作用,因此任何强国取得欧洲区域霸权都将会违反这一利益。①

基于经济和海军上的领先优势,主导性海洋国家的核心利益,是保持大陆核心区域(历史上一直是欧洲大陆,二战后逐渐转变为欧陆和东亚)对自己及追随者的门户开放,也正是从这个意义上说,大陆核心区域的均势是主导性海洋强国核心利益的必要保障。② 首先,一旦某个大陆强国取得欧洲区域霸权,它也将处于一种在经济实力和海洋能力上实现快速赶超的地位,因为追求欧洲区域霸权必然将会使霸权觊觎国寻求对其相邻的经济繁荣源泉的控制,历史上这点也就意味着寻求对意大利北部或低地国家(比利时、荷兰、卢森堡)的控制。这种控制不仅能带来经济财富的快速增长,而且有望使霸权国获得在海洋能力上的急剧提高。其次,一旦某个大陆强国取得了欧洲区域霸权,它也将有能力使

---

① 对这种共生性关系的阐述,参见 Ludwig Dehio, *The Precarious Balance: Four Centuries of the European Power Struggle*, New York: Random House/Vintage, 1962, p. 78, 90, 147, 174。另见 Aaron M. Zack, *Hegemonic War and Grand Strategy: Ludwig Dehio, World History, and the American Future*, Lanham, Maryland: Lexington Books, 2018, pp. 9-26; George Modelski, *Long Cycles in World Politics*, Seattle, University of Washington Press, 1987, pp. 7-38。

② 德约对这个问题的认识与现代地理政治学的观点是完全一致的,参见 Francis P. Sempa, *Geopolitics: From the Cold War to the 21st Century*, New Brunswick, New Jersey: Transaction Publishers, 2002。

欧洲大陆市场对主导性海洋强国完全封闭。现代历史上曾经出现的欧洲霸权国（即路易十四和拿破仑的法国及威廉二世和希特勒的德国）追求欧洲区域霸权最主要的动机之一，就是要建立一个自给自足的大陆经济区，而它们在不同时期用以对抗主导性海洋强国的一个重要手段，则是不同形式的大陆封锁体系。①

正因为保持大陆体系的开放关系到切身利益，所以主导性海洋强国及其继承者都有着强烈的动机去阻止任何大陆强国取得欧洲霸权，而历史上争夺欧洲区域霸权企图的失败，同样也归因于主导性海洋强国对欧陆局势的不断干预。与麦金德及斯皮克曼强调的主导性海洋强国承担大陆义务的意义相对应，德约展示的主导性海洋强国对承担大陆义务从来没有表现出过多犹豫，这也是历史上英国与大陆国家间关系的核心要素。自伊丽莎白一世以来，英国历届统治者都把维持欧洲大陆强国间的均势看作一种与自身利益休戚相关的事态，这种认识不仅主导了现代历史上英国在欧洲大陆上进行的历次重大战争，同时也造就了第一代马尔博罗公爵（约翰·丘吉尔）和第一代威灵顿公爵（阿瑟·韦尔斯利）这两位英国历史上最杰出的陆上将领。更重要的是，即使在工业革命带来的技术进步已经使英国丧失了往昔的从容和优势时，英国仍然在第一次世界大战开始时就迅速向欧洲大陆派出一支超大规模的大陆远征军。英国对大陆事务的持续关注，不仅与丘吉尔在"至暗时刻"中表现出的勇气是一脉相承的，更是因为其直接关系到英国在当时的地位乃至生存。②

---

① 有关向意大利北部和低地国家的扩张及大陆经济封锁的论述，参见 Ludwig Dehio, *The Precarious Balance: Four Centuries of the European Power Struggle*, New York: Random House/Vintage, 1962, p. 58, 75, 166, 263。

② 德约对英国在现代历史上承担的大陆义务并没有给予任何特别的关注，但他笔下的英国从来没有对必要时是否要干预大陆局势表现出丝毫的犹豫。德约是一个历史学家而不是战略学家，而有关主导性海洋国家对大陆义务的态度历来是战略学家关注的问题。有关历史上英国对大陆义务的态度，可以参考现代英国战略学家撰写的两本重要著作，参见 David French, *The British Way in Warfare*, London: Unvin Hyman, 1990; Michael Howard, *The Continental Commitment: The Dilemma of British Defense Policy in the Era of the Two World Wars*, London: Maurice Temple Smith Ltd., 1972。

第四章 "德约范式"与现代国际体系的运行模式

德约阐述的那种历史上的"大洋机理"之所以能始终遏制和击败旨在取得欧洲霸权的"大陆机理",关键是由于主导性海洋强国对大陆的干预不仅激发了其他国家对霸权国的反抗,而且导致了霸权国与欧洲东翼大陆强国(18世纪以后主要是俄国)的冲突。而导致这种冲突的关键则是霸权国转向东方的扩张。这种冲突的基本模式就在于,其在同海洋强国的冲突中无法取胜,因此历史上追求欧洲霸权的国家接下来总是会以相反方向的进攻作为补偿,这种错误导致的结果就是使潜在的霸权国总发现自己被夹在两个侧翼强国间,从而使其称霸努力注定要反复遭到失败。

自北方大战起,俄国即开始加入欧洲国家体系的运作,俄国在欧洲国家体系中的角色与英国相类似,而俄国之所以总是与历史上旨在争夺欧洲霸权的国家发生冲突,其根源就在于俄国与英国一样不可能容忍其他国家取得欧洲区域霸权,这不仅会危及它在东欧的利益,更是直接影响到它自身的安全。历史上的欧洲霸权国总是不断以此方式发展出一种只会增加其失败可能性的战略,从而对欧洲均势的反复形成做出自己独特的贡献。①

与历史上几个欧洲大陆国家争夺区域霸权的反复失败相对应,欧洲大陆均势同样是历史上的主导性海洋国家领导地位的基础,这也是德约在他的著作中反复强调的核心。英国学者迈克尔·希恩指出,"即使在

---

① 欧洲历史上霸权觊觎国规律性地向东扩张是德约著作关注的重点之一,而曾经在东翼扮演反抗角色的先后有奥斯曼土耳其(反抗哈斯布堡王朝)、奥地利(反抗路易十四的法国)、俄国和苏联(反抗拿破仑的法国、威廉二世和希特勒的德国)。自俄国加入欧洲国家体系以后,欧洲东翼的反抗角色主要由俄国承担。参见 Ludwig Dehio, *The Precarious Balance: Four Centuries of the European Power Struggle*, New York: Random House/Vintage, 1962, p.102。当代最杰出的欧洲国际史学家保罗·施罗德的大量研究同样证明了德约思想的正确性。参见 Paul W. Schroeder, "Did the Vienna Settlement Rest on a Balance of Power?", *American Historical Review*, Vol.97, No.3, 1992, pp.683–706; Paul W. Schroeder, "The Nineteenth Century System: Balance of Power or Political Equilibrium?", *Review of International Studies*, Vol.15, No.2, 1989, pp.135–153。

已被确认为欧洲国家体系根本基础约两百年后,均势概念仍然是一种纯粹的欧洲现象,在欧洲大陆边界范围之外,均势逻辑并不适用",因为一旦均势在欧洲以外得到应用,"那么均势论最有力支持者英国,将会在这种发展中遭受到最大损失",这种情况同样也正是解释了为什么英国在历史上会成为欧洲大陆均势最有力的支持者。① 在现代历史上,均势在阻止欧洲区域霸权时,并没有阻止英国在经济实力和海军力量上的增长及其在海外世界的扩张;而英国历届政府在维持欧陆均势的同时,一直都在竭力追求其全球范围的经济及海军上的优势,这两种政策从根本上说彼此间是密切联系的,因为任何维持欧洲大陆均势的实践,都将有助于主导性海洋强国保持自己在经济实力和海军力量上的相对安全。这种逻辑同样也适用于二战后美国对欧亚大陆核心区域的政策与美国主导地位间的联系。②

德约展示的区域性大陆体系与全球性大洋体系,本质上是按照两种不同的秩序原则得以维系的,即大陆体系的均势与大洋体系的霸权。历史上的主导性海洋强国历来是身兼双重角色,即大洋体系的主导者和大陆均势体系的参与者。主导性海洋强国虽然是欧洲均势的主要参与者,但这类国家几乎不受均势的任何约束,它们在均势中起到的是平衡者(即均势操控者)的作用,而这点正是英国在现代历史上扮演的主要角色。主导性海洋强国对外政策中受到的限制并非均势,而是来自其自身在体制和能力上的特殊性:首先,主导性海洋强国出于体制的原因都不会维持一支强大陆军,因而缺少将自身意志强加于其他国家的能力,而

---

① Michael Sheehan, *The Balance of Power: History and Practice*, London: Routledge, 1996, p. 115.

② 现代国际关系理论家中有关这两种政策间内在联系的阐述,最早是美国学者杰克·利维做出的。参见 Jack S. Levy, "What Do Great Powers Balance Against and When?", in T. V. Paul, James J. Wirtz and Michel Fortmann, eds., *Balance of Power: Theory and Practice in the 21st Century*, Stanford, California: Stanford University Press, 2004, pp. 29-51; Jack S. Levy, "Balances and Balancing: Concepts, Propositions, and Research Design", in John A. Vasquez and Colin Elman, eds., *Realism and the Balancing of Power: A New Debate*, Englewood Cliffs, N. J.: Prentice Hall, 2003, pp. 128-153。

这与大陆国家的能力恰好是相反的；其次，主导性海洋强国对均势的操控，取决于能否在关键时刻在其一端投下自己的分量，从而使均势发生有利于自己的倾斜，但这也意味着没有其他大陆国家的配合这类国家将毫无作为。从严格意义上说，主导性海洋强国自身的体制和能力上的特殊性，同时决定了这类国家通常在国际体系中有着不同于其他强国的特殊地位和特殊角色。①

三　德国与两次世界大战

在现代国际关系思想史上，相对于兰克思想而言，德约范式最具特色的创新之处，不仅是明确区分了历史上的大洋体系和大陆体系，且同时展示了这两种体系彼此间在现代历史进程中的规律性互动。历史上这种类型的互动一般都是以争夺欧洲霸权斗争的形式表现出来的，而这点同时也展示了历史上的霸权与均势两种秩序间的内在联系，这种联系也正是理解地理政治学的关键。与德约范式的核心机理相对应的是，主要体现盎格鲁—撒克逊民族对外政策关切的地理政治学的首要关注重点，就是由工业革命引发的技术进步对海上强国与大陆强国间力量对比的潜在含义。而导致这种关切的根源在于，工业革命引发的技术进步已经使海洋强国与大陆强国间的力量对比逐渐开始朝着对前者不利的方向发展，这种趋势从长远看势必将动摇主导性海洋强国在体系中的优势地位。值得注意的就是，德约对20世纪前半期两次世界大战的爆发及导致德国最终失败的机理的解释，同样也是以这种变化为主要背景的。这种解释与一般史学意义上的那些对德国之所以发动两次世界大战及其失败机理的解释有着本质区别。②

---

① 对均势体系平衡者的作用及所受限制的最好且迄今唯一的论述，参见 Michael Sheehan, "The Place of the Balancer in Balance of Power Theory", *Review of International Studies*, Vol. 15, No. 2, 1989, pp. 123–134。
② 德约对两次世界大战的解释与一般解释的区别，参见 Aaron M. Zack, *Hegemonic War and Grand Strategy: Ludwig Dehio, World History, and the American Future*, Lanham, Maryland: Lexington Books, 2018, pp. 61–73。

| 地理政治学、大战略与海洋转型

在理论上,有关对德国发动两次世界大战及其失败机理的解释大致上可分为两类。第一类继承的是兰克的传统,即从大国关系中寻找解释。对秉承兰克思想传统的研究者而言,德国发动两次世界大战及最终失败,与传统欧洲大国间战争及其失败机理并没有本质性区别。这种解释的缺陷不仅在于没有将德国发动的两次世界大战与欧洲国家体系中常见的战争进行实质区分,而且更是在道义上将德国看成一个与其他欧洲大国相等同的国家,这也是造成一战后德国对自己担负的战争罪行耿耿于怀的关键。与兰克的传统相反,第二类解释将关注点主要聚焦在德国国内,即从德国内部的政治、经济与社会的变迁中寻找对德国发动两次世界大战及其失败机理的解释。对遵循这种思想传统的研究者来说,第二次工业革命带来德国实力快速增长,及由此引起德国政治、经济及社会结构的变迁,不仅是造成德意志极端民族主义思潮泛滥的最主要根源,同时更是促使德国在极端不利的条件下发动两次世界大战及导致其最终失败的主要原因。①

在现代历史上,两次世界大战实际上是同一乐章的两个不同曲目,即第一次世界大战决定了欧洲应该有一个什么秩序,第二次世界大战决定了这个秩序是否继续维持下去,这也是为什么德约将他的关注点主要放在德国发动一战的原因及其失败机理的解释上。

德约对德国发动世界大战根源的解释,乃是以世纪之交德意志民族主义的对外政策诉求为起点的。这种诉求的核心要素就是将欧洲均势扩大成为世界均势,从而使德国能够从一个欧洲强国转变为一个足以与具

---

① 自二战结束以来,有关德国发动两次世界大战及其失败机理的这两种类型的解释都分别有很多的代表性著作。其中"对外政策优先"学派的代表性著作,参见 Geoff Eley, *From Unification to Nazism*: *Reinterpreting the German Past*, Boston, Unwin, 1986;"内部政治优先"学派的代表性著作,参见 Fritz Fischer, *From Kaiserreich to Third Reich*: *Elements of Continuity in German History*, London, Unwin Hyman, 1986。

第四章 "德约范式"与现代国际体系的运行模式

有洲际规模的美国、俄国和英帝国抗衡的世界强国。① 德意志新民族主义者广泛宣扬的这种对外政策的诉求,不仅在当时德国的精英与大众中获得了一致认同,还赋予了世纪之交的德意志民族主义者一种极为扭曲的道义感,即德国正在肩负着反对英帝国及其世界霸权的使命。伴随这种扭曲的道义感而来的,就是两个对德国产生了重大影响的严重后果:首先,由于德意志民族具有的优秀品质,德国已经为自己确立了宣称德意志民族的理想无比崇高的权利;其次,武力可以被用来解决德国在建立德意志理想之统治地位的过程中可能出现的任何困难。② 正是因为德国坚信自己正从事一项必然有利于其他国家且因此必然为其他国家广泛认同的正义事业,所以其认为其他国家最终都将选择站在自己一边。但实际情况却相反,绝大多数国家最终都选择站在英国一边投入反对德国称霸欧洲的战争,而造成这种情况的主要根源,是德意志民族主义者混淆了大陆霸权与海洋霸权的本质区别。

对德约而言,世纪之交德意志民族主义者的对外政策诉求乃是兰克式的,这种诉求最大的缺陷是混淆了大陆霸权与海洋霸权的本质区别,即大陆霸权总是遭到其他国家的一致反对,海洋霸权则几乎没有遭遇过这种制衡。首先,海洋国家出于内部体制的原因一般不会维持一支庞大的陆军,因而缺少将自身意志强加于大陆国家的能力,军事力量的效用是随着距离的增加发生衰减的,集结或能够集结在一国边境的陆军力量,可以用经济实力和海军力量做不到的方式威胁他国生存,但海洋国

---

① 有关德约对世纪之交德意志民族主义的对外政策诉求的阐述,主要体现在他以英语出版的两篇相关文章中。参见 Ludwig Dehio, "Ranke and German Imperialism", "Thoughts on Germany's Mission 1900-1918", both in Ludwig Dehio, *Germany and World Politics in the 20th Century*, New York: W. W. Norton and Co. 1959, pp. 38-71, 72-108。

② 有关德国对外政策中的这两种情绪,参见 Eyre Crowe, "Memorandum on the Present State of British Relations with France and Germany, January 1, 1907", in G. P. Gooch, D. Litt., F. B. A. and Harold Temperley, D. Litt., F. B. A., eds., *British Documents on the Origins of the War*, Vol. III, *The Testing of the Entente, 1904-1906*, London: H. M. Stationery Office, 1928, p. 109。

家无法做到这点。① 其次，海洋国家与大陆国家的利益构成上也存在重大差异，海洋国家总是以全球范围的商业、金融和海军上的优势来界定利益，因而不需要对大陆实行政治和军事上的有效控制，海洋国家虽然也有将自身意志强加于弱国的能力，但一般是通过其他方式而非军事力量来做到这点，在英国的对外政策中，自由贸易的力量往往比军事力量可能更具有效益。② 大陆国家与海洋国家在能力和利益上的差异，同样也决定了英国的海洋霸权不会遭到多少反对，但德国的欧陆霸权则将会遭到大多数国家的制衡。

历史上大陆霸权和海洋霸权的不同遭遇，根本上是涉及海洋霸权的合法性问题。确切地说，海洋国家的特性决定了英国必须要保持海上力量的绝对优势，但同时决定了英国不可能指望单独追求自身国家利益，因为海上力量的绝对优势同时给英国带来了会出现一个普遍的反英联盟的危险。一般来讲，要避免出现这种危险，那些"拥有海上优势的岛国必须将国家政策指向与人类共同的愿望和理想相协调的方向"，即英国的对外政策必须始终与"大多数或尽可能多的其他国家的首要利益及核心利益相一致"。③ 这种政策有两个具体内涵：一是充当弱小国家的保护者；二是英国必须成为普遍自由贸易原则的坚定拥护者。这两个目标结合在一起，就是将维持欧洲均势的特殊责任委托给了英国。因此英国的对外政策必须与维持欧洲大陆的均势相一致，"其方式就是将英国的自身力量时而放在天平的这端，时而放在天平的那端，但英国始终不渝

---

① John J. Mearsheimer, *The Tragedy of Great Power Politics*, New York: W. W. Norton and Company, 2001, p. 135.

② J. Gallagher and R. Robinson, "The Imperialism of Free Trade", *Economic History Review*, Vol. 6, No. 1, 1953, p. 12.

③ Eyre Crowe, "Memorandum on the Present State of British Relations with France and Germany, January 1, 1907", in G. P. Gooch, D. Litt., F. B. A. and Harold Temperley, Litt. D., F. B. A. eds., *British Documents on the Origins of the War*, Vol. Ⅲ, *The Testing of the Entente, 1904-1906*, London: H. M. Stationery Office, 1928, p. 403.

第四章 "德约范式"与现代国际体系的运行模式

地都是站在反对某个特定时段里最强大国家的政治专制这一边"。① 这不仅仅是英国对欧洲国家体系的特殊责任,而且是致使历史上英国的海洋霸权没有遭到普遍制衡的关键。

英国对欧洲国家体系担负的特殊责任,实际上也正是英国海洋霸权合法性的源泉,而这同样解释了为什么当世纪之交的德国力图建立一支与英国相匹敌的海军时,不仅引发了英国的强力反弹,而且没有产生任何实质意义上的结盟效应。造成这种状况的根本原因,是海洋国家在反对大陆霸权的问题上与体系中其他绝大多数国家的利益是完全一致的。这就是为什么世纪之交的英德海军竞赛,不仅最终引发了英国对德国的强烈敌意,而且演变为第一次世界大战爆发的最主要根源之一。② 从严格意义上说,德国力图建立一支大海军对英国造成的实质威胁乃是双重的:首先,由于地理位置上的相邻,德国海军虽然未必能够总体上动摇英国的海洋优势,但即使是德国海军在北海的局部优势也将严重危及英国本土的安全,这也是英国绝对不能允许德国分享其海上优势的关键原因;其次,由于德国已经拥有一支当时全欧洲最强大的陆军,德国如果能够建立一支对英国海洋优势构成挑战的海军,势必将大大降低英国有效干预欧陆均势的能力,这不仅是英国,也是欧洲其他大国无法接受的。③

在现代历史上,英国的海洋优势不仅关系到英国本土及海外帝国的

---

① Eyre Crowe, "Memorandum on the Present State of British Relations with France and Germany, January 1, 1907", in G. P. Gooch, D. Litt., F. B. A. and Harold Temperley, Litt. D., F. B. A., eds., *British Documents on the Origins of the War*, Vol. III, *The Testing of the Entente, 1904-1906*, London: H. M. Stationery Office, 1928, p. 403.

② 有关世纪之交德国在发展海军上的政治后果,参见 Holger H. Herwig, "The Failure of German Sea Power, 1914-1945: Mahan, Tirpitz, and Raeder Reconsidered", *The International History Review*, Vol. 10, No. 1, 1988, pp. 68-105。

③ 有关世纪之交德国海军对英国海军的不对称优势及由此产生的政治后果,参见 James E. Auer and Robyn Lim, "The Maritime Basis of American Security in East Asia", *Naval War College Review*, Vol. 54, No. 1, 2000, pp. 39-58。

安全，更关系到英国作为欧洲均势的调控者对欧洲国家体系担负的特殊责任，这种责任要求英国在必要时有能力对欧洲大陆均势的失衡进行有效干预，英国的海上优势实际上正是英国能够在欧洲国家体系中担负起特殊角色的前提条件。与英国的情况恰恰相反，世纪之交的德国能够成为世界强国的前提，首先是必须突破狭隘的欧洲均势体系的约束，而这点从根本上势必将引起欧洲大陆上的其他主要国家（尤其是法国和俄国）对德国努力的强烈反弹，这也是为什么世纪之交的英德海军竞赛不仅激起了英国的深刻敌意，同时也引起了法国和俄国的强烈恐慌。正因为德国成为世界强国的前提，首先是必须打破作为欧洲国家间基本秩序之根本保障的欧洲均势，所以德国的目标不仅是为英国且同样也是为任何其他欧洲国家所无法接受的。这一历史教训意味着任何国家为实现民族抱负的努力，都不能以牺牲其他国家的利益为前提，否则将如同德国在两次大战中遭遇的情形一样，发现自己受到几乎所有其他国家的敌意和包围。[①]

四 欧洲体系的消逝与两极世界的来临

对兰克这样一位只研究欧洲民族历史且持有欧洲中心观的学者来说，世界史差不多等同于欧洲史，而这点不仅使他漠视非西方民族的历史，也使他对西方世界的关注差不多只限于欧洲，确切地说只限于欧洲大陆。兰克这种由欧洲中心观造成的国际政治视野上的狭隘性导致的主要后果之一，就是他始终都没有意识到，欧洲大陆均势体系的保存和运作实际上（且是在越来越大的程度上）有赖于欧洲东西两翼的国家不断以欧洲以外地区的资源来干预欧洲的局势。与这一历史进程相对应的则是，引入侧翼强国及区域外资源以阻止欧洲统一倾向的做法实际上掩盖了一个潜在的代价，那就是每一次针对霸权国的制衡过程的反复，无

---

① 有关德国将欧洲均势扩大为世界均势的前提，参见 Aaron M. Zack, *Hegemonic War and Grand Strategy: Ludwig Dehio, World History, and the American Future*, Lanham, Maryland: Lexington Books, 2018, p. 68.

第四章 "德约范式"与现代国际体系的运行模式

意中都更加削弱了欧洲相对于其他地区的权势地位。侧翼强国势必将利用欧洲国家体系内部的这种自我消耗从而在欧洲以外的世界中发展出越来越多的权力。英帝国及其身后的美国上升为世界强国,俄国和苏联在大陆另一边的崛起,也正是欧洲为保持均势运作必须付出的代价。①

与兰克狭隘的欧陆视野不同,德约展示的现代国际体系运行模式从根本上说并不是欧洲列强和欧陆均势,而是更具决定性意义的侧翼大国和外部优势。从这个角度上看,欧洲体系的消逝和两极世界的来临正是德约展示的现代国际体系运行模式的必然结果,而这点也正是德约对兰克国际关系思想做出的另一个重要修正。② 与兰克的看法相反,德约从来没有将欧洲大陆均势体系的运行看作可以无限期重复的过程。他认为,欧洲国家体系每一次对霸权国的制衡过程的反复,必然将会导致侧翼强国权势地位的进一步增长,当位于欧洲大陆东西两翼的侧翼强国壮大到一定地步时,欧洲国家体系的全球主导地位也就终结了。③ 这一结果(即欧洲体系的消逝和两极世界的来临)首先得益于欧洲国家体系内部的自我消耗,20世纪前半期德意志极端民族主义两轮巨型发作很大程度上是这一过程(欧洲体系的消逝和两极世界的来临)最主要的催化剂,这种发作因此在某种意义上正是由兰克思想中固有的国际政治

---

① 对兰克国际关系思想中的这两个主要缺陷的集中论述,参见 Ludwig Dehio, *The Precarious Balance: Four Centuries of the European Power Struggle*, New York: Random House/Vintage, 1962, pp. 8-9。

② 有关德约对兰克思想的这一修正,参见 Ludwig Dehio, *The Precarious Balance: Four Centuries of the European Power Struggle*, New York: Random House/Vintage, 1962, p. 9。另外还可以参考德约的两篇重要文章,参见 Ludwig Dehio, "Thoughts on Germany's Mission 1900-1918", "The Passing of the European System", both in Ludwig Dehio, *Germany and World Politics in the 20th Century*, New York: W. W. Norton and Co. 1959, pp. 72-108, 124-142。冷战后出现的有关德约思想的研究,似乎对这种修正的意义没有予以足够重视。参见 Aaron M. Zack, *Hegemonic War and Grand Strategy: Ludwig Dehio, World History, and the American Future*, Lanham, Maryland: Lexington Books, 2018, pp. 16-22。

③ 德约思想中有关这种看法的最集中阐述,参见 Ludwig Dehio, "The Passing of the European System", in Ludwig Dehio, *Germany and World Politics in the 20th Century*, New York: W. W. Norton and Co. 1959, pp. 124-142。

视野上的狭隘性促成的,这也是德意志民族在20世纪前半期遭遇的最大不幸。①

20世纪前期德意志帝国主义两轮巨型发作虽然是欧洲国家体系生命期终结的直接诱因,但欧洲国家体系的消逝乃是一个长期和逐渐的积累过程,而在此积累过程中起到了决定性作用的,是欧洲东西两翼的强国在欧洲国家体系正沉迷于自我消耗的同时逐渐在欧洲以外的世界中发展出了越来越多的权力。在现代世界历史上,欧洲侧翼强国(美国和俄国)的兴盛虽然得益于欧洲国家体系内部的自我消耗,但它们的发展却主要归功于现代技术进步与自身规模优势的组合。② 这点正是兰克没有料到的,却是德约着重展示的现代历史发展的一个必然趋势。这种必然趋势的首要驱动力就是由工业革命引发的技术进步,这种进步造就的一个总体性态势,就是使更大规模的政治实体的出现开始成为可能。这种趋势的挑战性就在于"那些使大规模的政治联盟的出现成为可能的发明创造,同样也能够使那些建立在以往规模上的国家变得更不安全、更不重要或者是彻底地沦落为二流国家。如果美国和俄国能够继续维持半个世纪,那么此后这两个国家将会使法国和德国之类的欧洲强国彻底地相形见绌"。③

与欧洲国家体系的自我消耗相比,主要由技术进步与规模优势间的互动而导致的"洲际大国"的绝对优势乃是使欧洲国家体系消逝的更

---

① 德约思想中有关这种看法的最集中阐述,参见 Ludwig Dehio, "Thoughts on Germany's Mission 1900-1918", in Ludwig Dehio, *Germany and World Politics in the 20th Century*, New York: W. W. Norton and Co. 1959, pp.72-108。

② 有关对新世纪中洲际强国的规模优势的最好阐述,是英国杰出的历史学家杰弗里·巴勒克拉夫的两篇文章。参见 Geoffrey Barraclough, "The Impact of Technical and Scientific Advance: Industrialism and Imperialism as the Catalyst of a New World", "The Dwarfing of Europe: The Significance of the Demographic Factor", both in Geoffrey Barraclough, *An Introduction to Contemporary History*, Harmondsworth, England: Penguin Books, 1967, pp.43-64, 65-92。

③ John R. Seeley, *The Expansion of England*, Chicago: University of Chicago Press, 1971, p.62。

第四章 "德约范式"与现代国际体系的运行模式

具决定性意义的趋势。之所以更有决定性意义,是因为历史上欧洲列强相对于世界其他地区的优势,很大程度上主要建立在广义的技术优势基础上,但问题是技术本身是不断扩散的,随着工业革命在世界各地广泛扩散,规模因素的作用便随之突出起来。[①] 19世纪前半期,当工业革命引发的技术进步趋势刚刚崭露时,有人就已经做出美国和俄国将崛起为某种新型强国的预言:1835年,亚里克西斯·德·托克维尔就已经明确宣称,美国和俄国是两个因上帝的意志而出现以影响半个地球的国家;1846年,弗里德里希·李斯特就已经非常肯定地预言,美国终将会超越英国。[②] 19世纪后半期,这种看法在当时正处在蓬勃崛起进程中的德国促成了一种得以广泛流行的共识,即俾斯麦创立的第二帝国并不足以在新时代中生存,德国如果要继续生存就必须有一个更具雄心的扩张计划,这也是世纪之交的德意志帝国在对外政策上呈现出习惯性躁动不安的主要诱因之一。

技术进步与规模优势之组合产生的国际政治效应,同样使英帝国也面临着前所未有的挑战。随着工业生产技能扩散到北美、欧洲大陆和其他地区,英伦三岛已经越来越不足以成为一个能够维持其遍及全球的广阔领土资产的基地。英国的岛国地理位置及其在海军力量和海洋商业上的专长,一直使其能充当欧洲国家体系的平衡者,并且成为欧洲对海洋的发现及控制的首要获益人。然而,正如麦金德所指出的那样,当欧洲以外地区的海军在动摇英国的海洋优势时,铁路的出现同样在削弱海洋

[①] 对工业革命造就的技术扩散及其政治后果的阐述,参见 Geoffrey Barraclough, "From the European Balance of Power to the Age of World Politics: The Changing Environment of International Relations", in Geoffrey Barraclough, *An Introduction to Contemporary History*, Harmondsworth, Engliand: Penguin Books, 1967, pp. 93–123。

[②] Alexis de Tocqueville, *Democracy in America*, New York: Knopf, 1945, p. 452; Frederick List, *National System of Political Economy*, Philadelphia: Lippincott, 1856, p. 487. 另见 Ludwig Dehio, "The Passing of the European System", in Ludwig Dehio, *Germany and World Politics in the 20th Century*, New York: W. W. Norton and Co. 1959, pp. 124–142。

机动性的优势。① 德国在欧洲大陆上的崛起及美国和俄国这两个洲际性强国的出现，给英国的前途投下了漫长的阴影。麦金德曾经用简洁的语言描述了英国的困境："目前，自然地理的永恒现实所能够维持的政治组织规模同英格兰建立时已经大不相同，在那些基于洲际规模之资源基础上的强国存在的情况下，英国已经是无法继续再成为海洋的主人。英国目前的优势主要是依靠维持其在以往条件下赢得的领先地位。一旦海上力量赖以建立的财富和精力的源泉枯竭了，那么不列颠帝国的安全也将会丧失。"②

德约展示的现代国际体系运行模式乃是包括了两个要素：一是欧洲国家体系内部的权势斗争及位于欧洲侧翼的强国对欧洲大陆均势的不断干预；二是位于欧洲侧翼的强国在欧洲国家体系内部及欧洲以外地区中的竞争与对抗。尽管在欧洲国家体系鼎盛时期，最吸引世人眼球的，无疑就是欧洲国家体系内部的权势竞争，但如果从世界历史发展的宏观角度看，侧翼强国的成长及它们彼此间的权力竞争实际上是更具有决定性意义的，因为随着侧翼强国的不断壮大，欧洲国家体系终有丧失其主导地位的一天。③ 实际上，主要由工业革命推动的世界历史进入20世纪后，俄罗斯人和盎格鲁—撒克逊人已经在这个世界上非常强大了，但欧洲列强（尽管它们间进行了最骇人听闻的争斗，但实际上仍然局限在以往边界的范围内）却因为彼此间的残酷争斗已经精疲力竭和相形见绌了，欧洲国家体系最终消逝的时刻终于在二战结束时到来了。这个时刻

---

① 对麦金德思想中这个问题的集中阐述，参见 Daniel Deudney, "Greater Britain or Greater Synthesis? Seeley, Mackinder, and Wells on Britain in the Global Industrial Era", *Review of International Studies*, Vol. 27, No. 2, 2001, pp. 187-208。

② Halford Mackinder, *Britain and the British Seas*, Oxford: Clarendon Press, 1902, p. 358. 另见 Halford J. Mackinder, *Democratic Ideals and Reality: A Study in the Politics of Reconstruction*, New York: W. W. Norton, 1962。

③ 德约思想中有关对欧洲政治必然为更大规模上的全球政治所取代之必然性的集中阐述，参见 Ludwig Dehio, "Thoughts on Germany's Mission 1900-1918", "The Passing of the European System", both in Ludwig Dehio, *Germany and World Politics in the 20th Century*, New York: W. W. Norton and Co. 1959, pp. 72-108, 124-142。

的到来同时也宣告了欧洲国家主宰世界时代的结束，而代替了欧洲国家主导世界的，正是在欧洲国家彼此间争斗的基础上成长起来的侧翼强国，即美国和苏联。①

欧洲国家体系的消逝带来了两个根本变化：首先，欧洲事务不再是世界事务的中心，欧洲强国彼此间为争夺欧洲霸权进行的几个世纪的争斗显然已经完全到了尽头；其次，两个侧翼强国间（即俄罗斯人与盎格鲁—撒克逊人）间的争斗，无疑已经成为世界政治中最具有决定性意义的因素。与欧洲体系的消逝和两极世界的来临相对应的，是欧洲国家在一个美苏主导的两极世界中的前途问题，而这点从根本上说也正是欧洲国际政治中的一个由来已久且极具挑战性的话题。从德约范式的视角看，冷战期间的欧洲大陆在美苏这两个超级强国间的分裂实际上也正是历史的必然，即美苏双方都不能够容忍欧洲完全被对方独占，因此将欧洲一分为二是唯一可能被双方接受的选择。在欧洲国家体系业已消逝的时代中，德约给那些身处两极时代的欧洲国家指出的首要政治前途就在于：欧洲国家必须彻底抛弃以往旧的思维模式，以争取在未来走上联合发展的道路。这也是德约认为的欧洲成为美苏间相对独立的第三种势力唯一可行的途径，而这点实际上也成为二战后欧洲许许多多政治家和国务家当然的选择。

五 "德约范式"的当代意义

二战后，德约关注的现代国际体系已经走到了尽头，取而代之的则是由两个都位于欧洲以外地区的现代强国（即美国和苏联）主导的全球体系，德约展示的那个在现代历史进程中孕育的大洋体系和大陆体系

---

① 有关世界政治取代欧洲政治的必然性，参见 Geoffrey Barraclough, "From the European Balance of Power to the Age of World Politics: The Changing Environment of International Relations", in Geoffrey Barraclough, *An Introduction to Contemporary History*, Harmondsworth, England: Penguin Books, 1967, pp. 93–123。

也由此融合到了一起。尽管一度主导了战后世界历史进程的美苏冷战最终以苏联的瓦解而终结，但美国在世界政治中的地位和角色却没有因此发生过太多的变化，而是继续扮演着与历史上主导性海洋国家相同的角色。与兰克思想相比，德约范式的最具特色之处，就是提示了那种在欧洲国家体系历史经验基础上形成的均势逻辑赖以运行的两项前提，一是均势逻辑仅仅只适用于历史上的区域性（欧洲）大陆体系而不是全球性大洋体系，二是历史上欧洲均势的反复形成得益于侧翼强国对欧陆均势的不断干预。德约提示的这两项均势赖以运行的前提，在当今仍具有重要的价值和意义，这两个前提不仅为当代现实主义理论的发展指出了一条富有潜力的途径，而且有助于理解美国在当今世界政治中特殊的地位和角色。①

德约范式的首要理论价值就在于形象地展示了历史上的均势与霸权两种秩序间的内在联系。按照德约的阐述，均势逻辑只是适用于区域性（欧洲）大陆体系而不适用于全球性大洋体系，均势逻辑固有的这种情结也包含了一种充当其前提条件的含蓄假设，即历史上反复出现的欧洲国家对霸权国的制衡倾向，针对的是那种以庞大的陆上力量为基础的大陆霸权，而不是以贸易、金融和海军为基础的海洋霸权。② 均势逻辑潜在的这种以陆上力量为标准的霸权同"霸权稳定论""权力转移论"和"历史长周期理论"关注的霸权形成了鲜明对比，因为这些理论都是以贸易、金融和海军的主导性地位界定霸权的，这种形式的霸权与均势论关注的霸权根本不属于同一类型，正因为它们对体系中的霸权有着截然不

---

① 有关德约展示的现代历史上欧洲大陆的均势体系得以持续运行的两项前提对现实主义理论（尤其是均势论）的意义，参见 Jack S. Levy and William R. Thompson, "Balancing on Land and at Sea: Do States Ally against the Leading Global Power?", *International Security*, Vol. 35, No. 1, 2010, pp. 7-43; Jack S. Levy and William R. Thompson, "Hegemonic Threats and Great-Power Balancing in Europe, 1495-1999", *Security Studies*, Vol. 14, No. 1, 2005, pp. 1-33。

② 德约在他的著作中曾经多次对欧洲历史上均势运行的这种特征予以强调，参见 Ludwig Dehio, *The Precarious Balance: Four Centuries of the European Power Struggle*, New York: Random House/Vintage, 1962, p. 123。

同的界定，这两种理论实际上关注的根本就不是同一个体系。① 由于"体系"不过是理论家设计出的一种认识工具，因此完全可以想象，现代国际体系主要是由两种不同原则主导的"体系"构成的，即"均势原则"主导的区域性（欧洲）大陆体系和"霸权稳定"主导的全球性大洋体系。

与历史上均势与霸权两种秩序间的内在联系相对应，德约范式的另一价值是展示了这两种秩序间的互动不仅是常见的，而且是极富有规律性的。鉴于对霸权的不同界定，均势论和霸权论实际上可能全都是正确的，即区域性（欧洲）大陆体系只有在军事力量大致平衡的条件下才能够稳定，但全球性大洋体系只有在一个主导性（经济和海军）强国存在的条件下才会是最稳定的。正因为关注的不是同一个体系，均势论和霸权论两者间的对立很大程度上是研究者忽视了历史上的这两种体系（区域性大陆体系和全球性大洋体系）彼此间的互动造成的。② 按照德约的看法，体系最不稳定时期的主要特征，是全球权力的日益分化（尤其是即将到来的全球性的权力转移）与欧洲权力的日益集中结合在一起，现代历史上爆发的历次"霸权战争"基本上都符合这一模式，其中尤其是路易十四战争、法国大革命和拿破仑战争及20世纪的两次世界大战。这两种体系的互动都以霸权战争的形式体现出来，历史上欧洲均势的反复形成也得益于这两种体系间的互动，尤其是主导性海上强国对大陆局势的不断干预。③

---

① 关于均势论与霸权论对霸权的不同界定，参见 Jack S. Levy, "Interstate War and Peace", in Walter Carlsnaes, Thomas Risse and Beth A. Simmons, eds., *Handbook of International Relations*, London: SAGE Publications Ltd., 2012, pp. 581-606。
② 有关两种体系的划分及其意义，参见 Jack S. Levy, "Interstate War and Peace", in Walter Carlsnaes, Thomas Risse and Beth A. Simmons, eds., *Handbook of International Relations*, London: SAGE Publications Ltd., 2012, pp. 581-606。
③ 有关现代历史上曾经出现的大洋体系和大陆体系的划分及其对现代国际关系研究的重要意义，参见 William R. Thompson, *On Global War*, Columbia: The University of South Carolina Press, 1988. 另见 Charles Doran, "Economics, Philosophy of History, and the 'Single Dynamic' of Power Cycle Theory: Expectations, Competition, and Statecraft", *International Political Science Review*, Vol. 24, No. 1, 2003, pp. 13-49; William Thompson, "Dehio, Long Cycles, and the Geohistorical Context of Structural Transition", *World Politics*, Vol. 45, No. 1, 1992, pp. 127-152。

如果从德约的视角看，冷战后的世界中从来没有出现过一个针对美国的制衡联盟也许算不上一种反常现象，因为历史上的欧洲大国对霸权国的制衡倾向，都不是针对主导性海上强国，而恰恰是针对那些拥有庞大力量的大陆性强国。这种情况实际上并非意味着绝对不会出现一个针对主导性海洋强国或体系领导者的制衡联盟，而是意味着这种制衡的形成不是注定的，因为海洋霸权激起制衡的条件与大陆霸权激起制衡的条件是完全不一样的。① 按照德约的逻辑，由于能力和利益存在巨大差异，陆上霸权国是否构成威胁取决于其拥有多少力量，海上霸权国是否构成威胁则取决于其究竟做了什么。历史上曾经出现的一个针对英国的制衡联盟，就是在美国独立战争期间俄国主导创立的"武装中立同盟"，这一同盟不仅包括许多大陆国家也包括英国的海上盟友，而造成这一状况的主要原因，就在于英国对北美大陆的强制封锁严重危害了几乎所有其他大国的利益。② 而这点同样意味着，未来是否形成一个针对美国的制衡联盟，关键在于美国是否持续以一种足以威胁其他大国利益的方式来行动。

按照德约的逻辑，历史上的主导性海洋强国（英国）非但不受均势逻辑的约束，反而因为特殊的地位和能力，历来都在体系中担任着大陆均势体系平衡者的角色，而这也正是历史上主导性海洋强国（英国）在体系中的绝对优势之合法性的主要来源，其特具的权力优势之合法

---

① 有关现代历史上曾经出现的针对海洋霸权和大陆霸权的两种不同的制衡条件，参见 Jack S. Levy, "What Do Great Powers Balance Against and When?", in T. V. Paul, James J. Wirtz and Michel Fortmann, eds., *Balance of Power: Theory and Practice in the 21st Century*, Stanford, California: Stanford University Press, 2004, pp. 29-51; Jack S. Levy, "Balances and Balancing: Concepts, Propositions, and Research Design", in John A. Vasquez and Colin Elman, eds., *Realism and the Balancing of Power: A New Debate*, Englewood Cliffs, N.J.: Prentice Hall, 2003, pp. 128-153。

② 有关美国独立战争期间的武装中立同盟及其意义，参见 Donald Stoker, Kenneth J. Hagan, Michael T. McMaster, eds., *Strategy in the American War of Independence*, Abingdon: Routledge, 2010。

性，也使得很少出现针对它的制衡同盟。二战后，美国不仅取代英国成为主导性海洋强国，且继承了英国先前的自由国际体系领导者的角色，但略有不同的就是，二战后美国在世界政治中需要关注的核心地区，不仅有先前的欧洲大陆，还有在战后迅速成长和发展起来的东亚（东南亚和东北亚）。与体系中领导权的转移相对应，无论是二战后还是在冷战后，美国一直都是欧亚大陆上两个最重要的核心地区（欧洲和东亚）权力平衡（均势）的维护者，而这点同样也构成了美国在二战后和冷战后绝对优势之合法性的主要来源。正是从这个意义上说，衡量当今美国的地位是否衰落的关键，在于它是否还有足够的意愿和能力去维护当今欧亚大陆上两个核心地区（欧洲与东亚）的大国间均势，这不仅是美国作为体系领导者必须提供的主要公共安全物品，而且是美国绝对优势的合法性基础。①

与主导性海洋强国相对应，德约范式中展示的现代国际体系中的另一个核心角色，是位于欧洲国家体系东翼的大陆性强国。在现代世界历史上，这个重要角色曾经先后由奥斯曼土耳其（主要是反对哈布斯堡王朝）和奥地利（反对路易十四的法国）担任过。但自从18世纪初期"北方大战"结束后，这个角色就主要由俄国担当。与绝大多数现代理论家的认识正相反，德约范式中的俄国与历史上的主导性海洋国家在根本利益上往往有相当程度的一致性，而这点主要是因为俄国与历史上的英国一样都反对欧洲大陆为任何单一国家所独占。作为一个心脏地带大陆强国，俄国在德约范式中的战略地位与斯皮克曼强调的心脏地带强国战略上的两重性是完全一致的：一方面，作为现代历史上占据心脏地带草原的游牧民族的直接继承者，俄国所处的地理位置使它能够通过不断向外扩张的方式使欧亚大陆边缘地带国家面临其强大压力；另一方面，只要俄国不打算在欧亚大陆边缘地区建立某种霸权，那么它将是保卫和

---

① 有关历史上主导性海洋强国权力优势之合法性来源的详细阐述，参见 Zhengyu Wu, "Classical Geopolitics, Realism and the Balance of Power Theory", *Journal of Strategic Studies*, Vol. 41, No. 6, 2018, pp. 809–810。

平最有效的大陆根据地,这种战略上的两重性正是决定了俄国和苏联在现代历史上的角色。①

俄国和苏联在战略上特有的两重性意味着,只要其愿意放弃历史上不断出现的那种建立一个欧亚帝国的梦想,那么它与体系中主导性海洋国家(以前是英国,后来是美国)在根本战略利益上往往有相当程度的一致性,而这点同样为历史所证明。因为历史上19世纪的俄国和20世纪的苏联虽然与19世纪的英国和20世纪的美国这两个主导性海洋强国间摩擦不断,但与英、美彼此间从来没有发生过实质意义的直接冲突,反而在针对一个其他国家争夺欧洲霸权的重大战争中多次结为盟友。历史上的俄国和苏联与主导性海洋强国根本战略利益上的一致性,主要是建立在防止其他国家争夺欧洲霸权这一基础上的,冷战的结束及当今俄罗斯的羸弱很大程度上也正是恢复了俄罗斯作为一个心脏地带的大陆强国与主导性海洋国家(美国)在根本战略利益上的一致性。这种一致性的核心就是防止一个欧亚大陆边缘地带的强国对现存国际秩序的挑战,因为这种挑战不仅将会使美国面临巨大压力,同样也会使俄罗斯面临类似的压力,历史上法国和德国的失败不仅应归功于海洋国家的抵抗,同样也是拜俄国(和苏联)所赐,这也是任何一个大陆国家必须牢记的历史教训。

---

① 有关德约对俄国和苏联在欧洲国际体系中特殊地位的界定,参见 Ludwig Dehio, *The Precarious Balance: Four Centuries of the European Power Struggle*, New York: Random House/Vintage, 1962, p. 230。

第五章

陆海复合型国家的战略地位

"陆海复合型国家"一词,最早乃是由两位中国学者共同创造出来的,在现代地理政治术语中,与此对应的则是"边缘地带国家"(the Rimland State)的概念。作为一个地理政治术语,陆海复合型国家就是指那些濒临开放性的海洋且背靠较少自然障碍陆地的国家,欧洲位于大西洋沿岸地带的国家(尤其是法国和德国)及位于欧亚大陆另一端的中国全都是陆海复合型国家的典型代表。在现代世界历史上,陆海复合型国家在战略上普遍具有几个非常明显的特点:一是战略选择上的两难,历史证明一国无论多么强大,都很难长期成为陆海两栖性的强国,因为战略集中是任何国家生存和取胜的必要前提;二是双重的易受伤害性,这类国家面对着陆海两个方向,因而实际上往往必须面对来自陆海两方面的压力;三是服务于国家总体战略目标的资源分配非常容易分散化,出于安全和发展上的实际需要,这类国家通常都必须在陆海两个方向上保持某种平衡,从而使有限的资源容易分散使用。从历史发展的宏观角度看,陆海复合型国家战略上的这些特点都对这些国家的发展产生过重要影响。①

---

① 中国学者最早对有关"陆海复合型国家"战略属性的论述,参见邵永灵、时殷弘《近代欧洲陆海复合国家的命运与当代中国的选择》,《世界经济与政治》2000年第10期,第50页。对"边缘地带国家"战略属性的经典论述,参见 Nicholas J. Spykman, *The Geography of the Peace*, New York: Harcourt Brace and Co., 1944. 有关历史上的"边缘地带国家"之所以在争夺欧洲霸权过程中屡次遭受失败的机理的考察,参见 Ludwig Dehio, *The Precarious Balance: Four Centuries of the European Power Struggle*, New York: Random House/Vintage, 1962.

| 地理政治学、大战略与海洋转型

在现代世界历史上,边缘地带陆海复合型国家中不乏世界顶级强国的有力竞争者,但历史上的陆海复合型强国为此进行的争霸努力却无一例外都遭到失败,这其中最典型的例证,当数路易十四和拿破仑的法国及威廉二世和希特勒的德国。在导致它们失败的众多原因中,地理政治上的不利因素无疑是其中最为重要者之一。历史上位于欧洲大西洋沿岸的陆海复合型强国(历史上的法国和德国)的争霸努力之所以屡次遭到失败,其关键是由于欧洲大陆东西两翼的国家(主要是历史上的英国和俄国),能够不断地利用欧洲以外地区的资源干预欧陆局势,从而阻止了历史上多次出现的欧洲区域统一倾向。这里尤其值得注意的是,在现代历史上曾经出现的几轮霸权角逐中,陆海复合型强国的海外扩张及其为争夺海权进行的努力,通常是导致它们最终走向失败的重要诱因之一,这其中最为典型的例证就是路易十四的法国和威廉二世的德国。这两个陆海复合型强国历史上都曾经发展出足以与主导性海洋国家(英国)角逐大洋的海军,但地理政治上的先天缺陷导致了这两次努力最终都以失败而告终。①

与近现代历史上欧洲的陆海复合型强国(即法国和德国)一样,古典与当代的中国同样是一个典型的陆海复合型强国。这类国家不仅在总体发展方向上通常总是会面临着"向陆"还是"向洋"的两难处境,且同时由于必须面对陆海两方面的压力,而具有双重的易受伤害性。自1840年鸦片战争以来,近代史上的中国长期积贫积弱,很大程度上是同时受到大陆和海洋两方面压力导致的结果。近代以来的中国只有在两

---

① 有关历史上陆海复合型国家的海洋转型及此类历史经验提供的战略教训,参见 Andrew S. Erickson, Lyle J. Goldstein, Carnes Lord, eds., *China Goes to Sea: Maritime Transformation in Comparative Historical Perspective*, Annapolis, MD: Naval Institute Press, 2009. 有关法国在路易十四时期和德国在威廉二世时期的海洋转型,参见 Alfred Thayer Mahan, *The Influence of Sea Power upon History*, 1660 – 1783, Boston: Little, Brown, 1890; Jonathan Steinberg, *Yesterday's Deterrent: Tirpitz and the Birth of the German Battle Fleet*, New York: the Macmillan Company, 1965。

个时期得以暂时回避了这种战略上的两难局面，一是20世纪50年代中苏同盟时期，二是20世纪90年代苏联解体至今，这也是当今中国之所以能够集中精力向海洋谋求发展的前提。与历史上的法国和德国相似，冷战后中国的崛起进程也同样伴随着规模巨大的海洋转型，这种转型的内在动力之一，是中国正在进行的史无前例的外向型经济发展。基于现代世界历史提供的经验教训，当代中国在进行海洋转型时必须考虑的首要问题，是如何才能够避免重蹈现代历史上欧洲陆海复合型强国（即法国和德国）海洋转型失败的覆辙，从而真正实现具有最高层次创新意义的和平发展。

一 从"心脏地带"到"边缘地带"

在现代地理政治思想史上，"心脏地带"和"边缘地带"是其中最重要的两个概念，这两种理论的创立者分别是英国地理学家哈尔福德·麦金德和美籍荷兰裔国际政治学家尼古拉斯·斯皮克曼。麦金德"心脏地带理论"的核心是他表述的以下看法：他相信，地球上的"陆地与海洋的组合及富源与天然通道的组合，事实上有助于各帝国的成长，且最终也是有助于单一的世界帝国的成长"；他认为，这个世界上最具有权力潜质的场所就是在欧亚大陆，而对于欧亚大陆中心地带的一片广袤的内陆区域（即"枢纽地带"或"心脏地带"）的控制，则又是控制整个欧亚大陆的关键。[①] 从严格意义上说，斯皮克曼提出的"边缘地带理论"很大程度上是对麦金德之"心脏地带理论"进行的某种程度的修正。斯皮克曼认为，心脏地带历史上并没有那么重要，即心脏地带作为权力中心的重要性并非由历史或地理造成的，而是由边缘地区在某些历史时期中的羸弱造成的。斯皮克曼指出，世界上最具有权力潜质的场所是欧亚大陆的"边缘地带"，这不仅是因为这个世界上绝大部分的人

[①] 有关麦金德阐述的"心脏地带理论"的基本点，参见 Halford J. Mackinder, *Democratic Ideals and Reality: A Study in the Politics of Reconstruction*, New York: W. W. Norton, 1962, pp. 1-5。

口和资源都集中在这里,同时更是因为"边缘地带"历来是国际政治中国家间权势竞争的一个主要发源地。①

麦金德对"心脏地带"的最早论述出于 1904 年他在英国皇家地理学会宣读的《历史的地理枢纽》一文。这篇文章依据自然地理特征将世界分为三个区域:一是欧亚大陆中心由草原和沙漠为主的区域;二是大陆边缘的"内新月形地带";三是近海岛屿、南北美洲、澳大利亚构成的"外新月形地带"。② 麦金德指出,欧亚大陆中心那片以草原和沙漠为主的区域实际是一个巨大的天然要塞,这里三面山系环绕,河流都流入内陆湖或北冰洋,海上人根本无法到达这里;这个地区历史上一直由游牧民族控制,这里的自然条件及马匹和骆驼的机动性使他们能够不断汇集起强大力量,从而对边缘地区造成严重威胁。③ 麦金德认为,根据历史上游牧民族对边缘地区的压力程度,可以将历史分为三个时期:前哥伦布时代的特征是欧洲被围困在狭窄区域内,且不断地受到内陆游牧民族的威胁;16 世纪航海大发现使世界进入了哥伦布时代,新航路的开辟使欧洲人得以从海上迂回到游牧民族的后方,从而抵消了中心地带的战略优势;进入 20 世纪,即后哥伦布时代,新技术的出现使中心与边缘的力量对比可能再次发生根本性变化。④

---

① "边缘地带理论"乃是在"心脏地带理论"基础上发展起来的,有关斯皮克曼理论的核心,参见 Nicholas J. Spykman, *The Geography of the Peace*, New York: Harcourt Brace and Co., 1944, pp. 35-45。

② Barry Buzan and Richard Little, *International Systems in World History*, Oxford: Oxford University Press, 2000, p. 57. 另见 Colin S. Gray, "In Defense of the Heartland", *Comparative Strategy*, Vol. 23, No. 1, 2004, pp. 9-25; Geoffrey Sloan, "Sir Halford J. Mackinder: The Heartland Theory Then and Now", *Journal of Strategic Studies*, Vol. 22, No. 2, 1999, pp. 15-38; Arthur B. Dugan, "Mackinder and His Critics Reconsidered", *The Journal of Politics*, Vol. 24, No. 2, 1962, pp. 241-257。

③ Halford J. Mackinder, "The Geographical Pivot of History", *The Geographical Journal*, Vol. 23, No. 4, 1904, p. 427, p. 430。

④ Halford J. Mackinder, "The Geographical Pivot of History", *The Geographical Journal*, Vol. 23, No. 4, 1904, p. 432, p. 434。

第五章　陆海复合型国家的战略地位

1904年，麦金德力图传达的是对后哥伦布时代中海上人的优势可能丧失的恐惧，这种恐惧的根源当时是俄国，但他认为威胁也可以来自其他追求"枢纽政策"的国家，这种关切也是他后来关注的重点。1919年，麦金德出版了《民主的理想与现实》一书，虽然海权和陆权的竞争仍然是压倒性主题，但术语表达上发生了很大变化，欧亚非大陆被称为"世界岛"，"枢纽地带"则成为"心脏地带"。① 同先前阐述的"枢纽地带"相比，麦金德界定的"心脏地带"发生了两处重大的改变：一是它向南扩大到中亚细亚山地，因为这里的水系虽然流向海洋，但仍然是海上人难以到达的地区；二是它向西扩大到黑海和波罗的海的水域，因为在陆上人强大的时候，这两片水域实际上是两片内陆海，海上人的势力根本无法进入。② 这就意味着从易北河到亚得里亚海之间的东欧地区同样是"心脏地带"的一个组成部分。把东欧地区结合进来也正是1904—1919年这段时期内麦金德思想上出现的一个非常重要的变化，而造成麦金德思想变化的主要原因，就在于当时的德国已经取代了俄国而成为海上的主要威胁。

正因为当时的德国已经成为中东欧地区唯一具有高度的工业化和组织性的国家，连同它强大的军事力量及向东扩张的历史，因而麦金德将东欧看成控制"心脏地带"的关键。这一看法被他缩略为一个三段式警句，即"谁统治了东欧便控制了心脏地带；谁统治了心脏地带便控制了世界岛；谁统治了世界岛便控制了世界"。③ 值得注意的是，麦金德阐述的基本原理与他认为的国际权势竞争发展趋势是分开的：他虽然曾

---

① 有关麦金德1919年的著作与1904年论文相比的变化，参见 Brian W. Blouet, "Sir Halford Mackinder as British High Commissioner to South Russia", *The Geographical Journal*, Vol. 142, No. 2, 1976, pp. 228-236。
② 有关麦金德在1919年著作中曾经对"心脏地带"地理范围上的修正，参见 Halford J. Mackinder, *Democratic Ideals and Reality: A Study in the Politics of Reconstruction*, New York: W. W. Norton, 1962, pp. 53-82。
③ 麦金德这段三段式警句是他思想中最为人熟知的部分，参见 Halford J. Mackinder, *Democratic Ideals and Reality: A Study in the Politics of Reconstruction*, New York: W. W. Norton, 1962, p. 106。

经将俄国看成"心脏地带"的主要居住者,但也意识到俄国将会被其他国家取代的可能性,但这点并不能改变他的理论,因为无论哪一个国家控制了"心脏地带",地理因素的作用都将会使它的行为同俄国相差无几。① 麦金德同样也承认欧亚大陆边缘地区的重要性,即这一地区历来是海权与陆权争夺的焦点。麦金德的看法虽然与他界定的海权与陆权的对抗一致,但问题在于麦金德界定的这种对抗仅仅只是代表了一种在特定时期中的国际权势冲突模式。在现代战略思想史上,对麦金德理论的这一缺憾做出实质性修正的,是著名美籍荷兰裔国际政治学家尼古拉斯·斯皮克曼。②

与麦金德相反,斯皮克曼认为世界上最具有权力潜质的场所是欧亚大陆的边缘地区(即他命名的边缘地带),这不仅是因为世界上绝大多数的人口和资源都集中在这里,而且因为"东半球的权力冲突向来与心脏地带和边缘地区的关系有关,与边缘地区的权力分布有关,与海上势力对大陆沿岸的压迫所起到的影响有关,最后,与西半球参与这种压迫的程度有关"。③ 值得注意的是,在斯皮克曼界定的所有这些权力互动形式中,边缘地带实际上都处于一种核心地位,即边缘地带并不是一个在海权与陆权间完全处于被动地位的区域,同样也是一个权势争斗的发源地,由于世界上大部分的人口和资源集中在这里,所以那些位于边缘

---

① 有关这个问题的详细阐述,参见 Geoffrey Sloan, "Sir Halford J. Mackinder: The Heartland Theory Then and Now", *Journal of Strategic Studies*, Vol. 22, No. 2, 1999, pp. 15-38; Brian W. Blouet, "Sir Halford Mackinder as British High Commissioner to South Russia", *The Geographical Journal*, Vol. 142, No. 2, 1976, pp. 228-236。

② 有关斯皮克曼对麦金德理论的修正及其意义,参见 Colin S. Gray, "Nicholas John Spykman, the Balance of Power, and International Order", *Journal of Strategic Studies*, Vol. 38, No. 6, 2015, pp. 873-897; Michael P. Gerace, "Between Mackinder and Spykman: Geopolitics, Containment, and after", *Comparative Strategy*, Vol. 10, No. 4, 1991, pp. 347-364。另见 Geoffrey Sloan, *Geopolitics in United States Strategic Policy 1890-1987*, Brighton: Wheatsheaf Books, 1988。

③ Nicholas J. Spykman, *The Geography of the Peace*, New York: Harcourt Brace and Co., 1944, p. 52.

第五章　陆海复合型国家的战略地位

地带的国家时常同来自陆海两个方向的势力发生对抗。① 正是因为如此，在拿破仑战争和两次世界大战期间，英国、俄国及苏联"全都是站在一起反抗拿破仑、威廉二世和希特勒领导的边缘地带国家的"；麦金德虽然也注意到了这三场战争，但认为前者仅仅是东西欧间的较量，后两者则是德国为控制心脏地带而做出的努力，但所有三场战争在斯皮克曼理论中的性质是完全相同的。②

对斯皮克曼来说，"边缘地带"的战略属性实际上是双重的，有时是在海洋强国和心脏地带强国间分裂的，有时海洋强国和心脏地带强国则联手对抗边缘地带某个强国，"边缘地带"的战略重要性也正是集中在这一基本的二元论上。尽管斯皮克曼并不否认海权与陆权对抗的存在，但认为这并非压倒性主题，即历史上从没有发生过单纯的海权与陆权的对抗，"历史上的阵营总是某些边缘地区国家和大不列颠一起去对抗另一些边缘地区国家和俄国，或不列颠同俄国一起对抗一个边缘地区强国"。③ 与麦金德揭示的单一海陆对抗模式不同，斯皮克曼揭示的历史上曾经反复出现的权势对抗模式实际上有两种：一是海陆对抗，即海洋国家及边缘地区盟友与心脏地带国家及边缘地区盟友间的对抗；二是海洋国家与心脏地带国家联手与一个边缘地区强国的对抗。这其中究竟哪一种模式占上风则取决于某一时期边缘地区内部的权力分布状况，即

---

① Donald W. Meinig, "Heartland and Rimland in Eurasian History", *Western Political Quarterly*, Vol. 9, No. 3, 1956, p. 556.

② 有关斯皮克曼和麦金德对这三场战争之本质的认识及其关键区别，参见 Nicholas J. Spykman, *The Geography of the Peace*, New York: Harcourt Brace and Co., 1944, pp. 42-44; Halford J. Mackinder, *Democratic Ideals and Reality: A Study in the Politics of Reconstruction*, New York: W. W. Norton, 1962, pp. 83-104。另见 Michael P. Gerace, "Between Mackinder and Spykman: Geopolitics, Containment, and after", *Comparative Strategy*, Vol. 10, No. 4, 1991, pp. 347-364。

③ Nicholas J. Spykman, *The Geography of the Peace*, New York: Harcourt Brace and Co., 1944, p. 42. 有关斯皮克曼理论与麦金德理论两者间存在的这种实质性区别，参见 Michael P. Gerace, "Between Mackinder and Spykman: Geopolitics, Containment, and after", *Comparative Strategy*, Vol. 10, No. 4, 1991, pp. 347-364。

某一特定的时期边缘地区内部是否存在一个压倒性优势的强国,这种强国的存在不仅将会对处于外围的海洋国家而且将会对心脏地带国家,造成前所未有的压力。①

与麦金德揭示的单一的对抗模式相比,斯皮克曼揭示的这两种模式,从历史角度看更具普遍性:对麦金德来说,两次世界大战中的德国与战后的苏联是完全相同的国家,即三次对抗都反映了心脏地带的大陆强国试图称霸欧亚大陆的努力,正是这点使它们与主导性海洋国家发生了冲突;对斯皮克曼而言,两次世界大战与冷战实际上代表的乃是两种不同的权力对抗模式,即两次世界大战体现的乃是主导性海洋国家与心脏地带强国联手与一个边缘地带强国间的对抗,而冷战根本上反映的则是海洋国家及边缘地带盟友与心脏地带国家及边缘地带盟友间的对抗。斯皮克曼对麦金德理论的修正有两个极重要的意义:首先,斯皮克曼的理论决定性地提高了"边缘地带"的地位,即"边缘地带"并非一个在海权和陆权间完全处于被动地位的区域,而恰是现代世界政治中权势竞争的首要发源地;其次,斯皮克曼的理论同时也改变了麦金德对心脏地带强国的单一认知,即心脏地带强国虽然在某些历史时期是主导性海洋国家的主要竞争对手,但同时也是在历史上反对边缘地带强国斗争中的最主要盟友。②

二 现代历史上欧洲陆海复合型强国的命运

自二战结束以来,与麦金德理论相比,斯皮克曼理论的重要性长期

---

① 有关斯皮克曼思想中的二元对抗模式,参见 Colin S. Gray, "Nicholas John Spykman, the Balance of Power, and International Order", *Journal of Strategic Studies*, Vol. 38, No. 6, 2015, pp. 873 - 897; Michael P. Gerace, "Between Mackinder and Spykman: Geopolitics, Containment, and after", *Comparative Strategy*, Vol. 10, No. 4, 1991, pp. 347 - 364。

② 对斯皮克曼理论与麦金德理论间的区别,参见 Michael P. Gerace, "Between Mackinder and Spykman: Geopolitics, Containment, and after", *Comparative Strategy*, Vol. 10, No. 4, 1991, pp. 347 - 364; Brian W. Blouet, "Sir Halford Mackinder as British High Commissioner to South Russia", *The Geographical Journal*, Vol. 142, No. 2, 1976, pp. 228 - 236。

第五章　陆海复合型国家的战略地位

以来都没有得到应有的重视，二战后海洋国家（美国）与心脏地带强国（苏联）相对于边缘地带的优势很大程度上掩盖了边缘地带的真正重要性，而由此导致的结果是人们普遍都以麦金德的视角来看待斯皮克曼的理论，而这点很大程度上抹杀了边缘地带在现代世界政治中的核心地位。事实上，自16世纪初期现代国际体系诞生以来，边缘地带很大程度上一直是世界政治的中心，这里不仅是曾经开启了现代世界历史进程的航海大发现的起源地，而且现代历史上两个最重要的挑战者，即路易十四和拿破仑的法国与威廉二世和希特勒的德国，全都是位于边缘地带的陆海复合型强国。而有关这两个国家之历史命运的考察无疑也将有助于我们对陆海复合型强国战略地位的认识。从严格意义上说，有关历史上位于欧洲大西洋沿岸陆海复合型强国的战略地位及历史命运的探究，很大程度上也正是现代地理政治学的核心关注点之一，这种核心关注同时也深刻地体现在路德维希·德约有关现代国际体系运行模式的宏观历史考察中。①

在现代世界历史上，边缘地带强国中不乏世界顶级强国的有力竞争者，而近代欧洲陆海复合型强国（即路易十四和拿破仑的法国与威廉二世和希特勒的德国）的争霸努力之所以屡次遭受失败，根本上归因于贯穿几个世纪以来欧洲国际关系的大均势机理。这种机理得以保存且持续运作的关键，是每当一个潜在强国有可能以武力统一欧洲时，欧洲大陆的东西两翼必然会出现制衡它的力量，这些力量通过将欧洲以外的资源引入争夺欧洲霸权斗争的方式阻止了霸权觊觎国的胜利，从而使欧洲均

---

① 斯皮克曼的"边缘地带理论"乃是在麦金德的"心脏地带理论"的基础上得以形成的，这两种理论很大程度上也往往是联系在一起的。斯皮克曼对"边缘地带理论"的集中阐述，是他1944年出版的《和平的地理学》一书，而他在此前出版的《美国在世界政治中的战略》一书则主要阐述"边缘地带"与美国安全的关系，参见 Nicholas J. Spykman, *The Geography of the Peace*, New York: Harcourt Brace and Co., 1944; Nicholas J. Spykman, *America's Strategy in World Politics*, New York: Harcourt, Brace and Co., 1942. 有关对近代欧洲陆海复合型强国（法国和德国）历史命运的详细考察，最好的著作是路德维希·德约的《脆弱的平衡：四个世纪以来的欧洲权势斗争》一书，参见 Ludwig Dehio, *The Precarious Balance: Four Centuries of the European Power Struggle*, New York: Random House/Vintage, 1962.

势不断地得到恢复。一般来讲，在现代世界历史上，体系中绝大多数主要行为者都是欧洲国家，且同时欧洲区域体系主导了世界其他地区，因此大多数现代理论家往往将那种在欧洲国家体系历史经验基础上形成的均势逻辑看作一种普遍适用的真理。但事实上，现代历史上的欧洲均势体系是特定的地理政治环境的产物，这种环境的最首要特征是位于欧洲大陆东西两翼的强国，首先是西方海洋强国，其次是东方大陆强国，不断以欧洲以外的资源来干预欧陆局势，从而阻止了历史上多次出现的欧洲统一倾向。①

很显然，任何为反对共同的霸权威胁而形成的制衡同盟确有其内在的逻辑，但现代历史上反复遭到毁坏却又反复得到修复的欧洲均势并不归功于这种逻辑，而是归功于位于欧洲西翼的主导性海洋强国（主要是英国）和位于欧洲东翼的在人力和资源上都占有绝对优势的大陆强国（最早是土耳其和奥地利，但主要还是俄国和苏联）。从表面上看，作为以贸易和金融为主业的国家，主导性海洋强国历来关注欧洲以外地区的商业与市场的扩张，而现代历史上出现的挑战者国家则历来关注在欧洲大陆上的领土争夺。由于活动在不同的战略区域内，这两类国家间似乎不大可能因为利益冲突而产生碰撞。但与此相反，历史上的主导性海洋强国与欧陆霸权觊觎国的碰撞不仅带有明显规律性，且主导性海洋强国在反抗历史上欧陆霸权觊觎国的过程中总是扮演了关键角色，而导致这种情况的根源则主要在于，一旦某个大陆强国取得了欧陆霸权必然将威胁到主导性海洋国家的根本利益。因为欧陆霸权将会使一个大陆强国

---

① 参见 Jack S. Levy, "What Do Great Powers Balance Against and When?", in T. V. Paul, James J. Wirtz and Michel Fortmann, eds., *Balance of Power: Theory and Practice in the 21st Century*, Stanford, California: Stanford University Press, 2004, pp. 29 – 51; Jack S. Levy, "Balances and Balancing: Concepts, Propositions, and Research Design", in John A. Vasquez and Colin Elman, eds., *Realism and the Balancing of Power: A New Debate*, Englewood Cliffs, N. J.: Prentice Hall, 2003, pp. 128-153.

第五章 陆海复合型国家的战略地位

获得足够的资源，从而有能力动摇主导性海洋国家在经济和海军上的领先优势地位。①

首先，一旦某个大陆强国取得了欧洲大陆的霸权，那么同时也将处于一种在洲际远程贸易领域（尤其是海洋能力）上取得霸权的绝佳位置，因为追求欧洲大陆霸权必然使霸权觊觎国寻求对那些相邻的经济繁荣源泉的控制，而这点在现代历史上通常就意味着寻求对意大利北部或低地国家的控制，这种控制不仅能够带来霸权觊觎国相对财富的快速增长，而且有望能够使霸权觊觎国在海洋能力上获得急剧提升。② 其次，一旦某个大陆强国取得了欧洲大陆的霸权，那么将会有能力使欧洲大陆的市场对主导性海洋强国完全封闭。历史上霸权觊觎国（路易十四和拿破仑的法国及威廉二世和希特勒的德国）追求欧洲区域霸权的主要动机之一，就是建立一个完全自给自足的大陆经济区，而它们在不同时期中用以来对抗主导性海洋强国的重要手段，则是不同形式的大陆封锁体系。③ 在现代世界历史上，主导性海洋强国的优势历来都有两个支柱，即大陆强国间的均势及经济与海军上的领先优势，这两者是密切联系的，因为任何维持大陆均势的实践都将有利于保持主导性海洋强国在经济和海军上的相对安全。

正因为保持大陆强国间的均势关系到切身利益，因此历史上的主导

---

① Michael Sheehan, *The Balance of Power: History and Practice*, London: Routledge, 1996, p. 127. 对历史上的这两类强国间产生碰撞之规律性的最好阐述，参见 Ludwig Dehio, *The Precarious Balance: Four Centuries of the European Power Struggle*, New York: Random House/Vintage, 1962。此外还可以参考乔治·莫德尔斯基创立的世界"历史长周期理论"，参见 George Modelski, *Long Cycles in World Politics*, Seattle, University of Washington Press, 1987。
② 有关历史上的欧洲霸权觊觎国向意大利北部和低地国家的扩张，参见 Ludwig Dehio, *The Precarious Balance: Four Centuries of the European Power Struggle*, New York: Random House/Vintage, 1962, p. 58, p. 75。
③ 有关历史上的欧洲霸权觊觎国对英国采取的大陆经济封锁政策，参见 Ludwig Dehio, *The Precarious Balance: Four Centuries of the European Power Struggle*, New York: Random House/Vintage, 1962, p. 166, p. 263。

性海洋强国及其继承者都有着强烈的动机去阻止任何单一强国取得欧洲大陆的霸权,而造成历史上边缘地带强国(即路易十四和拿破仑的法国及威廉二世和希特勒的德国)争夺欧陆霸权屡次失败的关键原因之一,也正是主导性海洋强国对欧陆局势的不断干预。① 由于主导性海洋强国的核心利益并不是大陆上的领土扩张,而是要保持大陆强国间均势以防止大陆核心区域被任何单一强国独占,因此历史上主导性海洋强国与欧洲大陆强国(尤其是那些与霸权觊觎国相邻的国家)在维护欧洲大陆现状问题上存在着平行利益,而这点也使得历史上的主导性海洋强国总能够形成一个针对霸权觊觎国的强大同盟。② 由于历史上的欧洲大陆国家对欧洲区域均势的敏感度远高于对全球均势的敏感度,因此现代历史上的欧洲陆海复合型强国的称霸努力,总是会遭到某个历史时期的主导性海洋强国与其他大陆强国的双重夹击,而造成这种局面的关键就在于欧陆霸权觊觎国的争霸努力成功的前提首先是摧毁欧洲区域均势体系。

在现代世界历史上,除主导性海洋强国的积极干预外,近代欧洲陆海复合型强国的争霸努力屡次遭受失败,很大程度上也要归因于位于欧洲东翼的大陆强国。历史上的主导性海洋强国出于在体制和能力上的原因,一般都无法单独战胜欧洲大陆的霸权觊觎国,而做到这点很大程度上也是仰仗于位于欧洲霸权觊觎国东翼的大陆强国。自1494年到1945年(即现代国际体系的欧洲主导时期),位于欧洲大陆霸权觊觎国东翼的大陆强国的角色先后由不同的国家来担当,首先是奥斯曼土耳其(反抗哈布斯堡王朝的查理五世和腓力二世的称霸),接着是奥地利帝国

---

① 有关主导性海洋国家(英国)对欧洲均势之重要性的简要阐述,参见 Jack S. Levy, "Interstate War and Peace", in Walter Carlsnaes, Thomas Risse and Beth A. Simmons, eds., *Handbook of International Relations*, London: SAGE Publications Ltd., 2012, pp. 581-606。有关欧洲大陆均势对主导性海洋国家(英国)之重要性的最好阐述,参见 Halford J. Mackinder, *Democratic Ideals and Reality: A Study in the Politics of Reconstruction*, New York: W. W. Norton, 1962。

② 对现代历史上的主导性海洋国家在构建大同盟方面享有的天然优势,参见 Mark R. Brawley, *Liberal Leadership: Great Powers and Their Challengers in Peace and War*, Ithaca, New York: Cornell University Press, 1994。

第五章 陆海复合型国家的战略地位

(反抗路易十四主导的法国称霸),最后是俄国和苏联(反抗拿破仑的法国及威廉二世与希特勒的德国称霸)。自18世纪初"北方大战"(1700—1721年)结束以后,俄国正式成为欧洲国家体系的一个主要成员,此后位于欧洲霸权觊觎国东翼的大陆强国的角色主要都是由俄国(和苏联)来担当,这也是为什么历史上的俄国(和苏联)往往同英国一样,会成为欧洲国家体系的主要守护者之一,而这点也正是斯皮克曼对麦金德的理论作出的最重要修正之一。①

作为现代历史上持续时间最长的主导性海洋强国,英国对维持欧洲国家体系的持续运行而作出的突出贡献受到后世的持续关注。这种关注在现代历史上的集中体现,就是阿尔弗雷德·马汉享誉世界的《海权对历史的影响》系列著作。马汉有关海权对历史进程之重大影响的一系列核心命题,都是从对特定历史环境考察中得出的结论,这一结论的经验基础是英国领导的历次重大反霸斗争的胜利,但即使是基于马汉考察的特定历史环境,其"海权至上论"仍然有失偏颇。历史上英国主导的"大洋机理"之所以能够遏制并击败旨在取得欧洲霸权的"大陆机理",其关键是由于英国对大陆的干预不仅激发了其他国家的反抗,而且导致了霸权觊觎国同位于欧洲东翼的大陆强国(俄国和苏联)的冲突。而造成这种冲突的核心机理在于,由于无法在海上冲突中取胜,追求欧洲霸权的国家接下来总是以相反方向的进攻作为补偿,而俄国和苏联不可能会容忍任何欧洲国家取得区域霸权,这种霸权将危及俄国和苏联在东欧的利益及自身的安全,历史上历次重大反霸斗争的胜利都归因于海权和陆权为此进行的共同努力。

---

① 有关欧洲东翼大陆强国的角色,参见 Ludwig Dehio, *The Precarious Balance: Four Centuries of the European Power Struggle*, New York: Random House/Vintage, 1962。另见 Paul W. Schroeder, "Did the Vienna Settlement Rest on a Balance of Power?", *American Historical Review*, Vol. 97, No. 3, 1992, pp. 683 – 706; Paul W. Schroeder, "The Nineteenth Century System: Balance of Power or Political Equilibrium?", *Review of International Studies*, Vol. 15, No. 2, 1989, pp. 135–153。

三 "边缘地带"对美国的战略意义

自 1492 年至 1945 年,位于欧洲大西洋沿岸的陆海复合型强国实际上一直处在与陆海两大势力的不断较量中。在陆上,它们不断地介入欧洲大陆的权势竞争和争霸努力,在海上,它们同样发展出盛极一时的庞大海军和殖民帝国。而这些经久不息的权势交锋正是构成了近五百年来国际关系的主要线索。历史上欧洲大西洋沿岸的陆海复合型强国的崛起及由此导致的争霸的努力,之所以会反复遭到主导性海洋强国和位于欧洲东翼的大陆强国的夹击,很大程度上是由于陆海复合型强国在世界政治中的特殊地位,而这点很大程度上正是斯皮克曼"边缘地带理论"的核心。从严格意义上说,斯皮克曼"边缘地带理论"对麦金德"心脏地带理论"的修正有两个重要的意义:一是这种修正深刻展示了俄国和苏联作为一个心脏地带大陆强国在战略取向上特有的两重性,而这点意味着俄国和苏联在特定的历史阶段上也可以成为主导性海洋强国的大陆盟友;二是这种修正充分地展示了欧亚大陆边缘地带对美国在二战结束后的世界中的意义,即美国在世界政治中的安全利益总是与欧亚大陆核心地区的均势相联系。[1]

除历史上曾经交替出现的两种基本的权势对抗及变动模式外,斯皮克曼在其著作中增加了一个新的地理政治范畴,即新世界与旧世界的对抗,这种对抗的重要性就在于,新世界(美国所处的西半球)乃是被旧世界(即欧亚大陆)从太平洋、北冰洋、大西洋三个方向上加以包围的,与麦金德著作不同的是,斯皮克曼著作始终关注的重点之一,并

---

[1] 对斯皮克曼的理论及贡献的讨论,参见 Colin S. Gray, "Nicholas John Spykman, the Balance of Power, and International Order", *Journal of Strategic Studies*, Vol. 38, No. 6, 2015, pp. 873-897; Michael P. Gerace, "Between Mackinder and Spykman: Geopolitics, Containment, and after", *Comparative Strategy*, Vol. 10, No. 4, 1991, pp. 347-364. 有关边缘地带强国的战略地位及历史命运也可以参考路德维希·德约的那本著作,参见 Ludwig Dehio, *The Precarious Balance: Four Centuries of the European Power Struggle*, New York: Random House/Vintage, 1962.

第五章 陆海复合型国家的战略地位

不是抽象的海权与陆权的对抗,而恰是新世界与旧世界两者间不断变动的力量平衡。① 对斯皮克曼来说,尽管在历史上一直都存在着两种基本的权势对抗模式:一是海洋国家及其边缘地区的盟友与心脏地带国家及其边缘地区的盟友间进行的对抗,二是海洋国家与心脏地带国家联合在一起与边缘地区某个强国间进行的对抗,但正是边缘地带内部的权力分布状况决定了究竟哪种模式将占据上风(即当边缘地带羸弱时,前者将占据上风;当边缘地带强盛时,后者占上风)。② 对斯皮克曼来说,二战后的美国与欧亚大陆的关系与历史上的英国与欧洲大陆的关系,从地理政治的角度看,是完全可以来进行类比的,而这点同样也正是指明了美国在世界政治中的战略利益。

斯皮克曼在他的理论中始终关注的重点之一,是新世界与旧世界两者间不断变动的力量平衡,而他对美国战略利益的讨论主要集中在美国可能会面临的战略包围问题上。后人一般都认为斯皮克曼的结论是心脏地带国家具有最终控制边缘地带国家的能力,而由此导致的结果就是对美国在战略上的包围。但这种结论实际上可能是完全错误的,因为斯皮克曼认为对美国的战略包围恰恰是来自边缘地带而不是心脏地带。③ 他认为,历史上美国的安全总是与欧洲和亚洲的均势相伴的,历史上美国受到战略包围的可能性仅仅只出现过四次,其中最后一次是出现在第二次世界大战期间,因为德日同盟的出现向世界呈现了两个"控制着巨大战争潜力的巨型帝国",这些帝国的存在有可能颠覆"大洋对岸(欧亚

---

① Nicholas Spykman, *America's Strategy in World Politics*, New York: Harcourt, Brace and Co., 1942, p. 447.
② Nicholas Spykman, *America's Strategy in World Politics*, New York: Harcourt, Brace and Co., 1942, p. 476.
③ 有关对斯皮克曼关注重点的讨论,参见 Michael P. Gerace, "Between Mackinder and Spykman: Geopolitics, Containment, and after", *Comparative Strategy*, Vol. 10, No. 4, 1991, pp. 347-364。另见 Colin S. Gray, "Nicholas John Spykman, the Balance of Power, and International Order", *Journal of Strategic Studies*, Vol. 38, No. 6, 2015, pp. 873-897; Robert Art, "The United States, the Balance of Power, and World War Ⅱ: Was Spykman Right?", *Security Studies*, Vol. 14, No. 3, 2005, pp. 365-406。

大陆）的均势"。① 他强调，尽管美国自身非常强大，但如果面对一个统一的边缘地带，那么仍然可能发现自己不可避免地受到一个超级势力的包围。斯皮克曼表达的这个看法意味着，除非在某些特定的历史条件下，恰恰是边缘地带国家而不是心脏地带国家才能对美国实行战略上的包围。②

尽管边缘地带超级强国的出现将会使美国在战略上面临被包围的危险，但斯皮克曼同时也指出，这些超级强国的出现同样也能够包围苏联，因此二战中德日同盟一旦成功同样也将会把苏联的势力范围推回乌拉尔山和贝加尔湖以东地区。"这一结果将最终消除所有来自欧亚大陆心脏地带的那些对欧洲和远东的陆上强国的威胁。到那时德国和日本将能够毫无顾忌地放手去对付剩下的敌人，并且最终将有能力突破欧洲和亚洲的地中海进入印度洋，从而开始它们对西半球最终展开的钳形攻势。"③ 斯皮克曼表达的这个看法同样也意味着，那些能够以战略包围来威胁到美国的条件，同样也将是能够以战略包围来威胁到苏联，而这点正是决定了俄国和苏联作为心脏地带的大陆强国战略上特有的两重性：一方面，作为历史上草原游牧民族的继承者，俄国和苏联特有的地理位置使它能够通过不断向外扩张从而使边缘地带国家面临巨大压力；另一方面，只要俄国和苏联不打算在边缘地区建立某种霸权，那么它就是保卫和平最有效的大陆根据地。④ 而这点意味着，俄国和苏联与主导性海洋强国在特定历史阶段上的战略利益应该是一致的。

---

① Nicholas J. Spykman, *The Geography of the Peace*, New York: Harcourt Brace and Co., 1944, p. 35.
② Nicholas J. Spykman, *The Geography of the Peace*, New York: Harcourt Brace and Co., 1944, p. 36.
③ Nicholas Spykman, *America's Strategy in World Politics*, New York: Harcourt, Brace and Co., 1942, p. 183.
④ Nicholas J. Spykman, *The Geography of the Peace*, New York: Harcourt Brace and Co., 1944, p. 38.

第五章 陆海复合型国家的战略地位

同后来许多学者对他的理论的认识相反，斯皮克曼虽然强调边缘地带的重要性，但并没有将边缘地带所有地区看作同等重要的。斯皮克曼认为，当欧洲是世界中心时，其均势直接影响到世界其他地区，但美国和日本分别在19世纪和20世纪作为独立的权力中心的兴起使世界各地区的相对重要性发生了重大变化，这种变化不仅使这个世界在政治上变得更加相互依赖，而且向人们明确指出了边缘地带权力中心的所在位置。斯皮克曼指出，世界上潜在的权力中心主要包括北美大西洋沿岸地区、欧洲沿海地区和远东沿海地区，另外还有一个较小的权力中心在印度，而它在未来可能将经历大幅度的权力增长。由于欧洲和远东是边缘地带的两个最重要的权势中心，因此这两个地区的权力集中或权力分化（也就是这两个地区中是否会存在着一个占据压倒性优势的国家）将会对美国在世界政治中的安全利益产生重大影响。斯皮克曼对边缘地带之核心地区的认识，不仅与二战后美国对外政策的关注重点本质上是一致的，而且与冷战后的世界政治中最新出现的权力政治发展趋势相一致。①

正因为位于欧亚大陆边缘地带的欧洲和远东乃是两个对二战后美国在世界政治中的安全利益具有至关重要影响的地区，斯皮克曼明确认为美国在二战结束后的世界中必须以建立和维持这两个地区中的均势为首要目标。斯皮克曼认为，在一个由权力政治主导的现实世界中，维持国家安全的最好方法是均势，尽管均势可能并不是一种理想的国际秩序模式，但在对其缺点表示遗憾的同时，应清楚认识到"对一种建立在独立国家基础上的国际秩序而言，它是一个必不可少的要素。相对其他权力模式而言，均势格局更能促进合作、妥协及国际法的发展，也更能维护和平与伸张正义"。② 斯皮克曼指出，在一个由权力政治主导的世界上，

---

① Nicholas J. Spykman, *The Geography of the Peace*, New York: Harcourt Brace and Co., 1944, p. 45.
② Nicholas Spykman, *America's Strategy in World Politics*, New York: Harcourt, Brace and Co., 1942, p. 7.

"新的世界秩序与旧的世界秩序不会有什么太大不同,国际社会将继续以相同模式来运行",由于是一个权力政治主导的世界,美国在这个世界中的战略利益将会始终要求它必须在欧洲和远东这两个地区建立和维持某种均势,这种均势不仅是美国之所以必须加入二战以力图实现的战争目标之一,而且应当是成为美国在战争胜利后必须始终坚持的对外政策目标。①

值得注意的是,斯皮克曼不仅阐述了美国在战后世界中应当追求的目标,同时也指出了为实现这一目标可能必须借重的力量。他认为:在欧洲,"一个从乌拉尔山延伸到北海的苏联,不见得比一个从北海延伸到乌拉尔山的德意志会更好",因此美国进行的战争努力虽然是消灭希特勒和纳粹党,但这并不是意味着要彻底摧毁德国的军事力量,即美国在二战结束后的世界中需要考虑把德国作为一种制衡苏联的有效力量加以对待,这点意味着美国在欧洲的对手和盟友在战时与战后可能发生颠倒。②他强调,在远东,尽管美国当时的敌人是日本而不是中国,但这种关系在战后极有可能发生颠倒,而造成这种状况的原因就在于"一个现代化的、拥有四亿五千万人口且充满活力同时拥有强大军事力量的中国不仅对日本,而且对西方国家在西太平洋的地位将构成一种严重威胁",而这点实际上意味着,为建立和维持远东地区的均势,美国在战后世界中可能有必要从支持原来的盟友(中国)转变为支持原来的敌人(日本)。③ 斯皮克曼表述的这种看法与战后美国在欧洲和远东的对外政策轨迹是完全一致的。

---

① Nicholas J. Spykman, *The Geography of the Peace*, New York: Harcourt Brace and Co., 1944, p. 59.
② Nicholas Spykman, *America's Strategy in World Politics*, New York: Harcourt, Brace and Co., 1942, p. 125.
③ Nicholas Spykman, *America's Strategy in World Politics*, New York: Harcourt, Brace and Co., 1942, p. 161.

第六章

从"克劳备忘录"到"再平衡"

在现代世界历史上,欧洲陆海复合型强国的争霸努力屡次遭受失败,要归因于贯穿几个世纪以来的欧洲国际关系的均势机理。而这种机理能启动的关键,在于特定历史阶段中的主导性海洋国家对崛起国的态度,这种态度不仅直接决定了崛起国是否将遭遇最大程度的挑战,还是一个针对崛起国的同盟能否最终得以形成的关键。自二战结束后,美国取代英国成为主导性海洋强国与自由国际体系的领导者,与此相对应的就是,美国与欧亚大陆核心区域(即欧洲与东亚)的关系与历史上英国与欧洲大陆的关系也成为地理政治意义上的等同物。而这点意味着,德约揭示的那种主导1494—1945年欧洲国际关系的均势机理,很大程度上同样被复制到当今由美国主导的全球性国际关系中。这种地理政治意义上的类比,可以从上世纪之交英国对德国崛起的态度与当今美国对中国崛起的态度中得到充分验证,这种类比很大程度上也正是理解当今中美关系及中美两国间结构性矛盾的关键。①

---

① "历史类比"(historical analogy)是现代国际关系研究中常见的一种研究方法,最近几年来,这类研究中的最典型代表是美国学者格雷厄姆·艾利森(Graham Allison)2017年出版的一本与中美关系相关的著作,参见 Graham Allison, *Destined for War: Can America and China Escape Thucydides's Trap?*, New York: Houghton Mifflin Harcourt Publishing Company, 2017。这里必须注意的就是,"历史类比"研究方法的核心是提出问题,而不是提供现成答案。有鉴于此,尽管有许多学者将当前的中美关系与一战前的英德关系进行类比,其目的是发现中美关系中可能会出现的问题及提醒决策者的关注,而不是表明当前的中美关系就一定会重复当年的英德关系的悲剧。有关"历史类比"的核心及缺陷,参见 Andrew Mumford, "Parallels, Prescience and the Past: Analogical Reasoning and Contemporary International Politics", *International Politics*, Vol.52, No.1, 2015, pp.1-19; Ja Ian Chong and Todd H. Hall, "The Lessons of 1914 for East Asia Today: Missing the Trees for the Forest", *International Security*, Vol.39, No.1, 2014, pp.7-43。

1907年1月1日,英国外交部高级职员艾尔·克劳(Eyre Crowe)向英国外交大臣科林·格雷(Colin Grey)提交了一份题为《关于英国与法德两国关系现状的备忘录》,这就是历史上著名的《克劳备忘录》,这份文献在一战爆发以前的欧洲国际关系史上具有十分重要甚至是里程碑式的意义。①《克劳备忘录》的历史地位根本上主要是与第一次世界大战紧密地联系在一起的,尽管20世纪历史上爆发过许多场重大战争,但其中真正起到了承前启后作用的却是第一次世界大战,随后爆发的第二次世界大战及持续半个世纪的美苏冷战不过是第一次世界大战的续曲。② 迄今为止,历史学家们对一战的真正起因一直有着激烈的争论,这种情况很大程度上是由于一战历来都被看成一场原本可以避免的战争。在最终引发一战的诸多原因中,英德关系的发展及英德对抗的形成无疑是最为引人瞩目的,而这份《克劳备忘录》对于理解和把握一战前英德关系的发展进程则是具有无可替代的重要意义,这种重要意义很大程度上超越了一战的本身。③

作为一份重要的国务文献,《克劳备忘录》的价值并不在于对一战

---

① Zara Steiner and Keith Neilson, *Britain and the Origins of the First World War*, New York: Palgrave Macmillan, 2003, p. 106.

② George F. Kennan, *The Decline of Bismarck's European Order*, Princeton: Princeton University Press, 1979, p. 6.

③ 有关《克劳备忘录》(*the Crowe Memorandum*)的原文,参见 Eyre Crowe, "Memorandum on the Present State of British Relations with France and Germany, January 1, 1907", in G. P. Gooch, D. Litt., F. B. A. and Harold Temperley, Litt. D., F. B. A., eds., *British Documents on the Origins of the War*, Vol. Ⅲ, *The Testing of the Entente, 1904-1906*, London: H. M. Stationery Office, 1928, pp. 397-420。有关艾尔·克劳的职业生涯及外交思想的研究,参见 J. S. Dunn, *The Crowe Memorandum: Sir Eyre Crowe and Foreign Office Perceptions of Germany, 1918-1925*, Newcastle: Cambridge Scholars Publishing, 2013; T. G. Otte, "Eyre Crowe and British Foreign Policy: A Cognitive Map", in T. G. Otte and Constantine A. Pagedas, eds., *Personalities, War and Diplomacy*, London: Frank Cass, 1997, pp. 14-37; Sibyl Croweand Edward Corp, *Our Ablest Public Servant: Sir Eyre Crowe, 1864-1925*, Braunton Devon, England: Merlin Books, 1993; Richard A. Cosgrave, *Sir Eyre Crowe and the British Foreign Office, 1905-1914*, University of California, Riverside, Unpublished Ph. D Dissertation, 1967。

前的英国对外政策产生了多少实际影响,而是在于一战前英德关系的发展及英德对抗的形成验证了克劳的基本判断,这正是"克劳式逻辑"的永恒魅力,这种魅力的关键是它令人信服地解释了为什么德国最终必然走上与英国对抗的道路。美国前国务卿亨利·基辛格在他2012年出版的《论中国》一书的结语处,曾经专门引用《克劳备忘录》来间接影射21世纪中美关系中可能出现的重大问题。① 他认为,中国与一战前的德国一样,是一个崛起中的大陆国家,美国则是与世纪之交的英国一样,是一个与大陆保持密切的政治经济联系的海洋强国。他相信,正因为当今的中美关系与当年的英德关系有很大程度上的相似性,所以在一战前英德关系发展过程中曾经出现的那些重大问题,对处理当今中美关系发展也将有很大的启发性。② 这一章的目的就是通过对历史上著名的《克劳备忘录》的分析,从而揭示出第一次世界大战前夕导致英德两国逐步走向全面对抗的内在机理,进而在此基础上揭示出这种机理对处理当今中美关系的相关启示。

一 艾尔·克劳与《克劳备忘录》

艾尔·克劳(1864—1925年)是一位在德国出生、在德国成长且思想和气质深受德国文化影响的英国外交官。克劳出生在莱比锡,他的父亲约瑟夫·克劳是一位著名美术史家,曾经担任英国驻柏林和巴黎的商务参赞,其母亲阿斯特·冯·芭比则是地道的德国人。克劳在整个青少年时代从没离开过德国,直到18岁才首次踏上英国土地,目的是为参加英国外交部的录取考试做准备。克劳1885年进入外交部任职,先后担任低级职员、高级职员、助理次长和常务次长,最终因为积劳成疾于1925年病逝。克劳的地位与声望虽然与《克劳备忘录》是联系在一起的,但其对一战前英国对外政策的影响实际上是相当有限的。这份备忘录只是

---

① Henry Kissinger, *On China*, New York: the Penguin Press, 2011, p.367.
② Henry Kissinger, *On China*, New York: the Penguin Press, 2011, p.369.

将当时英国已有的针对德国对外政策的批评系统化了,并且也没让英国对外政策在此后朝着与德国对抗的方向出现明显偏转。作为一份有重要历史地位的国务文献,《克劳备忘录》的核心内容从根本上说有两点,一是阐述了几个世纪以来英国对外政策赖以维系的根本原则,二是揭示了世纪之交德国对外政策的病态特征及这种政策为什么将促使德国走上与英国对抗的道路。①

克劳认为,英国的对外政策是由其地理位置决定的,"英国是一个位于欧洲的大洋一翼且拥有广阔海外殖民地和海外自治领的岛国",英国的独立和生存与绝对优势的海上力量是密切联系在一起的。克劳强调,由于海权可以到处确立存在,海洋国家是任何可以从海上接近的国家的邻国,因此一个有海上优势的国家不仅容易激起普遍的妒忌和恐惧,且容易面临被其他国家联合起来加以推翻的危险。② 克劳从英国的地理政治特征中得出了两个结论:一是保持海上的绝对优势对英国而言是压倒一切政治性和战略性的任务,这不仅在政治上是必须的,且不受任何道义上的谴责;二是海洋国家的特性决定了英国不可能单独地追求

---

① 除前文注释中列出的相关著述外,有关克劳的职业生涯及政策影响的当代研究主要是一系列在战后不同时段中出现的主题相似的文章,参见 Edward T. Corp, "Sir Eyre Crowe and Georges Clemenceau at the Paris Peace Conference, 1919–1920", *Diplomacy and Statecraft*, Vol. 8, No. 1, 1997, pp. 10 – 19; Keith M. Wilson, "Sir Eyre Crowe on the Origins of the Crowe Memorandum of 1 January 1907", *Bulletin of the Institute of Historical Research*, Vol. 53, No. 134, 1983, pp. 238–241; Edward T. Corp, "The Problem of Promotion in the Career of Sir Eyre Crowe, 1905–1920", *Australian Journal of Politics and History*, Vol. 28, No. 2, 1982, pp. 236 – 249; Edward T. Corp, "Sir Eyre Crowe and the Administration of the Foreign Office", *The Historical Journal*, Vol. 22, No. 2, 1979, pp. 443–454; Richard A. Cosgrove, "The Career of Sir Eyre Crowe: A Reassessment", *Albion*, Vol. 4, No. 4, 1972, pp. 193–205; Sibyl E. Crowe, "Sir Eyre Crowe and the Locarno Pact", *The English Historical Review*, Vol. 87, No. 342, 1972, pp. 49–74。目前对《克劳备忘录》的直接研究相对而言数量很少,这种状况很大程度上是由二战后英国相对地位的急剧衰落造成的,这些著述中最好的一篇是由英国历史学家托马斯·奥特(Thomas G. Otte)撰写的,参见 T. G. Otte, "Eyre Crowe and British Foreign Policy: A Cognitive Map", in T. G. Otte and Constantine A. Pagedas, eds., *Personalities, War and Diplomacy*, London: Frank Cass, 1997, pp. 14–37。

② Eyre Crowe, "Memorandum on the Present State of British Relations with France and Germany, January 1, 1907", p. 402.

第六章 从"克劳备忘录"到"再平衡"

自身利益,因为海上力量的绝对优势同时给英国带来了可能出现一个普遍的反英联盟的危险。① 克劳认为,"任何国家从长远看都不可能抵御其他国家的联合,更不用说像英国这样一个岛国了,英国既没有全民皆兵的民族拥有的军事力量,甚至连粮食供应都必须依赖于海外贸易"。克劳指出,要避免出现这种危险,"拥有海上优势的岛国必须将国家政策指向与全人类共同的愿望和理想相协调的方向",即必须要与大多数或尽可能多的其他国家的首要利益及核心利益相一致。②

克劳界定的这种与绝大多数或尽可能多的其他国家的首要利益及核心利益相一致的对外政策包含了两个具体目标,一是要充当弱小国家的保护者及其民族独立的保证人,二是英国要成为自由贸易原则的坚定拥护者。③ 对克劳而言,由于所有国家的首要利益是保持国家的独立,因此在保持国家独立的问题上,英国"比其他非岛屿性国家都具有更直接和更积极的利益",而这就意味着,英国必须成为任何能够威胁他国独立之国家的天然敌人和弱小国家的天然保护者。④ 对克劳来说,除了独立的理想,所有国家都珍视自由交往和自由贸易的权利,因此对自由贸易原则的维护也将会使英国赢得其他国家的受利益驱动的友谊,这至少使其他国家更愿看到是英国而不是推行保护主义政策的国家来掌握海上优势。⑤ 克劳认为这两个目标结合在一起,就是将维持欧洲均势的特殊责任委托给了英国,即英国对外政策必须与维持欧洲大陆均势相一致,"其方式就是将英国的自身力量,时而放在天平的这端,时而又放在天

---

① IEyre Crowe, "Memorandum on the Present State of British Relations with France and Germany, January 1, 1907", p. 402.

② IEyre Crowe, "Memorandum on the Present State of British Relations with France and Germany, January 1, 1907", p. 402.

③ T. G. Otte, "Eyre Crowe and British Foreign Policy: A Cognitive Map", in T. G. Otte and Constantine A. Pagedas, eds., *Personalities, War and Diplomacy*, London: Frank Cass, 1997, p. 20.

④ Eyre Crowe, "Memorandum on the Present State of British Relations with France and Germany, January 1, 1907", p. 403.

⑤ Eyre Crowe, "Memorandum on the Present State of British Relations with France and Germany, January 1, 1907", p. 403.

平的那端，但英国始终不渝地都是站在反对某个特定时段里最强大国家的政治专制这一边"。①

《克劳备忘录》有关德国对外政策的分析乃是在一种宏观历史背景下得以进行的。② 克劳认为：当下的德意志帝国乃是普鲁士的传人，普鲁士历史中最显著的特征，"就是在一段相对不算长的时间限度内，从规模不大的勃兰登堡侯爵领地的地基上，建立起一个构造坚固的欧洲头等强国的历史进程"；与其他民族扩张不同，普鲁士的扩张乃是以武力进行的有计划的领土扩张，其中最重要部分都是由普鲁士的统治者或国务家以精心策划的方式进行的，目的就是使普鲁士能成为一个欧洲头等强国。③ 克劳指出：虽然普鲁士已经用"铁和血"铸造了它在欧洲列强中的地位，新的德国也已经赢得了欧洲主要强国的地位，但由于欧洲之外还屹立着若干"世界强国"，因此德国的扩张绝不会就此止步；德国自视的"天定命运"及其要求在世界上获得平等地位的愿望乃是德国外交的核心，这两个因素结合在一起促使德国在俾斯麦首相任期一结束便开始寻求海外扩张，其目的就是将德国打造为一个世界强国。克劳由此得出的结论是，德国企图在世界舞台上发挥比现有情况下被赋予的作用更大且更具主导性的作用。④

克劳认为，德国渴望成为世界强国并不是问题，问题是随之而来的两种负面情绪：首先，有鉴于德意志民族的优秀品质，德国已经确立了宣称德意志民族的理想无比崇高的权利；其次，武力可以用来解决德国在建立自己理想之统治地位的过程中可能出现的任何困难。⑤ 克劳丝毫

---

① Eyre Crowe, "Memorandum on the Present State of British Relations with France and Germany, January 1, 1907", p. 403.
② T. G. Otte, "Eyre Crowe and British Foreign Policy: A Cognitive Map", in T. G. Otte and Constantine A. Pagedas, eds., *Personalities, War and Diplomacy*, London: Frank Cass, 1997, p. 25.
③ Eyre Crowe, "Memorandum on the Present State of British Relations with France and Germany, January 1, 1907", p. 404.
④ Eyre Crowe, "Memorandum on the Present State of British Relations with France and Germany, January 1, 1907", p. 405.
⑤ Eyre Crowe, "Memorandum on the Present State of British Relations with France and Germany, January 1, 1907", p. 405.

没有掩饰对德国的赞赏,认为,"如果所有与德国的品格、理念和方法有特定联系的事情都停止发挥作用和影响的话",那么世界肯定将变得无比乏味;他强调,"只要德国是依靠自身的优势和精力来争夺自己在现实世界中的思想与道德上的领导地位",那么英国除佩服、喝彩和加入竞赛外别无所求。① 对克劳来说,问题并不是德国的目标,而恰是实现目标的手段:"如果德国认为,更大的物质权力优势、更广阔的领土范围、神圣不可侵犯的边疆及海上绝对优势,是实现自己思想和道德之领导地位的必须前提,如果没有这些条件任何寻求思想和道德之领导地位的愿望都将以失败告终",那么德国肯定会力图削弱其竞争对手,并且将以不正当方式提高自身实力和阻碍英国与他国合作,其最终图谋就是要拆散和取代英帝国。②

后世的许多学者普遍认为,《克劳备忘录》乃是将英德对抗界定为"结构性冲突",即英德对抗是英德两国相对地位的变化造成的,也就是由德国的能力而不是行为造成的,因此英德对抗根本是不可避免的。这种看法算不上过度解读,因为克劳确实也提到"英德两国的敌对深深植根于两国的相对地位",但这种看法忽略了克劳提到的另一种可能性,即恰恰是德国的行为方式在促使英德两国走向对抗。③ 克劳确实意识到,英德两国相对地位的变化为对抗提供了基础,但他认为,如果德国有一个颠覆英帝国的明确计划,那么应竭力掩盖这种计划,但现实却相反,德国不断通过对民族主义情绪的人为操纵公开表现对英国的敌意。④ 这种由德国政府精心安排的民族主义,不仅掩盖了德国多次对英国公开做出的友谊声明,且制造出一种只能进一步唤起却无法有效约束的大众情绪。这种

---

① Eyre Crowe, "Memorandum on the Present State of British Relations with France and Germany, January 1, 1907", p. 406.

② Eyre Crowe, "Memorandum on the Present State of British Relations with France and Germany, January 1, 1907", p. 407.

③ Eyre Crowe, "Memorandum on the Present State of British Relations with France and Germany, January 1, 1907", p. 414.

④ Eyre Crowe, "Memorandum on the Present State of British Relations with France and Germany, January 1, 1907", p. 415.

情绪是德国社会中普遍存在的那种认为政治中不存在"对和错"的理论带来的不幸后果，德国政府似乎认定，出于维护德国的政策与目标的考虑，必须要歪曲事实真相，且必须制造出一种真相根本无法渗透的思维模式。①

虽然克劳认为世纪之交的德国对英国并没有明确的敌意，但问题是德国的所作所为却促使自身无意中朝着这个方向迈进。德国对外政策虽然有许多不确定性，但包含了一个永恒因素，即结合了俾斯麦式"讹诈"战术的普鲁士传统，区别只在于，俾斯麦的讹诈是为了实现具体目标采取的一种手段，但他的继任者却将它当成一种目标来追求。俾斯麦的继任者几乎根本没有明了其中的要旨，他们显然将通过无礼恐吓和不断挑衅的方式从英国榨取让步当成终极目标。俾斯麦的成功经验已经让他们喜欢上这种方式且不必担心有激起英国持久敌意的风险。② 克劳明确地意识到，后俾斯麦时代德国的不安和躁动本质上是一种缺乏政治目标的体现，这种缺乏也导致德国的对外政策丧失了起码的分寸感：任何一个明智的德国国务家都应该"有能力认识到任何世界政策都不应超越的限度，一旦超出了这个限度则将刺激其他国家结成对德国怀有敌意的武装联盟"。他同样也应该有能力认识到，泛德意志主义的大厦，连同其遍布在欧洲许多其他地方的日耳曼堡垒，"只能建立在彻底摧毁欧洲自由的基础上"。③

二 均势与主导性海洋强国的战略利益

《克劳备忘录》的历史地位根本上是由于一战前英德关系的发展及英德对抗的形成完全验证了克劳在这份国务文献中提出的一个基本判断，

---

① Eyre Crowe, "Memorandum on the Present State of British Relations with France and Germany, January 1, 1907", p. 415.
② Eyre Crowe, "Memorandum on the Present State of British Relations with France and Germany, January 1, 1907", p. 416.
③ Eyre Crowe, "Memorandum on the Present State of British Relations with France and Germany, January 1, 1907", p. 416.

第六章 从"克劳备忘录"到"再平衡"

即德国虽然并非有意取得全面的政治霸权和海上优势,但无意中却正朝这个目标迅速迈进。而此后英国对外政策的发展,尤其是1907年以后的英国对德国海军军备扩张的反应,与克劳阐述的政策逻辑本质上是完全一致的,而理解这种逻辑的关键,则涉及对世纪之交的德国问题本质的认识。从严格意义上说,克劳用以判断世纪之交的德意志帝国是否对英帝国构成了实质性威胁的标准,与21世纪初美国用以判断当今中国的崛起是否对美国构成了实质性威胁的标准,从根本上说是一致的。这种标准的核心是主导性海洋强国对欧亚大陆核心区域均势的诉求。这种诉求不仅涉及主导性海洋强国(当年的英国和当今的美国)最根本的战略利益,且很大程度上也与国际社会其他相关国家的根本利益是一致的,而这点同样也解释了,为什么当年的英国和当今的美国对大陆推出的"再平衡"政策,都能够获得相关区域内其他大多数国家的默许甚至支持。①

---

① 有关对《克劳备忘录》的文本分析及其对思考当代中美关系的意义,参见 Zhengyu Wu, "The Crowe Memorandum, the Rebalance to Asia, and Sino-US Relations", *Journal of Strategic Studies*, Vol. 39, No. 3, 2016, pp. 389-416。目前出现了许多将一战前的英德关系与当今的中美关系进行类比的研究,这类研究很大程度上构成了当代许多学者思考当代中美关系的一个重要视角。这种视角的价值很大程度上为考察或分析特定问题提供了另一种视角,但这种视角本身并不能提供现成的答案。参见 Graham Allison, *Destined for War: Can America and China Escape Thucydides's Trap?*, New York: Houghton Mifflin Harcourt Publishing Company, 2017; Joachim Krause, "Assessing the Danger of War, Parallels and Differences between Europe in 1914 and East Asia in 2014", *International Affairs*, Vol. 90, No. 6, 2014, pp. 1421-1451; John H. Maurer, "A Rising Power and the Coming of a Great War", *Orbis*, Vol. 58, No. 4, 2014, pp. 500-520; Edward N. Luttwak, *The Rise of China vs. the Logic of Strategy*, Cambridge, MA: Harvard University Press, 2012; Douglas C. Peifer, "China, the German Analogy, and the New Air-Sea Operational Concept", *Orbis*, Vol. 55, No. 1, 2011, pp. 114-131; Robert J. Art, "The United States and the Rise of China: Implications for the Long Haul", *Political Science Quarterly*, Vol. 125, No. 3, 2010, pp. 359-391; James R. Holmes and Toshi Yoshihara, "History Rhymes: The German Precedent for Chinese Seapower", *Orbis*, Vol. 54, No. 1, 2010, pp. 15-34; Renée Jeffery, "Evaluating the 'China Threat': Power Transition Theory, the Successor-State Image, and the Dangers of Historical Analogies", *Australian Journal of International Affairs*, Vol. 63, No. 2, 2009, pp. 309-324; Steve Chan, *China, the U.S., and the Power-Transition Theory: A Critique*, New York: Routledge, 2008; Richard Rosecrance, "Power and International Relations: The Rise of China and Its Effects", *International Studies Perspectives*, Vol. 7, No. 1, 2006, pp. 31-35; Aaron L. Friedberg, "The Future of U.S.-China Relations: Is Conflict Inevitable?", *International Security*, Vol. 30, No. 2, 2005, pp. 7-45; Steve Chan, "Exploring Puzzles in Power-Transition Theory: Implications for Sino-American Relations", *Security Studies*, Vol. 13, No. 3, 2004, pp. 103-141; David Hale and Lyric Hughes Hale, "China Takes Off", *Foreign Affairs*, Vol. 82, No. 6, 2003, pp. 36-53; David Rapkin and William Thompson, "Power Transition, Challenge, and the (Re) Emergence of China", *International Interactions*, Vol. 29, No. 4, 2003, pp. 315-342。

克劳眼中的主要威胁并非来自一个想要以武力推翻现状的德国,而恰是来自一个除不切实际的荣耀外自己都不知道究竟想要什么的德国。由于缺乏持续和稳定的政治目标,德国既没有一个精心设计且得到了坚定执行的政策体系,也不可能因为意识到自己行为的后果而谨慎行事。而德国统一后的外交实践留下的都是有害的遗产。这种从俾斯麦开始所形成的经验使德国将强硬误认为政策本身而不是外交手腕,将采用无礼恐吓与持续挑衅来获得英国让步的做法看作终极目标。① 正因为认识到德国的所有反常行为只不过是一个职业敲诈者的惯常伎俩,所以克劳认为德国的未来发展存在两种可能性:一是旨在建立一种普遍性的政治霸权及其对海洋的主导性优势;二是德国目前还没有明确的野心但可能在未来朝着这个目标迈进。这两个选项是非常具体的,很难在两者间做出有把握的选择,但克劳认为这两种可能性对英国而言没有实质区别。即使德国目前还没有明确的野心,但德国的野心有可能在未来任何阶段上出现,而且由德国的权势增长给世界造成的威胁绝不会亚于武力征服。②

由于将均势看作英国在大陆的核心利益,因此克劳认为英国的政策绝不能以削弱德国为目标,即只要英国仍然忠实于"维持均势"的普遍原则,"那么将德国削弱到一个弱国的地位肯定不符合英国的利益,因为这一来很容易会导致法俄两国在欧洲大陆上的绝对优势",这种情况对英国而言是同样可怕的,"英国不希望看到任何现存的德国权利(无论是领土权利还是其他权利)受到削弱",只要德国的行动没有超出对自己现有权利进行合法保护的界限,那么德国将自始至终都可以依仗英国的同情甚至道义上的支持。③ 克劳没有像许多迷恋"阴谋论"的后人设想的那样建议对德国采取

---

① Eyre Crowe, "Memorandum on the Present State of British Relations with France and Germany, January 1, 1907", p. 417.
② Eyre Crowe, "Memorandum on the Present State of British Relations with France and Germany, January 1, 1907", p. 417.
③ Eyre Crowe, "Memorandum on the Present State of British Relations with France and Germany, January 1, 1907", p. 418.

第六章 从"克劳备忘录"到"再平衡"

"遏制"或"围堵"的政策,他对英国提出的政策建议只有两条:一是英国必须尽可能公开、坚定且可信地下决心不去反对德国任何正当的和平扩张及海军发展,因为一个强大的德国对保障欧洲大陆的均势是有利的;二是英国绝对不要试图与德国达成任何进一步的谅解,英国应该做到的就是尽可能让德国清楚:一旦英国或盟国的利益遭受到德国的任何不利影响,那么英国必然将会以坚定的反对来代替先前的宽容。①

那些将一战前英德对抗看成结构性冲突的人一般将此归咎于两国相对地位的变化,但问题在于,英国在世纪之交面临的竞争对手不仅有德国,而且有美国、法国和俄国,且德国是唯一与英国没有任何重大利益冲突的国家。德国问题的本质从根本上说虽然有力量对比变化的原因,但更是欧洲大陆均势的失衡导致的结果,即德国崛起对欧洲均势的冲击,再加上此后德国海军的迅速发展,根本违反了英国作为主导性海洋强国兼体系领导者的核心利益。1688—1945 年,除主导性经济与技术领域的绝对领先优势外,英国在国际体系中的优势地位主要是建立在两个彼此间相关联的基础上:一是海洋优势(包括与此相关的经济优势、殖民优势及海军优势);二是欧洲大陆主要强国间的均势,即欧洲大陆四个主要国家间实力上的大致均衡。这两个因素彼此间是一种共生性关系:欧洲大陆强国间的均势是英国海洋优势的必要保证,任何一个强国独霸欧洲大陆都可能导致英国海洋优势的丧失,而英国保持海洋优势(尤其是海军优势)的根本目的之一,也是能够在关键时刻有效干预欧洲大陆事态的发展。②

---

① Eyre Crowe, "Memorandum on the Present State of British Relations with France and Germany, January 1, 1907", p. 419.
② 有关英国优势地位的两个支柱贯穿了路德维希·德约对 1492—1945 年的现代国际关系的阐述,参见 Ludwig Dehio, *The Precarious Balance*: *Four Centuries of the European Power Struggle*, New York: Random House/Vintage, 1962. 有关对这个问题的更进一步阐述,参见 Zhengyu Wu, "The Crowe Memorandum, the Rebalance to Asia, and Sino-US Relations", *Journal of Strategic Studies*, Vol. 39, No. 3, 2016, pp. 389–416; Paul Kennedy, *The Rise and Fall of British Naval Mastery*, London: Penguin, 2001; James E. Auer and Robyn Lim, "The Maritime Basis of American Security in East Asia", *Naval War College Review*, Vol. 54, No. 1, 2000, pp. 39–58; Michael Howard, *The Continental Commitment*: *The Dilemma of British Defense Policy in the Era of the Two World Wars*, London: Temple Smith, 1972.

在现代世界历史上,由于欧洲一直是世界最重要的核心地区,因此欧洲霸权同样是任何强国取得世界霸权的跳板,而这点也就意味着,欧洲均势对英国的安全乃至霸权是至关重要的。这也是为什么英国在历次反对欧洲霸权的斗争中一直扮演"制衡者"的关键角色,这点不仅是自伊丽莎白一世以来英国对外政策的一大根本目标,同时也成就了英国在现代世界历史上持续近两个世纪的领导地位。① 欧洲均势对英国的意义就在于:首先,任何强国一旦取得欧洲霸权,那么将同时会获得超越英国海上优势的必要资源,进而有能力对英国的领导地位发起挑战;其次,任何强国一旦取得欧洲霸权,那么将有能力使大陆市场对英国完全封闭,鉴于大陆市场对英国的重要性,保持大陆市场的开放直接关系到英国的切身利益。② 正是从这个意义上说,世纪之交的德国权势增长对欧洲均势产生的颠覆性效应,尤其是德国海军发展使德国具有在必要时将英国排斥在大陆事务之外的能力,违反了英国的核心利益,这也是克劳在 1907 年备忘录中用以判断德国的实力增长是否对英国构成实质性威胁的主要标准。

三 "三国协约"与"再平衡"

《克劳备忘录》的形成时期也正值世纪之交英国对外政策的重大调整期。这种调整的核心是重建由于德国快速崛起遭到严重破坏的欧洲均势,而这与克劳阐述的政策逻辑是完全一致的。英国在 19 世纪和 20 世纪之交进行的这一轮战略调整虽然涉及全球范围,且同时包含了几个组成部分,

---

① Quincy Wright, *A Study of War*, Chicago: University of Chicago Press, 1965, p. 636. 另见 David French, *The British Way in Warfare 1688-2000*, London: Unwin Hyman Ltd., 1990; Ludwig Dehio, *The Precarious Balance: Four Centuries of the European Power Struggle*, New York: Random House/Vintage, 1962。

② 有关欧洲大陆均势与英国在国际体系中总体优势地位的关系实际上也正是麦金德地理政治思想关注的核心,参见 Halford J. Mackinder, *Democratic Ideals and Reality: A Study in the Politics of Reconstruction*, New York: W. W. Norton, 1962; Halford J. Mackinder, *Britain and the British Seas*, Oxford: Clarendon Press, 1902。

第六章 从"克劳备忘录"到"再平衡"

但从根本上说也正是英国对欧洲大陆进行的"再平衡",即英国不再仅仅是依靠自身力量,而是要借助于一个由英国主导的且由欧洲几个其他主要大国(这其中尤其是法国和俄国)参加的欧洲均势体系来约束德国的行为。与这轮战略调整相类似,2011 年以后美国对东亚地区(也包括位于第一岛链内的濒外海)推出的"再平衡"政策,无论就战略机理还是就政策目标而言,与本质是完全相同的,这也是《克劳备忘录》蕴含的机理对理解当今中美关系仍然有很大启发性的关键。这种启发性不在于《克劳备忘录》为解决当今中美关系中面临的问题提供现成的答案,而是在于能够帮助我们认清美国这一轮战略调整的实质。①

世纪之交的英国对欧洲大陆进行的"再平衡"有三个组成部分:一是 1898 年与美国就西半球问题达成的妥协;二是 1902 年缔结的"英日同盟";三是与两个传统殖民对手法国和俄国在非洲和中亚的殖民利益问题上达成的一系列重要谅解。英国这轮战略调整表面上是通过与一系列对手之间的谅解来达到以外交手段保卫海外利益和减轻资源负担目的的,但实际效果却是使英国、法国和俄国得以重返欧洲,这种调整虽然有针对德国的意味,但当时主要还是针对特定的事态,即欧洲均势的

---

① 有关"三国协约"与"再平衡"的相似处及其意义,参见 Zhengyu Wu, "The Crowe Memorandum, the Rebalance to Asia, and Sino-US Relations", *Journal of Strategic Studies*, Vol. 39, No. 3, 2016, pp. 389-416。对这两种政策间相似性及战略含义的更进一步详细探讨,参见 Graham Allison, *Destined for War: Can America and China Escape Thucydides's Trap?*, New York: Houghton Mifflin Harcourt Publishing Company, 2017; Joachim Krause, "Assessing the Danger of War, Parallels and Differences between Europe in 1914 and East Asia in 2014", *International Affairs*, Vol. 90, No. 6, 2014, pp. 1421-1451; John H. Maurer, "A Rising Power and the Coming of a Great War", *Orbis*, Vol. 58, No. 4, 2014, pp. 500-520; Edward N. Luttwak, *The Rise of China vs. the Logic of Strategy*, Cambridge, MA: Harvard University Press, 2012。有关国际关系研究中的"类比论证"的核心要素及其可能存在的缺陷,参见 Jeffrey Record, "The Use and Abuse of History: Munich, Vietnam and Iraq", *Survival*, Vol. 49, No. 1, 2007, pp. 163-180; Aidan Hehir, "The Impact of Analogical Reasoning on US Foreign Policy towards Kosovo," *Journal of Peace Research*, Vol. 43, No. 1, 2006, pp. 67-81; D. P. Houghton, "The Role of Analogical Reasoning in Novel Foreign Policy Situations", *British Journal of Political Science*, Vol. 26, No. 4, 1996, pp. 523-552。

失衡。① 英国这轮调整中最具有实质性意义的,就是英国在 1904 年与法国达成的《英法协约》和 1907 年与俄国达成的《英俄协约》。这两个协约划分了英国与法国和俄国在海外争议地区的势力范围,从而为英国、法国和俄国得以重返欧洲创造了条件。就实际效果而言,法国和俄国一旦重新转回欧洲大陆势必将成为德国的主要对手,英国固然看重与法俄两国的友谊,但只有在法俄两国与德国相互制约的情势下,这种友谊才有意义,英国利用法俄两国在欧洲制衡德国的前提,是法俄两国也受到了德国的制衡。②

英国对欧洲大陆实施的战略调整,到《英法协约》和《英俄协约》达成后即告完成,英国当时的主观目的虽然是重建欧洲均势,但这种重建的客观效果势必要削弱德国操控欧洲事务的能力。而德国对英国"再平衡"采取的一系列反制措施之所以会屡屡受挫,其根源主要就在于英国通过对欧洲均势的重建已经将英德两国间对抗转化为德国与英国主导的(且是由法国和俄国参加的)欧洲均势体系间的对抗,因此德国想挣脱这种约束的意愿越强烈、行动越激烈,对德国的束缚也就会越紧。③ 由于缺乏明确的政治目标,德国在这种复杂多变的国际局势面前逐渐丧失了合理界定国家利益的能力,也因此自然而然地将追求单纯的国家军事(也包括政治和经济)实力扩张当成保障国家安全和提升国际地位的唯一手段。德国奉行的这种类似于"绝对安全"的逻辑同样也意味着,如果不能在欧洲取得不受任何挑战的安全,德国就不可能有任何真正意义上的安全感,而这点从根本上说也正是德国在已经拥有一支当时欧洲

---

① 有关英国对外政策与"三国协约"的问题,参见 Christopher Clark, *The Sleepwalkers: How Europe Went to War in 1914*, London: Penguin Books, 2013。有关这个问题还可以参考另外一本著作,参见 George F. Kennan, *The Fateful Alliance: France, Russia and the Coming of the First World War*, Manchester: Manchester University Press, 1986。

② Paul Kennedy, *The Rise and Fall of the Great Powers*, London: Unwin Hyman, 1988, p. 252.

③ 有关德国在"三国协约"形成后的对外政策,参见 Christopher Clark, *The Sleepwalkers: How Europe Went to War in 1914*, London: Penguin Books, 2013。有关这个问题还可以参考另外一本著作,参见 Paul M. Kennedy, *The Rise of Anglo-German Antagonism 1860 - 1914*, London: Prometheus Books, 1980。

最强大陆军力量的同时,还要在1898年以后与英国展开海军军备竞赛的心理基础。①

20世纪初英国通过"三国协约"的方式对欧洲大陆实施的"再平衡",与21世纪初美国对东亚地区推出的"再平衡",无论就战略目标还是政策实质而言,都几乎如出一辙。自1898年推出著名的"门户开放"政策以来,美国在政治上介入东亚事务力求达到的根本战略目标之一,就是通过维持东亚地区强国间的平衡(均势)从而保持东亚地区对美国政治、经济和文化上的"门户开放"。② 从严格意义上说,美国在东亚的战略目标从不是针对某个特定国家,而是着眼于均势本身,即不允许东亚被任何单一强国独占,因为只有这样才能最大限度地保证美国对东亚的影响力及美国在东亚的经济和文化上的核心利益。二战前,东亚均势面临的最大威胁最初是俄国和苏联而后是日本,因此这一时期美国在东亚的目标是防止早先的俄国和苏联及后来的日本独霸东亚。③ 这正是为什么20世纪初美国不仅积极支持日本对俄国作战,而且通过外交斡旋帮助日本在战后和约中获利。同样的道理也可以解释为什么20世纪40年代,美国不仅积极帮助中国抗战,而且不惜付出巨大牺牲独自投身太平洋战场直至最终打败日本。

1949年,中华人民共和国的成立彻底地改变了东亚地区的地理政治格局,由于二战后的中国一跃成为东亚地区最强大国家,因此美国在东亚的关注核心自然而然也就由战前的日本转向了战后的中国。二战后,美国在东亚地区先后进行了两场高强度局部常规战争(即朝鲜战争和越南战争),其目的就是防范当时的中国可能进行的扩张。而美国在20世纪

---

① Jonathan Steinberg, "The Copenhagen Complex", *Journal of Contemporary History*, Vol. 1, No. 3, 1966, p. 44.

② Nicholas Spykman, *America's Strategy in World Politics*, New York: Harcourt, Brace and Co., 1942, p, 7.

③ Robyn Lim, *The Geopolitics of East Asia: The Search for Equilibrium*, New York: Routledge, 2003, p. 2.

70 年代努力推动中美关系的正常化，实质上也是为帮助当时的中国抵御苏联在远东地区业已形成的巨大压力。① 从 19 世纪末到 21 世纪初，美国在东亚的战略目标从来没有发生过根本变化，冷战后东亚国家的迅速发展及当今的东亚正在取代以前的欧洲而成为欧亚大陆在政治和经济上最重要核心地区的趋势，意味着东亚在美国对外政策中的分量非但没有减少反而在不断加强。也正是从这个意义上说，作为当今世界的主导性海洋强国兼自由国际体系领导者，美国绝对不会容忍自己被排斥在当今的东亚地区发展进程外，同样也不会坐视自己对东亚事务影响力的逐步丧失而无所事事。② 而这点也正是美国对东亚的"再平衡"力求达到的根本目标。

与 20 世纪初英国对欧洲大陆"再平衡"一样，21 世纪初美国对东亚"再平衡"的真正目的，是通过一个由美国主导的东亚均势体系来约束中国崛起所产生的不利影响。③ 确切地说，美国对东亚推出的"再平衡"虽然有很强的防范中国的意味，但这种政策的真正杀伤力并非通过"遏制"或"围堵"的硬手段来阻止中国崛起，无论就外交实力还是就政策手段而言，美国都不可能做到这一点。④ 从长远看，"再平衡"的真正杀伤力，是使中国在复杂多变的国际局势前逐渐丧失合理界定长远利益的能力，从而导致中国内外政策出现某种变异，而这点是由中国崛起对区域均势的冲击及中国内外政策间的密切联系造成的。⑤ 与 20 世

---

① Robyn Lim, *The Geopolitics of East Asia: The Search for Equilibrium*, New York: Routledge, 2003, p. 87.

② Jakub J. Grygiel, *Great Powers and Geopolitical Change*, Baltimore, MD: Johns Hopkins University Press, 2011, p. 168.

③ Ely Ratner, "Rebalancing Asia with an Insecure China", *The Washington Quarterly*, Vol. 36, No. 2, 2013, p. 31.

④ 对这个问题的更进一步详细阐述，参见 Nick Bisley and Andrew Phillips, "Rebalance To Where? U. S. Strategic Geography in Asia", *Survival*, Vol. 55, No. 5, 2013, pp. 95–114; Robert J. Art, "The United States and the Rise of China: Implications for the Long Haul", *Political Science Quarterly*, Vol. 125, No. 3, 2010, pp. 359–391。

⑤ 对这个问题的进一步详细阐述，参见 Robert S. Ross, "The Problem with the Pivot: Obama's New Asian Policy is Unnecessary and Counterproductive", *Foreign Affairs*, Vol. 91, No. 6, 2012, p. 76。

纪初英国形成"三国协约"一样,美国在21世纪初对东亚推出的"再平衡"能否真正发挥实质性作用的关键,根本上取决于中国是否将会给美国主导的均势体系的启动和运行创造出必要条件。① 而这不仅是对当代中国的政治智慧与战略智慧的考验,且同样关系到崛起后的中国将成为一个什么样的中国。这也是"再平衡"对中国构成的最具实质性意义的挑战。

四 海洋转型与中美"安全困境"

在一战前导致英德对抗的众多起因中,英德两国相对地位的变化及由此造成的欧洲(大陆)均势的失衡就其实质而言为英德对抗的兴起提供了必要条件,而直接造成英德两国间敌对与冲突成为不可避免的事态,则还是德国海军的军备扩张及由此引发的英德海军竞赛。在欧洲均势已经严重失衡的背景下,德国海军扩张对英国造成的威胁是双重的:首先,出于地理位置上的原因,德国海军的扩张必然将会对英国本土的安全构成严重威胁,其次,鉴于德国的大陆优势,德国海军的扩张因而也对英国干预大陆事态发展的能力提出了挑战。② 应当注意的是,克劳在1907年备忘录中并没有对德国的最终意图给出明确答案,其当时唯一的明确结论是,无论未来究竟可能出现何种情况,德国都将尽其所能地建立一支强大海军。而正是这点使克劳明确认为英德两国间的敌意可能是无法消除的,因为德国在海上的绝对优势与英帝国的生存是无法兼

---

① 对这个问题的更进一步详细阐述,参见 Robert E. Kelly, "The 'Pivot' and Its Problems: American Foreign Policy in Northeast Asia", *The Pacific Review*, Vol. 27, No. 3, 2014, pp. 479 – 503; Ashley Tellis, "Balancing without Containment: A US Strategy for Confronting China", *The Washington Quarterly*, Vol. 36, No. 4, 2013, pp. 109–124。

② Jonathan Steinberg, "The Copenhagen Complex", *Journal of Contemporary History*, Vol. 1, No. 3, 1966, p. 44. 有关世纪之交的英国对德国海军军备扩张的担心及为此采取的反制措施,参见 Stephen Cobb, *Preparing for Blockade 1885–1914: Naval Contingency for Economic Warfare*, London: Routledge, 2016; Nicholas A. Lambert, *Planning Armageddon: British Economic Warfare and the First World War*, Cambridge, MA: Harvard University Press, 2012; John Tetsuro Sumida, *In Defence of Naval Supremacy: Finance, Technology, and British Naval Policy 1889–1914*, New York: Routledge, 1993。

容的,即使是英帝国消失了,最强大的陆上力量与最强大的海上力量如果集中在一个国家的手中,同样也将会"迫使全世界都联合起来以摆脱这种梦魇"。①

克劳在1907年备忘录中得出的这一结论,实际上给出了英国对德国权势扩张的容忍底线:在已经拥有一支当时欧洲最强大陆军的同时,德国仍然要追求一支能够对英国在欧洲水域的制海权构成严重挑战的强大海军,对英国来说只能意味着德国企图在欧洲大陆建立一种不受挑战的"普世"霸权。虽然德国海军未必能够动摇英国的大洋优势,却足以大大降低英国有效干预大陆事务的能力,而这点恰恰是英国绝对无法接受的,因为欧洲大陆霸权一旦建立将会直接威胁到英国视之为生命的海上优势。② 德国海军的军备扩张从根本上说正是给英国主导的主要针对德国扩张的欧洲均势体系的运行提供了启动条件,因为当时没有任何一个欧洲国家(尤其是德国周边的法国和俄国)能够容忍德国成为一个陆海两栖性的超级强国。当英德两国的敌意被转化成为德国与英国主导的欧洲均势体系的敌意时,德国任何试图突破这种约束的努力,都会被其他国家(尤其是法国和俄国)理解为一种力图打破欧洲均势的企图,因而都产生了适得其反的效果,这也是一战前的英德关系由猜疑和敌视直至走向战争的根源。③

---

① Eyre Crowe, "Memorandum on the Present State of British Relations with France and Germany, January 1, 1907", p. 416. 另见 T. G. Otte, "Eyre Crowe and British Foreign Policy: A Cognitive Map", in T. G. Otte and Constantine A. Pagedas, eds., *Personalities, War and Diplomacy*, London: Frank Cass, 1997, pp. 14-37。

② James E. Auer and Robyn Lim, "The Maritime Basis of American Security in East Asia", *Naval War College Review*, Vol. 54, No. 1, 2000, p. 43. 有关德国海军对英国的主要威胁,参见 Stephen Cobb, *Preparing for Blockade 1885-1914: Naval Contingency for Economic Warfare*, London: Routledge, 2016; Nicholas A. Lambert, *Planning Armageddon: British Economic Warfare and the First World War*, Cambridge, MA: Harvard University Press, 2012; John Tetsuro Sumida, *In Defence of Naval Supremacy: Finance, Technology, and British Naval Policy 1889-1914*, New York: Routledge, 1993。

③ Eyre Crowe, "Memorandum on the Present State of British Relations with France and Germany, January 1, 1907", p. 418. 另见 T. G. Otte, "Eyre Crowe and British Foreign Policy: A Cognitive Map" in T. G. Otte and Constantine A. Pagedas, eds., *Personalities, War and Diplomacy*, London: Frank Cass, 1997, pp. 14-37。

第六章 从"克劳备忘录"到"再平衡"

在现代世界历史上，海洋优势和欧洲（大陆）均势是英国世界领导地位赖以维系的两根核心支柱，这两者本质上是一种共生性关系，即大陆均势是英国海洋优势的保证，而英国保持海上优势的根本目的之一，也是在关键时刻有效干预大陆事态的发展。与历史上的英国一样，作为当今主导性海洋强国及体系领导者，美国对海洋的控制不仅关系到本土安全、经济健康及其与其他地区的联系，且同时关系到能否对欧亚大陆核心区域（欧洲和东亚）事态发展保持有效干预力。① 正是从这个意义上说，美国近年来之所以对中国海上力量（尤其是海军力量）的迅速发展表现出前所未有的关注，并非因为当今中国已经具备与美国争夺西太平洋霸权的能力，美国对中国海上力量发展（包括与争夺第一岛链内的制海权相关的反介入能力和区域拒止能力）的最主要担心，是这种发展可能将大大降低美国有效干预东亚区域（包括濒外海）事态发展的能力，这种能力不仅对美国保持在东亚的影响力是必需的，而且对美国防范中国可能的扩张及保持美国在东亚的双边同盟体系同样是至关重要的。②

与美国以往面临的对手不同，冷战后中国在东亚大陆迅速崛起对美国的真正挑战，不仅在于中国崛起对东亚区域平衡将可能产生的颠覆性效应，更在于中国是一个能够轻易进入海洋同时具有发展出某种直接威胁美国在西太平洋主导地位的利益和能力的强国。后冷战时代的中国面对的主要战略矛盾不仅绝大部分集中在海上，且由于自身的外向型经济发展的实际需要严重依赖海洋，而冷战后中

---

① Jakub J. Grygiel, *Great Powers and Geopolitical Change*, Baltimore: John Hopkins University Press, 2006, p. 172. 对此问题的进一步阐述，参见 Walt W. Rostow, *The United States in the World Arena*, New York: Harper and Row, 1960; Frank Ninkovich, *The Wilsonian Century*, Chicago: University of Chicago Press, 1999; Colin S. Gray, *The Geopolitics of the Nuclear Era: Heartland, Rimlands, and the Technological Revolution*, New York: Crane, Russak, 1977。

② Kenneth Lieberthal and Wang Jisi, *Addressing U. S.-China Strategic Distrust*, Washington D. C.: Brookings, 2012, p. 22.

| 地理政治学、大战略与海洋转型

国漫长的陆上疆界日趋稳定也同样有利于中国集中精力向海洋谋求发展。① 冷战后的中国向海洋谋求发展的诉求与美国力图保持自己对东亚近海主导权间的矛盾，很大程度上正是近年来美国对华战略疑惧不断升级的主要渊源，这种矛盾不仅与美国自身的战略诉求有关，且同时与当今中国海洋转型的内在不平衡性密切相关。从严格意义上说，美国力图保持在东亚近海的主导地位与当今中国海洋转型的内在不平衡性的矛盾，不仅是导致中美两国近年来围绕东亚近海区域产生的一系列矛盾和冲突的主要渊源，而且对中美关系的走向及东亚地区的和平与稳定都产生了极其重要的影响。②

冷战后中美两国因东亚区域制海权而形成的战略矛盾和战略冲突，根本上乃是与东亚地区特定的地理特征密切相关。东亚第一岛链内的海域也正是东亚地区的"近海"，第一岛链内的制海权不仅关系到维护对中国正变得日益重要的海洋领土和海洋权益，且更关系到中国大陆与台湾地区间"分裂"与"反分裂"的斗争及维护当今中国最为发达地区的安全。冷战后中国海上力量（包括与争夺第一岛链内制海权相关的反介入能力、区域拒止能力）的迅速发展，确切地说无一不与维护当今中国的切身利益密切相关。但问题的关键是，美国在东亚的几乎所有盟友都位于第一岛链内，丧失第一岛链内制海权对美国而言意味着其在东亚的同盟体系彻底崩溃，而这是美国绝对不可能接受的。冷战后中美两国围绕东亚第一岛链内制海权产生的矛盾，都涉及中美双方各自认定

---

① 对这个问题的详细论述，参见 Michael A. Glosny, Phillip C. Saunders, Robert S. Ross, "Correspondence: Debating China's Naval Nationalism", *International Security*, Vol. 35, No. 2, 2010, pp. 161-175。
② 对这个问题的详细论述，参见 Robert S. Ross, "Nationalism, Geopolitics and Naval Expansionism: From the Nineteenth Century to the Rise of China", *Naval War College Review*, Vol. 71, No. 4, 2018, pp. 11-35。

第六章　从"克劳备忘录"到"再平衡"

的切身利益,且双方都不同程度地将对方看作自身利益的主要威胁,由此导致的局面正是国际政治中经典的"安全困境"。①

"安全困境"(The Security Dilemma)是指身处无政府状态中的国家为自身安全采取的战略(尤其是军事战略)有可能在他国心中引起有关其战略意图的不确定性,而由于无政府状态中的国家无法依靠他国为自己提供安全上的保障,因而这种有关他国战略意图的不确定性往往使一国针对他国的安全战略采取相应的安全战略以防止意外产生,而这通常就导致了相关国家间的紧张、冲突和对抗不可避免地发生。② 从严格意义上说,中美两国围绕东亚第一岛链制海权问题形成的"安全困境",不仅是近年来东亚地区纷争不断和持续紧张的关键症结所在,同时也更是中美两国形成可靠的战略互信的主要障碍。③ 能否真正有效缓解当今中美两国间日益加深的"安全困境",不仅直接关系到中美两国在可以预见的将来能否在东亚乃至全球范围内真正建立起一种"新型大国关系",也关系到东亚地区未来的和平发展及长治久安,而所有这一切同样也是对中美两国领导人的远见、智慧及胸怀的直接考验。

五　"再平衡"与周边外交

21世纪初的中美关系与20世纪初的英德关系的相似性确切地说有两个具体内涵:一是由中国崛起造成的东亚区域均势的失衡;二是中美两国间

---

① 相关的进一步论述,参见 Yves-Heng Lim, "Expanding the Dragon's Reach: The Rise of China's Anti-access Naval Doctrine and Forces", *Journal of Strategic Studies*, Vol. 40, No. 1–2, pp. 1–23; Jonathan Dixon, "From 'Pearls' to 'Arrows': Rethinking the 'String of Pearls' Theory of China's Naval Ambitions", *Comparative Strategy*, Vol. 33, No. 4, 2014, pp. 389–400。

② 有关"安全困境"的界定,参见 Nicholas Wheeler, Ken Booth, "The Security Dilemma", in John Baylis and Nicholas Wheeler, eds., *Dilemmas of World Politics: International Issues in a Changing World*, Oxford: Claredon Press, 1992, p. 30。

③ 有关中美两国由于缺乏战略信任从而给中美双边关系及东亚地区局势带来的种种复杂问题,参见 Kenneth Lieberthal and Wang Jisi, *Addressing U. S. -China Strategic Distrust*, Washington D. C.: Brookings, 2012。

围绕东亚区域制海权问题形成的"安全困境"。在可以预见的将来,如何根本地减缓乃至消除这两个因素对中国的稳定与发展可能造成的不利影响,很大程度上也正是中国外交在今后相当长时间内必须面对的最具根本性意义的挑战。至少从理论上讲,一战前的英德两国从猜疑、敌视直至最终走向武装冲突的过程中,德国周边邻国起到的作用是至关重要的,如果没有德国周边邻国(尤其是法国和俄国)对德国怀有的深刻敌意,英国绝不可能而且没有必要贸然走上与德国进行武装对抗的道路。而这点同样意味着,能否根本地减少"再平衡"可能产生之不利影响的关键,很大程度上取决于中国能否从根本上消除周边邻国因中国崛起产生的紧张、不安。

自改革开放以来,中国经济一直保持着高速增长的态势,这种增长不仅为中国崛起提供了坚实基础,而且为中国对外政策提供了有力武器,可以说,当代中国外交取得的重要成就与当代中国经济的快速发展都有或多或少的内在联系。但可能存在的一个事实是:经济优势可能会在政治上带来适得其反的影响——东亚国家对中国经济的依赖度越加强,它们对美国在政治和战略上的依赖度可能也越会加深。因此,未来中国要实质性消除周边邻国对中国快速发展的紧张、不安,有两点是至关重要的:首先,必须尽可能避免使中国的周边邻国在中美之间"选边站",即中国需要给周边邻国(尤其是小国)保持中立留下足够的余地,只要它们能够在事关中国核心利益的问题上没有公开站到反华立场即可;其次,中国能够给周边邻国提供最重要的"公共产品"——中国繁荣的经济和市场潜力。中国作为一个负责任的大国既不可能也没有必要特别在意周边邻国对中国采取"免费搭车"的做法,这也是任何成为区域性或全球性的大国必须付出的代价。①

---

① 有关中国近年来对周边邻国的经济外交及其产生的政治经济效应,参见 Michael Clarke, "The Belt and Road Initiative: Exploring Beijing's Motivations and Challenges for its New Silk Road", *Strategic Analysis*, Vol. 42, No. 2, 2018, pp. 84–102; Michael Clarke, "Beijing's March West: Opportunities and Challenges for China's Eurasian Pivot", *Orbis*, Vol. 60, No. 2, 2016, pp. 296–313; Christian Dargnat, "China's Shifting Geo-economic Strategy", *Survival*, Vol. 58, No. 3, 2016, pp. 63–76; Jeffrey Reeves, "China's Unraveling Engagement Strategy", *The Washington Quarterly*, Vol. 36, No. 4, 2013, pp. 139–149。

第六章 从"克劳备忘录"到"再平衡"

在可以预见的将来,中国周边外交(也包括总体对外政策)可能将不得不面临一个长期性甚至根本性的挑战,即中国在发展周边关系时将始终面临来自其他国家的竞争,而这点也正是美国亚洲政策逐渐从"再平衡"演变成为"印太战略"造成的客观后果。从奥巴马政府推出的"再平衡"到特朗普政府推出的"印太战略",美国亚洲政策的核心,始终是力图在包括东北亚、东南亚和南亚的广大地区,建立起一个由美国主导的且由主要地区大国参与的联盟体系,以此来约束和防范中国将可能在周边地区采取的行动。与奥巴马政府推出的"再平衡"不同,特朗普政府推出的"印太战略"最引人瞩目的变化,不仅是地理范围上的扩大,而且更是得到了印度、日本、澳大利亚这三个"印太地区"主要大国的积极参与,而未来则还将可能有类似越南、菲律宾这类支点型国家的参与。尽管"印太战略"的推出很大程度上意味着中美两国围绕东亚近海爆发直接冲突的风险已经实质性减少了,但同时也意味着,除美国外,中国未来的周边外交将要面临来自印度、日本、澳大利亚这三个主要区域大国的竞争。[1]

除周边外交的复杂形势外,中国在未来可能还不得不考虑如何能够根本地减缓当前中美两国间围绕东亚区域制海权问题正日益加剧的"安全困境"。如果仅仅从理论上讲,现有的解决"安全困境"的路径无非

---

[1] 有关中国海洋能力的发展及美国的亚太"再平衡"与"印太战略"的内涵及联系,参见 James E. Fanell, "China's Global Naval Strategy and Expanding Forece Structure", *Naval War College Review*, Vol. 72, No. 1, 2019, pp. 16–61; Michal Kolmaš and Šárka Kolmašová, "A 'Pivot' that Never Existed: America's Asian Strategy under Obama and Trump", *Cambridge Review of International Affairs*, Vol. 32, No. 1, 2019, pp. 61–79; Rahul Roy-Chaudhury and Kate Sullivan de Estrada, "India, the Indo-Pacific and the Quad", *Survival*, Vol. 60, No. 3, 2018, pp. 181–194; Gurpreet S. Khurana, "Optimising India-US Maritime-Strategic Convergence", *Strategic Analysis*, Vol. 41, No. 5, 2017, pp. 433–446; Priya Chacko, "The Rise of the Indo-Pacific: Understanding Ideational Change and Continuity in India's Foreign Policy", *Australian Journal of International Affairs*, Vol. 68, No. 4, 2014, pp. 433–452; Chengxin Pan, "The 'Indo-Pacific' and Geopolitical Anxieties about China's rise in the Asian Regional Order", *Australian Journal of International Affairs*, Vol. 68, No. 4, 2014, pp. 453–469。

两条：一是建立恰当的制度机制，以防止彼此间出现致命的误判以及在危机发生时防止冲突的恶性升级；二是军备部署上的防御姿态，以便双方都能够清晰地判定彼此的真实意图。但问题是，这两条路径对解决中美两国间"安全困境"的作用是极为有限的：首先，制度机制的建立要求双方存在基本的信任，但中美两国间目前正面临这一瓶颈；其次，进攻性武器和防御性武器的区别历来是一个世界性难题，在当前技术条件下，这两种类型的武器根本难以分清。更为重要的是，2019年8月2日，《苏联和美国消除两国中程和中短程导弹条约》的正式失效给美国及其盟国发展中程导弹松了绑，而这意味着，美国及其位于第一岛链上的众多盟国，将可以发展和部署美国或自研的"反介入/区域拒止能力"从而抵消中国借助"反介入/区域拒止能力"取得的优势，而这正是在不久的将来中国不得不面对的严峻挑战。[①]

无论从哪个角度看，中美两国围绕着东亚区域制海权问题而形成的"安全困境"都绝对不只是一个军事战略问题，更是一个事关东亚乃至全球战略稳定的政治问题。要切实解决这个问题，有两个因素是至关重要的，一是周边外交，二是安全观念上的创新。首先，中美两国间围绕东亚区域制海权而形成的"安全困境"，从根本上说是因为美国必须保持自己对盟国安全承诺的可信性，这也是美国为什么推出具有高风险性系数的"空海一体战"的关键。而这同样意味着，如果中国能够实质性消除周边邻国因为中国崛起而产生的紧张、不安，实际上也就根本地消除了美国在中国近海要靠前部署的政治动力。其次，"安全困境"本质上是一种自我毁灭性的作用与反作用的循环升级过程，这个概念提醒人们，任何国家都无法以增加军备的方式求得最终安全，即使某些国家

---

① 有关这个问题的更进一步阐述，参见 Michael Beckley, "The Emerging Military Balance in East Asia: How China's Neighbors Can Check Chinese Naval Expansion", *International Security*, Vol. 42, No. 2, 2017, pp. 78-119; Stephen Biddle and Ivan Oelrich, "Future Warfare in the Western Pacific: Chinese Antiaccess/Area Denial, U. S. Air Sea Battle, and Command of the Commons in East Asia", *International Security*, Vol. 41, No. 1, 2016, pp. 7-48。

能够取得暂时优势，但长远看任何国家都无法享有永久的优势地位，即现代世界中的国家间在安全问题上同样是相互依赖的，而这同样意味着任何意义上的安全都必须是某种形式上的"集体安全"。①

---

① 有关国际政治中常见的"安全困境"的生成机理与逃脱机制的经典论述，参见 Ken Booth and Nicholas J. Wheeler, *The Security Dilemma: Fear, Cooperation and Trust in World Politics*, London: Palgrave, 2007; Alan Collins, *The Security Dilemma and the End of the Cold War*, Edinburgh: Keele University Press, 1997; Robert Jervis, *Perception and Misperception in International Politics*, Princeton: Princeton University Press, 1976。

第七章

海权与陆海复合型强国

在现代世界历史上，欧洲位于大西洋沿岸的陆海复合型强国（其中最典型的是路易十四和拿破仑的法国及威廉二世和希特勒的德国）争夺欧洲霸权的努力无一例外地最终都遭到失败。导致历史上这两个强国屡次竞争失败的众多原因中，地理政治上的不利因素固然是主要原因之一，但帮助启动了贯穿几个世纪以来欧洲国际关系史的大均势机理的关键，主要是这两个强国在各自权力的鼎盛期（尤其是路易十四的法国和威廉二世的德国）都曾经发展出足以与主导性海洋国家角逐大洋的海军。

现代世界历史提供的经验证据表明，位于边缘地带的陆海复合型强国在自身发展中是否会遭到来自陆海两方面压力的关键在于特定历史阶段中主导性海洋强国（历史上主要是英国）的基本态度。欧洲面向大西洋的陆海复合型强国之所以在竞争中屡次落败，就在于它们与主导性海洋强国的冲突最终启动了导致它们失败的大均势机理。要避免这种局面的出现要求陆海复合型强国在发展海权时必须始终保持必要的分寸感，这点同时也要求其对海权在现代世界中的地位与作用有清晰的认识。①

---

① 有关古典及现代历史上海洋转型的实际案例及经验教训，参见 Andrew Lambert, *Seapower States: Maritime Culture, Continental Empires, and the Conflict that Made the Modern World*, New Haven: Yale University Press, 2018; Ludwig Dehio, *The Precarious Balance: Four Centuries of the European Power Struggle*, New York: Random House/Vintage, 1962。有关对海权及海洋转型的阐述，也可参考"历史长周期理论"学派几位学者撰写的相关著作，参见 William R. Thompson, *On Global War: Historical-structural Approaches to World Politics*, Columbia, South Carolina: University of South Carolina Press, 1988; George Modelski and William R. Thompson, *Sea Power in Global Politics 1494–1993*, London: Palgrave Macmillan, 1987; George Modelski, *Long Cycles in World Politics*, London: Macmillan Press, 1987。

第七章 海权与陆海复合型强国

与单纯的海洋国家相比,位于边缘地带的陆海复合型强国发展海权,首先要做到的便是对海权的地位和作用有清晰的认识。海权在现代世界历史上确实起到过重要的作用,尤其自马汉撰写的《海权对历史的影响》系列著作问世以后,海权的地位与作用更是被抬高到异常显赫的位置。但值得注意的是,马汉有关海权的论述完全是建立在历史上少数几个海洋国家的成功经验基础上的,且他考察的也正是一个贸易和海军在世界事务中发挥主要作用的时代,因此马汉思想在当今全球化时代中的适用性是受到严格限制的。马汉的海权思想确切地说建立在两个前提的基础上:一是海洋经济是决定一国经济的关键要素;二是技术进步不会对海权的地位和作用产生实质性的影响。然而,工业革命导致的主要后果,就是使马汉赖以立论的两大前提在现代世界中根本无法成立,这不仅是由于技术发展已经促使决定一国经济繁荣的要素的转变,更是由于现代世界的发展同样对海权的内涵和构成要素产生了根本性影响。[1]

当今世界的陆海复合型强国要实现海洋转型,首先必须面对的问题是如何才能避免重蹈历史的覆辙,而做到这点的关键就是对那些与海洋转型相关问题的正确认识。在理论上,成功实现海洋转型的首要前提之一是对现代世界中海权的含义及构成要素具有准确的把握,这种把握不仅直接关系到海洋转型的核心目标和根本路径,更是直接关系到海洋转型最终能否取得成功。不仅如此,当今世界中的陆海复合型强国实现海洋转型,也必须注意汲取现代历史上曾经出现的两次最接近成功的海洋

---

[1] 有关马汉海权思想的简化版论述,参见 John B. Hattendorf, ed., *Mahan on Naval Strategy: Selections from the Writings of Rear Admiral Alfred Thayer Mahan*, Annapolis, MD: Naval Institute Press, 2015; Allan Westcott, ed., *Mahan on Naval Warfare: Selections from the Writings of Rear Admiral Alfred Thayer Mahan*, New York: Dover Publications, 2003. 对马汉海权思想最全面和最新版的论述,以及有关马汉海权思想的世界性影响,参见 Jon Tetsuro Sumida, *Inventing Grand Strategy and Teaching Command: The Classic Works of Alfred Thayer Mahan Reconsidered*, Baltimore: John Hopkins University Press, 1997; John B. Hattendorf, ed., *The Influence of History on Mahan*, New Port, RI: Naval War College Press, 1991。

转型给后人留下的经验教训,这对避免重蹈历史的覆辙具有无可替代的重要性。确切地说,当今世界的迅速发展已经对海权的核心内涵与构成要素产生了实质性影响,这种影响主要体现在海洋经济与海洋秩序的重要性已经大大超越了单纯的海上军事力量能够涵盖的范围。与现代历史上那个列强称雄的时代相比,当今全球化时代海洋转型的主要指标,已经不再是单一的海上力量所能够覆盖的,更重要的指标,是海洋经济在国民经济构成中所占比重以及国家对海洋治理体系的参与程度。①

一 海权的含义与构成要素

自19世纪末马汉撰写的《海权对历史的影响》系列著作出版以来,"海权"虽然在此后历代政治家和战略家的话语中已经成为一个通俗词语,但迄今为止人们仍然很难准确界定"海权"的真正内涵,即使马汉本人也从来没有界定过"海权"的确切含义,相反,他更是愿意用众多的历史案例来展示海权的真正性质。这种对"海权"认识上的模糊性在中文语境中则显得更加突出,这主要是出于两个原因,一是翻译上导致的歧义;二是马汉使用上的随意性。首先,英文中的"Power"可以有两重含义:一是指"强国",二是指"权力或力量",因此"Sea Power"一词如果翻译成中文,既可以指"海洋强国",也可以指"海上力量",这种情况实际上就需要中文研究者对"Sea Power"一词在不同语境中的含义进行区分。但目前绝大多数中文著译者从来没有对两者进行过任何区分,而是全都写成"海权"。其次,马汉的著作

---

① 目前对历史与当今的海洋转型实践进行专门讨论的著作还不多见,唯一的一本专门著作乃是由美国海战学院三位学者主编的著作,参见 Andrew S. Erickson, Lyle J. Goldstein, Carnes Lord, eds., *China Goes to Sea: Maritime Transformation in Comparative Historical Perspective*, Annapolis, MD: Naval Institute Press, 2009。对古典时期海洋转型的集中论述,参见 Halford J. Mackinder, *Democratic Ideals and Reality: A Study in the Politics of Reconstruction*, New York: W. W. Norton, 1962。有关现代历史上两次最接近成功的海洋转型(即路易十四的法国与威廉二世的德国),参见 Holger H. Herwig, "*Luxury*" *Fleet: The Imperial German Navy, 1888-1918*, Amherst, N. Y.: Humanity Books, 1987; Alfred T. Mahan, *The Influence of Sea Power upon History, 1660-1783*, Boston: Little, Brown, 1890。

第七章 海权与陆海复合型强国

实质上是有关现代历史上的海洋强国（Sea Power）在特定历史阶段中通过使用海上力量（Sea Power）这一强大武器对现代历史进程产生的巨大影响。尽管马汉本人对"Sea Power"一词的语境含义可能是明确的，但他脑海里可能具有的明确性对那些非英语民族的研究者而言（如果没有体现在文字上的话）是根本无法感知或认识的，这点也造成了中文研究者对马汉使用的"Sea Power"一词在理解上的偏差。①

与马汉同时代的英国海军史学家赫伯特·里奇蒙德（Herbert Richmond）曾经尝试对"海权"进行明确的界定。他认为，"海权是一种国家力量形式，这种力量能使其所有者让自己的军队和商业得以穿过那些位于自己或盟国的领土与其在战时需要到达的领土间广袤的大海和大洋，这种力量同时也使其所有者能够阻止敌人做到这点"。② 里奇蒙德的这一定义非常容易理解，即拥有海权的国家一直享有不受跨海威胁的安全，且具有到达敌人海岸的机动性和能力，这种优势后来被称为"对海洋的控制"（Command of the Sea）。这种控制并不是意味着一国对大洋的完全拥有，这种完全拥有既没有可能也没有必要，因为海洋从根本上说乃是人类借以从一个陆地去到另一个陆地的中介，即海洋是一个"通向四面八方的广阔公用地，这片公用地内的一些经常使用的航线表

---

① 目前对"海权"一词认识上存在的模糊性，很大程度上是由于中外研究者几乎从来没有将地理政治学的基本分析单位（即地理政治学关注的国际政治主要行为体）与地理政治学包含的内生性权力变量区分开。地理政治学基本分析单位主要有三个，即海洋强国（Sea Power）、大陆强国（Land Power）及边缘地带的陆海复合型强国（Land-Sea Hybrid Power）。地理政治学包含的内生性权力变量共有五个，即海上力量（Sea Power）、陆上力量（Land Power）、空中力量（Air Power）、空间力量（Space Power）和智能空间力量（Cyberspace Power）。对地理政治学的研究中存在的这个问题的详细论述，参见吴征宇《地理政治学与大战略》，中国法制出版社2012年版，第20—21页。也正是从这个意义上说，真正与马汉在他的系列历史著作中使用的"海权"一词相对应的本意应该是"海上力量"。这种力量从根本上说不仅包括了海上军事力量，更包括了那些与国家繁荣密切相关的海洋经济以及对海洋经济必不可少的海洋秩序。本书中使用到的"海权"一词（除非有特别的注明）一般都是指"海上力量"，这种力量主要有三个构成要素，即海洋经济、海洋秩序和海上力量，这也是马汉在他著作中使用的"海权"一词的本意。

② Herbert Richmond, *Statesmen and Sea Power*, Oxford: The Clarendon Press, 1946, p. ix.

明，各种强制性的理由使人们往往选择了某些特定的航线而不是其它航线"。① 如果一个国家能够总体上保持自己沿着这些"经常使用的航线"的交通且同时使敌人根本无法享受到这一特权，那么这个国家很大程度上就是拥有了"对海洋的控制"。

自航海大发现时代以来，现代西方文明的发展很大程度上是与对海洋的认识和利用同步进行的，这其中最引人瞩目的是三方面发展，即海洋经济、海洋秩序与海上力量。开启了现代历史进程的航海大发现本质上是一种商业利益驱动和主导的海洋探险活动，这种活动不仅使早期的欧洲人得以从海上找到一条开展东西方贸易的通道，从而避开了奥斯曼帝国强加于自身的枷锁，也使通过海洋进行贸易成为现代国家财富增长的最主要源泉之一。与航海大发现相伴而来的，是欧洲人开始试图对围绕海洋展开的竞争进行必要的约束和规范。这种愿望的最早体现，是1494年航海大发现的两个先驱者国家葡萄牙和西班牙，在罗马教皇亚历山大六世的斡旋下签订的《托尔德西里亚斯条约》很大程度上也正是现代海洋秩序的最初原型。海洋贸易和海外殖民的不断发展意味着欧洲人的财富越来越集中于海洋，与此同时，造船技术、航海技术和武器技术的不断发展也使欧洲人越来越具有对海洋进行控制的能力。这两种趋势的发展产生的主要后果，是欧洲早期的现代国家越来越着力于建立和维持一支常备海军。②

尽管现代历史上海洋经济、海洋秩序与海上力量的发展几乎是同步进行的，但三者彼此间的优先顺序仍然是轻易地就能够排列出来的，即

---

① Alfred T. Mahan, *The Influence of Sea Power upon History*, 1660-1783, Boston: Little, Brown, 1890, p. 25.
② 有关海洋经济、海洋秩序与国家海上力量间的内在联系，参见 Jo Inge Bekkevold and Geoffrey Till, eds., *International Order at Sea: How It is Challenged, How It is Maintained*, London: Palgrave Macmillan, 2018; Ronald S. Love, *Maritime Exploration in the Age of Discovery, 1415-1800*, London: Greenwood Press, 2006; David Wilson and Dick Sherwood, eds., *Oceans Governance and Maritime Strategy*, St. Leonards: Allen and Unwin, 2000。

海洋经济的发展推动了海洋秩序的诞生,海洋秩序的需要则促使欧洲早期的现代国家开始发展海上力量,这种优先顺序同样也明显体现在马汉对海权的相关论述中。在马汉有关海权的论述中,最引人瞩目的就是他有关影响一国海洋能力发展的六个主要条件的论述,用罗伯特·西格的话来说,正是这一论述在后世读者中激起了最广泛的评论和猜想,而且绝大多数人对马汉的理解也正是基于这一论述。① 马汉著作中列出的影响一国发展海洋能力的六个主要条件是:地理位置、自然构造、领土范围、人口数量、民族特点、政府因素。虽然马汉明确强调他列出的是影响一国发展海洋能力的六个主要因素,但后来的绝大多数人仍然总是将这些因素看作海权的基本构成要素,且因此忽略了对马汉眼中广义上的海权构成要素进行更深入的探讨。事实上,在马汉的海权论述中,海上力量与海洋经济及海洋秩序间有着密切的内在联系,即任何国家海上力量最终能否得到持续和有效的发展很大程度上取决于海洋经济和海洋秩序的实际需要。②

马汉通过他一系列著作加以阐释的海权理论的核心,是一国海上力量的发展必须与海上经济形成一种良性的互动关系,这也是马汉著名的《海权对历史的影响》系列著作的核心。马汉对海权在现代历史上地位与作用的认识建立在一个基本前提的基础上,即"通过水路进行的旅行和贸易总是比通过陆路的方便和便宜"。虽然马汉承认在他那个时代中铁路运输大体上已经取代了水路运输在国内经济活动中的地位,但他坚持认为海运仍然是对外贸易的首要运输形式且未来仍将如此。③ 马汉对

---

① Robert Seager Ⅱ, *Alfred Thayer Mahan*: *The Man and His Letters*, Annapolis: Naval Institute Press, 1977, p. 205.
② Paul M. Kennedy, *The Rise and Fall of British Naval Mastery*, London: Penguin Books, 1976, p. 6.
③ Alfred T. Mahan, *The Influence of Sea Power upon History*, *1660 – 1783*, Boston: Little Brown, 1890, p. 26; Robert Seager Ⅱ, *Alfred Thayer Mahan*: *The Man and His Letters*, Annapolis: Naval Institute Press, 1977, p. 201. 一直到最后的岁月,马汉本人对海上长距离运输相对于陆上长距离运输具有的各项优点(主要是便宜和便捷)都持有非常乐观的看法,对这个问题认识上的差异,也正是马汉与麦金德两人在战略思想上的主要分歧点之一。

| 地理政治学、大战略与海洋转型

海洋经济与海上力量间互动联系的认识从根本上说体现出一种明显的等级顺序：首先，海洋经济（生产、航运、殖民地）不仅是决定一国经济繁荣的关键，而且一直是濒海国家之海洋政策的最首要驱动力；其次，拥有海上力量不仅对保护与生产、航运、殖民地相关的国家利益是至关重要的，同时也一直是历史上大国间冲突的一个重要因素；最后，一国发展海权的能力受到六个主要条件的影响，即地理位置、自然构造（包括自然资源和气候状况）、领土范围、人口数量、民族特点和政府因素。[1]

对马汉来说，海上力量建设的终极目标是促进和保障一国海洋经济的发展和繁荣，但实现这个目标的关键是建立一种适合国家海洋经济的发展与繁荣的海上秩序，而这点也正是理解马汉强调的实现"对海洋的控制"的核心。这个核心集中体现在马汉对英国如何在法国大革命和拿破仑战争中最终获胜的阐释中。马汉展示的英国获胜的致命武器就是对海洋的控制：英国首先击溃了法国和西班牙的海军，同时消除了荷兰和丹麦的海上力量构成的次要威胁，随后在特拉法尔加海战中击败了法国与西班牙的联合舰队，此举消除了能够对英国控制海洋的地位构成威胁的可能，并且确保了英国对大陆进行的封锁及英国自身商业的安全，前者削弱了法国的力量，后者则是支持英国及盟国军队的金融实力的基础。马汉对英国领导欧洲大陆其他国家反抗法国建立的欧洲霸权的描述，不仅展示了海洋经济是英国海上力量的坚实基础和英国最终获胜的关键要素，且同时揭示出英国为反对拿破仑建立的欧洲霸权的斗争的最

---

[1] Jon Tetsuro Sumida, *Inventing Grand Strategy and Teaching Command: The Classic Works of Alfred Thayer Mahan Reconsidered*, Baltimore, Maryland: The John Hopkins University Press, 1997, p. 27. 对马汉思想中包含的海权构成要素的先后顺序，乃是马汉著名的《海权对历史的影响》系列著作中有关海权之相关论述的最重要方面之一，而这点常常被后世的研究者忽略，这也是为什么今天谈论的海洋转型总是指单一的战略转型。

第七章 海权与陆海复合型强国

终目标,乃是建立一种有利于英国(也包括其他国家)海洋经济发展的海洋公共秩序。①

对马汉来说,实现对海洋的控制的关键"是通过有利于军事力量或海军力量发展的政治手段确保一国海洋商业活动的必要性,这三项因素对一国实际具有的相对重要性的先后顺序是:商业,政治,军事"。马汉给出的这个先后性顺序很大程度上也就意味着,一个国家发展海上力量或海军力量的最根本目的,就是以通过支持一国拥有的政治手段的方式,来实现保护国家在海外的商业利益或经济利益的目标。② 马汉与许多与他同时代的人物一样,不仅是一个大海军主义者而且是一个帝国主义者,因为在他生活时代中殖民地被普遍认为与国家经济利益息息相关,但他绝不是一个强调单纯以武力就能够实现国家的繁荣与发展的军国主义者。③ 马汉明确认识到,一国发展海上力量的重点是保护它的经济利益或商业利益,这种保护是通过建立和维持一种以海上力量为支撑的海洋秩序的方式实现的。马汉虽然是强调海权的作用,但也认为"海洋史仅仅是国家总体兴衰的一个因素",不仅如此,"忽略与海洋密切

---

① 有关英国与法国在法国大革命和拿破仑战争期间海洋竞争的实质,参见 Richard Harding, *Seapower and Naval Warfare, 1650-1830*, London: UCL Press, 1999, pp. 257-280; Jon Tetsuro Sumida, *Inventing Grand Strategy and Teaching Command: The Classic Works of Alfred Thayer Mahan Reconsidered*, Baltimore: the John Hopkins University Press, 1997, pp. 32-36; Paul M. Kennedy, *The Rise and Fall of British Naval Mastery*, London: Penguin Books, 1976, pp. 123-148。

② Alfred Thayer Mahan, *Retrospect and Prospect: Studies in International Relations*, Naval and Political, Boston: Little, Brown, 1902, p. 246. 对马汉思想的提炼,参见 John B. Hattendorf, ed., *Mahan on Naval Strategy: Selections from the Writings of Rear Admiral Alfred Thayer Mahan*, Annapolis, MD: Naval Institute Press, 2015; Allan Westcott, ed., *Mahan on Naval Warfare: Selections from the Writings of Rear Admiral Alfred Thayer Mahan*, New York: Dover Publications, 2003。

③ Rolf Hobson, *Imperialism at Sea: Naval Strategic Thought, the Ideology of Sea Power, and the Tirpitz Plan, 1875-1914*, Boston: Brill Academic Publishers, Inc., 2002, p. 157. 对马汉海权思想中包含的那种强烈的帝国主义色彩及其对当时以及后来的其他国家的影响,参见 Jon Tetsuro Sumida, *Inventing Grand Strategy and Teaching Command: The Classic Works of Alfred Thayer Mahan Reconsidered*, Baltimore: The John Hopkins University Press, 1997; John B. Hattendorf, ed., *The Influence of History on Mahan*, New Port, RI: Naval War College Press, 1991。

相关的其他因素,那么将形成一种对海洋重要性的极为扭曲的看法(夸大或贬低)"。①

二 古典与现代历史上的海洋转型

从严格意义上说,马汉通过他的《海权对历史的影响》系列著作展现的海权三要素(海洋经济、海洋秩序和海上力量)实质上是一种体系性或结构性的因素,而不是一种纯粹的单元性因素(即不是为任何单一国家所独有),而这点同时也意味着,那些具有不同禀赋的国家往往也拥有不同程度的海权。② 马汉揭示的海权三要素不仅能够为人们正确地认识海权的实质提供一种方便的视角,更为重要的则是,海权的这三个构成要素同时为分析历史上出现过的海洋转型及与此相关的经验教训提供一个非常实用的指南。这三个要素可以帮助我们认识为什么现代历史上的两次海洋转型都是以失败而告终。③ 作为一个专门术语,"海洋转型"不适用于英国和日本这样的单纯海洋国家,也不适用于那些身处内陆且没有或少有海岸线的国家,而只是适用于那些陆海复合型国家。历史上位于欧洲大西洋沿岸的法国和德国及欧亚大陆另一端的中国都属于这类国家。而有关现代历史上陆海复合型强国曾经进行的海洋转

---

① Alfred T. Mahan, *The Influence of Sea Power upon History, 1660–1783*, Boston: Little Brown, 1890, p. 90. 对马汉海权思想中包含的其他因素的论述,参见 Jon Tetsuro Sumida, *Inventing Grand Strategy and Teaching Command: The Classic Works of Alfred Thayer Mahan Reconsidered*, Baltimore: the John Hopkins University Press, 1997; John B. Hattendorf, ed., *The Influence of History on Mahan*, New Port, RI: Naval War College Press, 1991。

② 对体系性或结构性因素的界定,参见 Barry Buzan and Richard Little, *International Systems in World History: Remaking the Study of International Relations*, Oxford: Oxford University Press, 2000, pp. 241–343; Barry Buzan, Charles Jones and Richard Little, *The Logic of Anarchy: Neorealism to Structural Realism*, New York: Columbia University Press, 1993, pp. 29–65。

③ 有关海权的定义对认知海洋转型的意义,参见 Andrew S. Erickson and Lyle J. Goldstein, "Introduction: Chinese Perspectives on Maritime Transformation", in Andrew S. Erickson, Lyle J. Goldstein, Carnes Lord, eds., *China Goes to Sea: Maritime Transformation in Comparative Historical Perspective*, Annapolis, MD: Naval Institute Press, 2009, p. xv。

型及由此产生的经验教训，无疑将有助于提高对陆海复合型国家的战略地位及相关脆弱性的认识。

无论在古典还是在现代的历史上，许多陆海复合型国家曾经在不同的历史时期内都尝试进行海洋转型，这种转型在古典时期中的典型例证主要有三个，即波斯帝国、罗马帝国和奥斯曼帝国。自欧洲国家体系诞生以后，路易十四的法国和威廉二世的德国（一定程度上也包括了19世纪后期的俄国及20世纪后期的苏联）也曾经在它们权力的鼎盛时期尝试进行海洋转型。值得注意的是，除古典时期的成功案例外（波斯帝国、罗马帝国和奥斯曼帝国的海洋转型都取得了某种程度的成功），现代历史上曾经出现过的海洋转型无一例外都遭到失败，其中最引人瞩目的是路易十四的法国与威廉二世的德国进行的海洋转型。这两次海洋转型不仅没有取得任何实质性意义上的成功，且最终都引发了历史上两场大规模的战争。19世纪的俄国和20世纪的苏联曾经进行的海洋转型虽然没有引起过大规模战争，但这种转型不仅消耗了宝贵的国力，从而给俄国和苏联的历史发展造成了严重后果，且同时在不同程度上引发了体系性的震荡。这两次海洋转型最后也都是出于多种内在或外在的原因而遭到失败。①

在古典时期的历史上，曾经有三个大帝国（即波斯帝国、罗马帝国和奥斯曼帝国）在它们权力的鼎盛时期成功地从单一的大陆型帝国转变成为一个陆海两栖性的帝国：波斯帝国在鼎盛时期先后将地中海东部、波斯湾和红海置于其绝对掌控中；罗马帝国最辉煌时期的标志就是将地中海转变为"罗马湖"；奥斯曼帝国在鼎盛时期也曾经建立起对地中海

---

① "海洋转型"是最近十年间出现的一个战略性术语，目前虽然有大量的历史个案研究，但理论上仍缺少总结和提炼。对这个问题最集中的论述，参见 Andrew S. Erickson, Lyle J. Goldstein, Carnes Lord, eds., *China Goes to Sea: Maritime Transformation in Comparative Historical Perspective*, Annapolis, MD: Naval Institute Press, 2009。近年来，许多美国学者对海洋转型的持续关注很大程度上是因为中国崛起造成的影响，但这种关注很少涉及历史上的相关个案。

东部、波斯湾和红海的绝对控制。① 除建立一支那个时代的强大海军外，这三个古典时期的大陆帝国成功地实施海洋转型的最显著特征，是它们最终获胜的关键都是采取了"以陆制海"的方式。这种方式有两条具体的路径，一是直接占领海上对手赖以生存的陆上基地，二是在获得超出对手几个数量级的大陆领土的基础上最终发展出一支超大规模的海军。② 古典时期三个大陆型帝国海洋转型的成功，与现代历史上海洋国家相对于大陆国家的显著优势形成了鲜明对比，马汉力图传达的主要教益之一，是现代世界中的海权与陆权相比对世界具有更大影响力，即一个海上占绝对优势的国家必要时总能够最终战胜一个陆上占绝对优势的国家。③

古典文明时期中的那些大陆型帝国海洋转型的成功，很大程度上正是构成了麦金德"心脏地带理论"的立论基点，这一理论首先是基于对历史上的海洋国家与大陆国家间冲突模式的考察，这其中的重点有三个，

---

① 有关波斯帝国、罗马帝国和奥斯曼帝国的海洋转型努力，参见 Gregory Gilbert, "Persia: Multinational Naval Power"; Arthur M. Eckstein, "Rome Dominates the Mediterranean"; Jakub Grygiel, "Ottoman Sea Power and the Decline of the Mediterranean World"。这三篇文章刊载于一本论文集中，参见 Andrew S. Erickson, Lyle J. Goldstein, Carnes Lord, ed., *China Goes to Sea: Maritime Transformation in Comparative Historical Perspective*, Annapolis, MD: Naval Institute Press, 2009, pp. 3-30, 63-92, 93-119。有关现代历史上的海洋转型，参见 James Pritchard, "France: Maritime Empire and Continental Commitment"; Jacob W. Kipp, "Imperial Russia: Two Models of Maritime Transformation"; Holger H. Herwig, "Imperial Germany: Continental Titan, Global Aspirant"; Milan Vego, "Soviet Russia: The Rise and Fall of a Superpower Navy"。这四篇文章载于同一本论文集中，参见 Andrew S. Erickson, Lyle J. Goldstein, Carnes Lord, ed., *China Goes to Sea: Maritime Transformation in Comparative Historical Perspective*, Annapolis, MD: Naval Institute Press, 2009, pp. 123-144, 145-170, 171-200, 201-233。

② 对古典时期的大陆国家战胜海洋国家两条基本路径的最佳论述，参见 Halford J. Mackinder, *Democratic Ideals and Reality: A Study in the Politics of Reconstruction*, New York: W. W. Norton, 1962, especially Chapter 3, 4, 5。

③ 对马汉海权思想核心的论述，参见 Jon Tetsuro Sumida, *Inventing Grand Strategy and Teaching Command: The Classic Works of Alfred Thayer Mahan Reconsidered*, Baltimore: the John Hopkins University Press, 1997, pp. 26-41。

第七章 海权与陆海复合型强国

即克里特 vs. 希腊、凯尔特不列颠 vs. 罗马、英国 vs. 欧洲大陆国家。① 麦金德正是从此考察中得出了三个重要结论：一是海上力量必须依赖安全可靠且资源丰富的陆上基地；二是一个拥有丰富资源且不受其他陆上国家干扰的大陆强国最终将能够战胜一个海洋强国；三是最佳的地理位置是一个有岛屿特征且拥有着丰富资源的地方。② 麦金德正是在这个基础上得出了他地理政治的核心命题，即欧亚非大陆（世界岛）不仅承载了世界上绝大部分的人口和资源，而且具有潜在的岛屿特征，如果一个大陆强国控制了世界岛主要资源且不受其他陆上国家干扰，那么它也将会成为最强的海洋国家。③ 麦金德在历史类比基础上得出的这一结论，很大程度上反映了盎格鲁—撒克逊民族的传统恐惧感，即是对某个单一强国控制大陆及因此而丧失海洋优势的恐惧。在现代世界历史上，麦金德表达出的这种恐惧感虽然不乏合理性，却是建立在忽视现代世界与古典世界之本质区别基础上的。正是这种区别决定了现代历史上两次大规模海洋转型几乎一开始就没有多少成功的可能。

麦金德理论成立的前提，是现代世界中的大陆强国将能够复制古典时期的大陆强国战胜其海洋对手时采用的两条路径，但在由欧洲人的航海大发现开启的现代世界中复制这两条路径的客观条件已经不复存在。首先，现代世界中根本上不存在陆地包围海洋的可能性，现实世界的情况恰恰是海洋包围着陆地，而这点实际上也就是剥夺了大陆国家直接占领海洋国家赖以生存的陆上基地的可能性，尽管现代历史上的法国和德

---

① 麦金德对这三个历史个案的详细考察构成了他1919年著作最初几章的核心，参见 Halford J. Mackinder, *Democratic Ideals and Reality: A Study in the Politics of Reconstruction*, New York: W. W. Norton, 1962, especially Chapter 3, 4, 5。
② 麦金德从历史考察中得出的这三条结论实际上构成了他整个理论的基础，参见 Halford J. Mackinder, *Democratic Ideals and Reality: A Study in the Politics of Reconstruction*, New York: W. W. Norton, 1962, p.70。
③ 有关麦金德地理政治思想的核心，参见 Colin S. Gray, "In Defense of the Heartland: Sir Halford Mackinder and His Critics a Hundred Years on", *Comparative Strategy*, Vol. 23, No. 1, 2004, pp. 9-25; Geoffrey Sloan, "Sir Halford J. Mackinder: The Heartland Theory Then and Now", *Journal of Strategic Studies*, Vol. 22, No. 2, 1999, pp. 15-38。

国都为此进行过几次颇为壮观的尝试，但最终都是以失败告终。① 其次，主要由路德维希·德约展示的那种贯穿于几个世纪以来欧洲国际关系的大均势机理，同样也使现代世界中的大陆国家以领土扩张的方式获得一个规模上超过海洋国家几个数量级的领土基地的路径根本无法实现，这种扩张实际上也正是导致历史上的法国与德国最终遭到失败的关键。② 最后，现代技术的发展虽然有利于大陆国家获得以往不曾有的机遇，但同时也有利于海洋国家的发展。这里值得注意的就是，现代技术的发展更有利于那些在内部体制和社会治理上有别于大陆国家的海洋国家的成长。③

在现代世界历史上，法国和德国都曾在不同的历史时期与主导性海洋强国（英国）争夺过大陆和海洋的主导权，现代历史上出现过的两次最接近成功的海洋转型，也正是路易十四的法国和威廉二世的德国，这段历史展示的实际上也正是现代世界中海洋国家相对于大陆国家的优势。首先，尽管历史上英国曾经多次遭到入侵的威胁，但这些入侵的尝试不仅事后看没有多少成功的可能，即使在当时也几乎是不久即遭到失败，这也是拉霍格海战、特拉法尔加海战、日德兰海战和不列颠之战在现代历史上的特殊性意义。其次，即使在权力的鼎盛时期，法国和德国也证明了自己无论采取什么方式都无法获得一个规模上大大超越英国的陆上基地，更为重要的是，法国和德国的大陆扩张最终都触动了那个迫使其陷入无法取胜的两线作战的大均势机理。最后，由于总体经济资源及主导性原则上的优势，英国不仅最终证明自己更经得起长期战争且能

---

① 有关现代历史上英国曾经屡次遭到的大陆国家可能入侵本土的威胁及其应对措施，参见 Frank McLynn, *Invasion: From the Armada to Hitler, 1588–1945*, London: Routledge and Kegan Paul, 1987。

② 有关路德维希·德约阐述的贯穿欧洲国际关系的大均势机理，参见 Ludwig Dehio, *The Precarious Balance: Four Centuries of the European Power Struggle*, New York: Random House/Vintage, 1962。

③ 有关历史上海洋国家为什么能够对大陆国家享有总体性优势，参见 Mark R. Brawley, *Liberal Leadership: Great Powers and Their Challengers in Peace and War*, New York: Cornell University Press, 1994。

够为其他大陆国家的反抗提供必不可少的财政支持,而且使其他主要国家最终都能够站到自己的一边加入反抗法国或德国力图称霸欧洲的战争中。①

除历史上的法国和德国外,19世纪的俄罗斯帝国及20世纪的苏联也为追求海权进行过艰苦努力。历史上俄国发展海洋能力的努力有两条核心内容,一是以领土扩张方式谋取出海口,二是力求建立一支与其他强国对等的海军。俄国和苏联谋求海权的努力产生的实际影响是双重的,海权扩张确实在某种程度上促进了俄国的强大,但俄国的领土扩张以及为建立海军进行的努力,对俄国同样也是产生了极为消极的影响。② 作为心脏地带的大陆强国,俄国为争夺出海口及建立强大海军的努力,不仅使历史上的俄国走上了一条持续扩张的道路,而且使俄国为此背上了极为沉重的负担,事实上,海权与其说是俄国强盛的推动力,不如说是俄国强盛的副产品。与此同时,俄国的地理位置注定了俄国海军始终是一支高不成、低不就的力量。由于出海口散布在欧亚大陆的不同地区,俄国海军不得不分散配置因而难以形成集中性优势,俄国在克里米亚战争及日俄战争中的失败充分暴露了俄国海军的先天不足,俄国海军最多也不过是俄国陆军的辅助军种,而过度谋求海军发展也间接导致了俄国及苏联的衰落。③

---

① 对历史上法国与德国的争霸努力(同时也包括海洋转型努力)失败的论述,参见 Jeremy Black, *Great Powers and the Quest for Hegemony: The World Order since 1500*, London: Routledge, 2008; Mark R. Brawley, *Liberal Leadership: Great Powers and Their Challengers in Peace and War*, New York: Cornell University Press, 1994; Ludwig Dehio, *The Precarious Balance: Four Centuries of the European Power Struggle*, New York: Random House/Vintage, 1962。

② 有关历史上的俄罗斯帝国为争夺出海口进行的领土扩张及为建立一支强大海军进行的各种努力,参见 Nicholas Papastratigakis, *Russian Imperialism and Naval Power*, New York: Palgrave Macmillan, 2011; John C. K. Daly, *Russian Seapower and the Eastern Question*, Annapolis: Naval Institute Press, 1991。

③ 冷战期间关于俄罗斯帝国时期和苏联时期的海军建设曾经出现过大量论著,但冷战结束后数量则急剧减少,较新的有关著作,参见 Nicholas Papastratigakis, *Russian Imperialism and Naval Power*, New York: Palgrave Macmillan, 2011; Bryan Ranft and Geoffrey Till, *Sea in Soviet Strategy*, Annapolis: Naval Institute Press, 1989。

三 现代历史上海洋转型的经验教训

在现代历史上,欧洲大西洋沿岸的两个陆海复合型强国(法国与德国)曾经进行的海洋转型都是它们在竞争中最终走向失败的主要诱因之一。主导性海洋强国的核心利益不是在大陆上的领土扩张,它们的目标历来是保持大陆核心地区强国间的均势以防止这些地区为任何强国所独占,因此主导性海洋强国与大陆上其他国家在维护现状的问题上存在着高度一致性。由于大陆国家对区域均势的敏感度远高于对全球均势的敏感度,因此现代历史上两个陆海复合型强国进行的两次海洋转型及其争夺海权的努力(这种努力改变的首先是区域均势)总是遭到主导性海洋强国及大陆邻国的双重夹击。现代历史上这两次最接近成功的海洋转型留下了三条重要教训:首先,由于地理位置的特殊性,陆海复合型强国在追求海权时须时刻注意保持陆海两方面的恰当平衡;其次,海权的三个构成要素意味着,海洋转型不仅是海军力量的增长,更是海洋经济的发展以及对海洋治理体系参与度的提高;最后,鉴于海洋转型引发的区域性及全球性效应,海上力量的发展必须被置于一种合理的大战略框架下。①

与个人的发展需要某种先天的资质一样,任何国家发展海权时也必须考虑到自身的客观条件,事实上,一国的地理位置通常也决定了一国究竟能够拥有多大程度的海权。与单纯的海洋国家相比,陆海复合型国家由于同时面临两方面压力,因而很难能够集中精力发展海上力量,即使它们能够暂时地拥有庞大的海上力量,但在陆地方向上面临的压力也

---

① 目前已有的对现代历史上两次最重要的海洋转型努力(即路易十四的法国与威廉二世的德国)的总结性研究,参见 Holger H. Herwig, "*Luxury*" *Fleet*: *The Imperial German Navy 1888-1918*, New York: Routledge, 1980; Alfred T. Mahan, *The Influence of Sea Power upon History, 1660-1783*, Boston: Little, Brown, 1890。对海上力量发展目标及兵力构成之重要性的相关论述,参见徐弃郁《海权的误区与反思》,《战略与管理》2003 年第 5 期。

使其难以持久地维系庞大的海上力量。① 路易十四时代的法国曾经拥有显赫一时的海上力量,但陆海兼备的特点却使法国的海上力量发展具有很大脆弱性。由于舰队无法保证漫长陆地边界的安全,法国因此不得不常常将陆权置于海权之上,因为与英国的海上争霸固然会影响其海洋发展,但来自陆上的威胁却可以直接地影响其地位和生存。② 威廉二世时代的德国也拥有一支足以与英国在大洋上匹敌的海上力量,但德国海军的军备建设开始不久就因为过度消耗了资源而被迫放慢步伐,因为陆海兼具的特点决定了德国不可能奢侈到可以将资源完全用于海军建设。英德两国间的海军竞赛实际上最迟到 1912 年一战爆发前夕就已经见出分晓。③

除发展海权上的先天不足外,陆海复合型强国由于必须在陆海两方面保持平衡,因此过度发展海权则不仅有可能会导致有限财力的分散使用,而且可能会引发主导性海洋强国与周边大陆邻国的联手制衡,而这点与海上力量增长可能会导致的区域性乃至全球性效应是紧密联系在一起的。④ 路

---

① Alfred Thayer Mahan, *Retrospect and Prospect: Studies in International Relations*, Naval and Political, Boston: Little, Brown, 1902, p. 169。马汉是最早对陆海复合型国家的海权资质进行讨论的学者。他的论述还体现在另外两本著作中,参见 Alfred T. Mahan, *From Sail to Steam: Reflections of a Naval Life*, New York: Harper Collection Robarts, 1907; Alfred T. Mahan, *The Influence of Sea Power upon History, 1660-1783*, Boston: Little Brown, 1890。

② Alfred T. Mahan, *The Influence of Sea Power upon History, 1660-1783*, Boston: Little, Brown, 1890, Chapter 3, 4, 5。

③ Holger H. Herwig, "*Luxury*" *Fleet: The Imperial German Navy 1888-1918*, New York: Routledge, 1980, Chapter 3, 4, 5。

④ 对历史上两次海洋转型产生的区域性乃至全球性效应的最好诠释,参见 Ludwig Dehio, *The Precarious Balance: Four Centuries of the European Power Struggle*, New York: Random House/Vintage, 1962。当代国际政治研究中对大陆国家追求海洋转型的区域性乃至全球性效应的诠释主要是世界政治"历史长周期理论"学派做出的,参见 George Modelski and William R. Thompson, *Sea Power in Global Politics 1494-1993*, London: Palgrave Macmillan, 1987; George Modelski, *Long Cycles in World Politics*, London: Macmillan Press, 1987。此外,对这两种效应的诠释还可以参考两本历史著作,参见 Holger H. Herwig, "*Luxury*" *Fleet: The Imperial German Navy 1888-1918*, New York: Routledge, 1980; Alfred T. Mahan, *The Influence of Sea Power upon History, 1660-1783*, Boston: Little, Brown, 1890。

易十四时代的法国就因为同时在两个方向上的扩张而引发强烈反弹,陆海两方面的扩张不仅导致英法两国间长期处于战争状态,同时也使法国的大多数陆上邻国在九年战争和西班牙王位继承权战争中都纷纷加入英国一方反对法国的扩张,必须同时面对陆海两方面的压力也正是法国最终失败的重要原因之一。① 威廉二世时代的德国在已经拥有最庞大陆上力量的同时,也正是因为仍然要盲目地追求海权,从而最终导致了英国将德国锁定为自己的主要威胁,这种情况也使德国在面对法国和俄国传统敌意的同时,不得不同时还需要独自应对来自英国的巨大海上压力。德意志第二帝国盲目追求海权的结果,就是使列强间的分化组合丧失了原有的灵活性,从而最终加速了第一次世界大战的到来。②

除地理位置上的先天不足外,现代历史上的这两次海洋转型都是单一的战略转型,即转型的目的乃是发展与英国争夺海上主导权的海军力量,这种转型与马汉反复强调的海洋经济和海洋秩序没有任何实质性的关系。马汉界定的广义上的海权"不仅是包括了那些以武力方式统治着海洋或海洋之一部分的海上军事力量,同时也包括了和平时期的商业和航运,只有从和平时期的商业和航运中才能自然而健康地成长起一支海军舰队,和平时期的商业和航运也正是一支海军舰队赖以存在的最可靠基础"。③ 马汉的这一论断意味着,集中精力向海洋发展的关键是这种发展有利于促进国家财富的增长,这种增长也正是国家海上力量的终极基础,违背这个顺序的后果就是使海上力量发展难以持续。路易十四的

---

① 对路易十四领导的法国因为追求陆海两方面扩张而产生的反作用,参见 Ludwig Dehio, *The Precarious Balance: Four Centuries of the European Power Struggle*, New York: Random House/Vintage, 1962, Chapter 2。

② 对威廉二世领导的德国因为追求陆海两方面扩张而产生的反作用,参见 Ludwig Dehio, *The Precarious Balance: Four Centuries of the European Power Struggle*, New York: Random House/Vintage, 1962, Chapter 4。

③ Alfred T. Mahan, *The Influence of Sea Power upon History*, 1660-1783, Boston: Little, Brown, 1890, p. 28, 82. 另见 Jon Tetsuro Sumida, *Inventing Grand Strategy and Teaching Command: The Classic Works of Alfred Thayer Mahan Reconsidered*, Baltimore: the John Hopkins University Press, 1997, Chapter 2。

第七章 海权与陆海复合型强国

法国与威廉二世的德国都建立起过一支足以与英国相匹敌的庞大舰队，但这两支舰队的首要任务，都是力图以武力方式与英国争夺海上主导权，而不是为促进海洋经济发展和国家财富增长，如果从这个角度看，现代历史上这两次海洋转型的失败很大程度上正是证明了马汉这一论断的合理性。①

路易十四的法国与威廉二世的德国曾经进行过战略性海洋转型，最终不仅由于过度消耗资源而被迫终止，更由于挑战了现有的海洋秩序从而触动了贯穿几个世纪欧洲国际关系的大均势机理而最终失败。海洋秩序本质上是一种公地秩序，与大陆秩序相比有两个显著特点：首先，这个秩序是由包括主导性海洋国家在内的国际社会中绝大多数与海洋相关的国家共同加以维系的；其次，这个秩序的维系同时也严重地依赖于相关的国际法规及在此基础上形成的国际体制。② 正是从这个意义上说，挑战英国的海上主导权不仅意味着击败英国的海上力量，而且更意味着以一种新的海洋秩序取代由英国维持的现有海洋秩序，而这点不仅是英国无法接受的，同时也是为其他那些与海洋密切相关的国家所无法接受的。英国建立的那个以"公海自由"为主旨的海洋秩序，乃是以由一系列与海洋相关的国家共同地参与和维持的国际海洋法规及在此基础上形成的国际海洋体制为基础的，从这个意义上说，摧毁英国维持的现有海洋秩序也将会危及其他与海洋密切关联之国家的根本利益。③

---

① James Pritchard, "France: Maritime Empire and Continental Commitment"; Holger H. Herwig, "Imperial Germany: Continental Titan, Global Aspirant", in Andrew S. Erickson, Lyle J. Goldstein, Carnes Lord, eds., *China Goes to Sea: Maritime Transformation in Comparative Historical Perspective*, Annapolis, MD: Naval Institute Press, 2009, pp. 123-144, 171-200。

② 对现代海洋秩序之根本属性的入门性介绍，参见 Jo Inge Bekkevold and Geoffrey Till, eds., *International Order at Sea: How It is Challenged, How It is Maintained*, London: Palgrave Macmillan, 2018; David Wilson and Dick Sherwood, eds., *Oceans Governance and Maritime Strategy*, St. Leonards: Allen and Unwin, 2000。

③ 对这个问题的更进一步阐述，参见 Mark R. Brawley, *Liberal Leadership: Great Powers and Their Challengers in Peace and War*, Ithaca, New York: Cornell University Press, 1994; Bernard Semmel, *Liberalism and Naval Strategy: Ideology Interest and Sea Power During the Pax Britannica*, London: Harper Collins Publishers Ltd., 1986。

| 地理政治学、大战略与海洋转型

现代历史上两次大规模海洋转型的失败在海上力量建设上同样也留下了深刻教训，这其中最重要的，是陆海复合型强国在发展海上力量时必须确立一个合理的战略目标。① 由于海上力量具有全球到达的特性，因此海上力量的发展一开始就是与施加全球性影响联系在一起的。路易十四的法国和威廉二世的德国为发展海上力量而作出的努力，都是与争夺欧洲霸权乃至全球霸权的目标相关的，而这点同样也意味着，如果一个国家追求的乃是世界领导者地位甚至是全球霸权，那么掌握海权就是一条必经之路，但如果目标是维护国家的主权和安全及确保一个相对有利的外部环境，那么发展海上力量的需求也就没有那么迫切了。即使一国将目标确定为全球性强国，那么它对海权的追求同样也受到客观的地理政治环境的限制，而这点是不以任何人的意志为转移的。由于绝对优势的海上力量是领导者国家的专利，因此任何其他国家海上力量的发展超过了一定限度时势必将引起领导者国家的强烈反应。由于陆海复合型强国的海上力量的发展首先将触动地区均势，这种情况势必将同样引起周边邻国的强烈反应。②

除确立一个合理的战略目标外，任何国家发展必要的海上力量与争夺海上主导权间是有着明确界限的，这种界限的核心指标就是一国海上力量的构成③。任何海军都是由不同舰只构成的武装力量，特定的海上力量构成能够明确地反映一国总体的战略取向。一战前，英国之所以将德国

---

① 海军战略实质上仅仅是实现国家大战略的一种必要手段，也因此必须自觉地服从于国家大战略的整体需要，正是从这个意义上说，任何形式的海洋转型必须防范的主要陷阱之一，就是以手段来支配甚至取代目标本身。

② 对路易十四的法国与威廉二世的德国追求海洋转型之根本目标目前不存在任何争论，对这种目标的历史展示，参见 Holger H. Herwig, "Luxury" Fleet: The Imperial German Navy 1888–1918, New York: Routledge, 1980; Alfred T. Mahan, The Influence of Sea Power upon History, 1660–1783, Boston: Little, Brown, 1890。

③ 海上力量的构成乃是反映一国海军建设的主要目标及作战对象想定的最重要和最可靠的指标，由力量构成体现出来的这两点关键性指标，至少从长远看，也不是任何形式的外交或战略性欺骗所能够掩盖的。

锁定为主要对手,根本原因之一是德国海军发展重点是用于海上决战的战列舰。在航母到来前,战列舰是一国制海能力的主要舰种,谁拥有战列舰,谁便可以控制海洋,且可以此为基础实施其他相关行动,而这点在英国看来意味着德国已经将英国锁定为主要对手,因为德国海军的力量构成已经使它客观上能够对英国的本土安全和海权地位造成根本威胁。现代技术的发展虽然使国家意图的判断指标出现了很大变化,但一国海上力量的构成仍然是判断其意图的核心指标之一,陆海复合型国家由于在发展海上能力时往往会引起安全局势的复杂化,因此海上力量构成是必须考虑的核心要素之一,这其中值得警惕的,是一国屈从于国内的利益集团或军队势力的压力,从而在发展海上力量时背离业已确定的大战略目标。①

四 海权在全球化时代的地位

与单纯的海洋国家相比,边缘地带陆海复合型国家发展海权时,首先要做到的就是正确认识海权的历史地位。在现代世界历史上,海权对特定时期的国家发展和经济繁荣确实起到过重要作用,但海权拥有的巨大影响乃是以特定时期中的技术条件和发展要素为前提的。伴随着技术的不断发展和增长要素的转变,海权对国家的发展与繁荣起到的推动作用同样也是在不断变化的(这种变化幅度当然是有限度的),即恰恰是历史决定了海权的地位,而不是海权决定了历史。② 海权在现代历史上确实起到过重要作用,尤其自马汉撰写的《海权对历史的影响》系列著作出版以来,海权的地位更是被抬高到异常显赫的地步,并且对此后

---

① 对路易十四的法国与威廉二世的德国分别在追求海洋转型过程中的兵力构成情况及其实际反映出的根本目标,参见 Holger H. Herwig, "Luxury" Fleet: The Imperial German Navy 1888-1918, New York: Routledge, 1980; Alfred T. Mahan, The Influence of Sea Power upon History, 1660-1783, Boston: Little, Brown, 1890。

② 这也是保罗·肯尼迪在他对马汉与麦金德的思想进行的对比性研究中曾经反复强调的一个核心主题,同时也是他后来一系列著名论著的核心,参见 Paul Kennedy, "Mahan versus Mackinder: Two Interpretations of British Sea Power", in Paul Kennedy, Strategy and Diplomacy 1870-1945: Eight Studies, London: Fontana, 1984, pp. 48-63。

| 地理政治学、大战略与海洋转型

历史发展产生了重大影响。但问题是,马汉对海权的论述是建立在少数海洋国家的成功经验基础上的,且他考察的是一个贸易和海军在世界事务中发挥主要作用的时代,正是从这个意义上说,马汉海权思想在当代世界的适用性是受到严格限制的。① 正是从这个意义上说,准确把握马汉海权思想在当今世界中的适用性,也正是认识海权在当今全球化时代的地位的起点。

马汉的海权思想很大程度上建立在两个前提的基础上:(1)海洋经济是决定一国经济繁荣的关键要素;(2)技术进步对海权的地位不会产生实质性影响。然而,工业革命及其引发的技术进步导致的主要后果,就是使马汉海权思想赖以立论的两大前提在现代世界中难以成立。② 首先,现代世界中的海洋经济对国家发展与经济繁荣确实已经不再能起到决定性作用,因为工业革命及其引发的技术进步已经大大颠覆了海洋经济曾经在生产、运输和贸易上享有的优势,现代世界中海权与国家发展及经济繁荣的关系与马汉给人的印象恰恰相反,即现代世界中一国的经济实力恰恰是决定海权兴衰的核心要素。其次,马汉之所以会认为海上力量比陆上力量有更大影响力,还在于以往时代的技术条件使那些享有幅员优势的大陆强国的潜力没有被充分发掘出来,但技术进步不仅使这些国家拥有了有效开发自身的手段,而且使它们更可能赢得大规模持久战,即海权在一个经过工业化改造后的世界中已经不再具有以往的那种影响力。③

---

① Geoffrey Till, *Maritime Strategy and the Nuclear Age*, London: Macmillan, 1982, p. 36。马汉的思想在现代世界的适用性是有着严格限制的,这也是为什么马汉思想对世界的影响出现了千差万别的现象。参见 John B. Hattendorf, ed., *The Influence of History on Mahan*, New Port, RI: Naval War College Press, 1991。

② William E. Livezey, *Mahan on Sea Power*, Norman: University of Oklahoma Press, 1980, p. 274。

③ 有关马汉海权思想中包含的这两个核心前提在现代世界中的瓦解也正是保罗·肯尼迪对马汉与麦金德这两种思想进行对比的核心主题之一,参见 Paul Kennedy, "Mahan versus Mackinder: Two Interpretations of British Sea Power", in Paul Kennedy, *Strategy and Diplomacy 1870–1945: Eight Studies*, London: Fontana, 1984, pp. 48–63。

与马汉关注的那个时代相比,新技术和新经济的出现虽然已经使海洋对当今国家的发展和繁荣不再具有以往的那种独一无二的影响力,但海洋对当今全球化时代中国家之发展与繁荣的重要性仍然不可小觑。对面向海洋谋求发展的国家而言,全球化对海权产生的影响主要体现在海权三要素(即海洋经济、海洋秩序和海上力量)的内涵与地位在当今时代已经发生了不同于以往的变化。首先,海洋对众多沿海国家在全球化时代的繁荣与发展起到的作用仍然非常重要,这不仅是因为海洋仍然是当今贸易的主要通道,更是因为海洋本身已成为经济增长的重要来源。其次,当今全球化时代中海洋秩序的重要性与以往时代相比有了急剧提高,这不仅因为全球化导致了国家间相互依存度的不断增加,同时也因为海洋秩序业已成为国际公共秩序的重要组成部分。最后,当今的全球化时代中海洋经济地位的变化与海洋秩序地位的提升,很大程度上也就是意味着,与马汉关注的那个时代相比,国家建设海上力量的意义也发生了重大变化,这种变化主要体现在海军在全球化时代的作用与任务的改变上。①

与马汉关注的时代相比,海洋经济虽然不再是国家发展与经济繁荣的最重要源泉,但这种变化并不意味着海洋经济对当今世界各国已经不再重要,而是意味着当今全球化时代中海洋经济的基本内涵,与马汉阐述的那些内容(生产、航运和殖民地)相比,已经出现了具有实质性意义的变化。② 海洋经济在当今全球化时代的重要性主要体现在两方面:首先,当今世界全球化趋势导致的直接结果,是经济生产要素的全球性配置,而这点不仅意味着当今国家间经济发展的相互依存度急剧增

---

① 有关对当今全球化时代中海权的内涵及构成要素发生的根本性转变的总结性论述,是英国学者杰弗里·蒂尔的著作,参见 Geoffrey Till, *Seapower: A Guude for the 21st Century*, London: Routledge, 2018, 4th Edition。

② 对战后世界中海权的内涵及本质的根本性转变的讨论,参见 Paul Kennedy, "Introduction: The Elements of Sea Power", in Paul Kennedy, *The Rise and Fall of British Naval Mastery*, London: Penguin, 2001, pp. 1–9。

高，同时也意味着在一国经济总量中海外资产份额的急剧上升；其次，由于海洋富含经济发展必需的能源和原料及其他各种要素，因此在当今科学技术发展日新月异的前提下海洋本身正在越来越成为世界经济发展的主要源泉之一。① 经济要素的全球配置及那种以海洋为主体的经济发展是全球化时代中海洋经济的两个特定内涵，这两个内涵产生的主要影响，并不仅局限在经济相互依存度的增加上，且导致了海洋秩序重要性的急剧提升，即海洋秩序已经成为当今全球化时代中国际公共秩序的核心部分。②

无论在马汉关注的那个时代还是在当今全球化时代，海洋秩序从根本上说都是一种国际公地秩序，正是从这个意义上说，当今全球化时代的海洋秩序有两个最核心部分：一是海上通道安全的意义日益提高，二是保持海洋的公地属性不受到任何实质性侵犯。主要由经济生产要素的全球配置造成的国家间经济发展依存度的提高及国家经济总量中海外资产份额的上升实际上意味着，海上通道的安全对当今世界的经济发展与和平稳定有着以往时代中不曾有的重要意义。③ 与此同样重要的是，经济要素的全球性配置及那种以海洋为主体的经济发展，同时也意味着保持海洋的国际公地属性不受根本侵犯正在成为当今世界中越来越多国家的共同责任。④ 正是从这个意义上说，与马汉关注的那个时代相比，当

---

① 对当今全球化时代中海洋经济在内涵及实现方式上出现的实质性转变的集中讨论，参见 Geoffrey Till, "Defining Sea Power", in Geoffrey Till, *Seapower: A Guude for the 21ˢᵗ Century*, London: Routledge, 2018, 4ᵗʰ Edition, pp. 20-38。
② 对当今全球化时代中海洋秩序在内涵及重要性上出现的根本转变，参见 Geoffrey Till, "Maintaining Good Order at Sea", in Geoffrey Till, *Seapower: A Guude for the 21ˢᵗ Century*, London: Routledge, 2018, 4ᵗʰ Edition, pp. 286-321。
③ 对这个问题的详细探讨，参见 Christian Bueger, Timothy Edmunds and Barry J. Ryan, "Maritime Security: The Uncharted Politics of the Global Sea", *International Affairs*, Vol. 95, No. 5, 2019, pp. 971-978。
④ 有关海洋领土化对国际海洋秩序的实质性威胁，参见 Barry J. Ryan, "The Disciplined Sea, A History of Maritime Security and Zonation", *International Affairs*, Vol. 95, No. 5, 2019, pp. 1055-1073。

第七章 海权与陆海复合型强国

今全球化时代中海洋秩序的维持已经不再是主导性海洋国家（美国）单独承担的责任，而是越来越依赖于国际海洋法规及在此基础上形成的国际海洋体制，而这点不仅意味着当今世界的主导性海洋国家需要调整自己的角色认定，同时更是为其他国家增加对国际海洋治理体系的参与提供了机遇。①

当今全球化时代中海洋经济内涵的变化及海洋秩序地位的提升，从根本上说同样也意味着当今世界国家海上力量建设的目标与作用发生了重大的变化。与现代世界历史上两次最重要的海洋转型（即路易十四的法国与威廉二世的德国）相比，当今全球化时代国家海上力量建设的首要目标，已经不再是与主导性海洋国家争夺制海权，而是保护国家的经济发展及海洋权益。② 即使对马汉而言，一国发展海上力量的根本目的，就是以通过支持一国拥有的政治手段的方式，来保护其在海外的商业利益或经济利益。海洋对当今世界经济发展的重要意义意味着，马汉界定的这一目标在当今全球化时代中不仅没有过时，而且显得更为重要。③ 全球化时代中国家海上力量建设目标的变化，同样也意味着国家海上力量建设的作用与以往时代相比有了很大不同。全球化时代中的国家海上力量更多地用来对一国的经济发展和海洋权益提供必要保护以及对国家参与国际海洋治理体系提供必要支持，而这也意味着一国在推进自身海上力量建设中必须对究竟要建立一支什么类型的海军力量予以明确。

---

① 对冷战后极速发展的全球化时代中海洋秩序在内涵与机制上出现的变化，参见 Jo Inge Bekkevold and Geoffrey Till, eds., *International Order at Sea: How It is Challenged, How It is Maintained*, London: Palgrave Macmillan, 2018; David Wilson and Dick Sherwood, eds., *Oceans Governance and Maritime Strategy*, St. Leonards: Allen and Unwin, 2000。

② 对全球化时代中海上力量出现的新趋势的讨论，参见 Geoffrey Till, "Seapower in a Globalized World: Two Tendencies", in Geoffrey Till, *Seapower: A Guude for the 21st Century*, London: Routledge, 2018, 4th Edition, pp.1–19。

③ 有关马汉对海洋经济、海洋秩序与海上力量三者间关系的论述，参见 Alfred Thayer Mahan, *Retrospect and Prospect: Studies in International Relations*, Naval and Political, Boston: Little, Brown, 1902, p.246。

自冷战结束后，全球化进程对海洋经济、海洋秩序和海上力量的内涵与地位产生的实质性影响意味着，与现代历史上那个列强称雄的时代相比，当今世界陆海复合型国家要谋求海洋转型，其内涵与方式也将会发生巨大变化。当今世界海洋转型的首要标志，是海洋经济在一国经济总量中所占比重的大幅度提升，这其中不仅是一国海外资产总量的提升，同时也意味着以海洋为主体的经济在一国经济总量中所占比例的实质性提高。由于海洋经济的发展需要良好的海洋秩序作为保证，因此当今世界中的海洋转型同时也意味着一国对那种以现有国际海洋法规为基础形成的海洋治理体制的参与程度的上升。与现代历史上出现的两次海洋转型相比，当今全球化时代中的海洋转型同样也对国家海上力量建设的目标与方式提出了完全不同的要求。当今国家海上力量建设的总目标，主要就是对一国的经济发展和海洋权益提供必要保护以及对国家参与国际海洋治理体系提供必要的支持，而不是旨在与主导性海洋国家争夺海上主导权。这种转变同时也对一国究竟要建立一支什么类型的海上力量提出了明确要求。

五 当今陆海复合型国家的海洋转型

与欧洲面向大西洋地带的强国一样，中国也是一个陆海复合型强国，近500年来，也正是由于陆海复合型强国固有的弱点和制约才使中国几次与强大起来的机会失之交臂。自20世纪90年代初以来，中国作为陆海复合型强国的地理政治困局才得以从根本上得到改变，而这点也正是目前我们能够集中全部精力专事外向型发展的主要缘由。然而，所有这一切并不意味着中国作为陆海复合型强国的弱点和制约就此消失了，历史的经验告诉我们，中国目前主要面向海洋的外向型发展能否持久，很大程度上取决于中国能否保持住来之不易的地理政治环境。作为一个位于边缘地带的陆海复合型强国，未来的中国若要确保长治久安，同样也必须在陆海两方面保持恰当的平衡，这其中最重要的是，中国在

第七章　海权与陆海复合型强国

未来相当长时间内必须约束在大陆方向上（尤其在中亚和远东）的行为，以此确保中国与陆上强邻（尤其是俄罗斯）关系的稳定。与保持陆海两方面的平衡相对应，中国还必须在此基础上确立自己的主导性发展方向。现代世界历史提供的经验证据表明，陆海复合型强国的主要出路，就是在确保陆上疆界实现了根本稳定的前提下，集中精力面向海洋来谋求发展，这条道路的可行性和适宜性已经为中国改革开放四十多年来的成功经验所证明。①

的确，近年来中国在海洋方向上确实遇到一系列重大问题，但这些问题从根本上说并不意味着中国就此应放弃面向海洋的主导性发展方向，这些问题对中国外交的挑战性就在于，中国在未来时间里必须尽可能地优化和完善目前推行的面向海洋的发展路径。从严格意义上说，当代中国面向海洋的发展（也就是美国学者所说的海洋转型）实际上应当包括三个彼此相关联的部分：一是与海洋经济密切相关的产业及海外利益的发展；二是更主动和积极地参与全球海洋治理体系，这其中尤其是参与相关的国际海洋法规的制定、执行和维护；三是推动与中国的国力及地位相称的海上武装力量（海军）的发展。当代中国海洋转型取得的最令人瞩目的成就，是近二十多年来中国与海洋经济密切相关的产业及海外利益获得了长足发展，这种发展是当代中国迅速成为世界第二大经济体的根本动力。与这种发展形成对应的，是当代中国参与全球海洋治理体制的程度，尤其是参与相关的国际海洋法规的制定、执行和维护的程度，仍然有待在未来大幅度地提高。与参与全球海洋治理的程度相比，中国海军的发展虽然已经取得全世界瞩目的成就，但中国距离建立一支与国力及地位相称的现代海军仍然有很大的空间，这其中最重要

---

① 现代世界历史进程对当今世界陆海复合型国家的长远发展方向给出的标准答案之一，就是要面向海洋谋求自身发展，有关这个问题更进一步的详细阐述和深入探讨，参见 Richard Rosecrance, *The Rise of the Trading State: Commerce and Conquest in the Modern World*, New York: Basic Books, 1987。

的，是必须明确在全球化时代中究竟要建立一支什么样的海军。①

海上力量在现代历史上对沿海国家的发展确实起到过重要作用，但这种作用乃是以特定时期的技术条件和发展要素作为前提的。随着技术的不断发展和经济要素的转变，海上力量对一国发展的作用也在不断降低（这种降低当然也是有底线的）。尽管冷战后蓬勃开展的全球化进程近年来开始遇到了许多不和谐因素，但需要明确的就是，全球化及其代表其他相关趋势本质上是不可逆转的。在一个经济与社会已经高度相互依赖的当今世界中，很难想象任何国家在政治、经济与社会的发展上还可以独善其身，而这点同样也意味着，当今全球化时代的海洋转型若要取得成功，必然需要与现代世界历史上曾经出现的那种单一的战略型海洋转型有着本质区别。当今全球化时代中的海洋转型，首先应该是一国海洋经济的发展以及对国际海洋治理体系参与程度的增长，其次才能是那种为国家的海外利益和海洋经济提供保护以及为其参与国际海洋治理体系提供支持的海上力量的发展。这种发展上的先后顺序，不仅关系到一国海洋转型能否最终成功，同时也关系到这种转型是否将会使一国重蹈历史的覆辙。

---

① 对当今世界的海洋转型过程中面临的这个问题的详细探讨，参见 Carnes Lord, "China and Maritime Transformation", in Andrew S. Erickson, Lyle J. Goldstein, Carnes Lord, eds., *China Goes to Sea: Maritime Transformation in Comparative Historical Perspective*, Annapolis, MD: Naval Institute Press, 2009, pp. 426–456。

参考文献

Adler, Emmanuel and Beverly Crawford, eds., *Progress in Postwar International Relations*, New York: Columbia University Press, 1991.

Agnew, John and Stuart Corbridge, *Mastering Space: Hegemony, Territory and International Political Economy*, London: Routledge, 1995.

Allison, Graham, *Destined for War: Can America and China Escape Thucydides's Trap?*, New York: Houghton Mifflin Harcourt Publishing Company, 2017.

Art, Robert J., "The United States and the Rise of China: Implications for the Long Haul", *Political Science Quarterly*, Vol. 125, No. 3, 2010, pp. 359-391.

Art, Robert, "The United States, the Balance of Power, and World War Ⅱ: Was Spykman Right?", *Security Studies*, Vol. 14, No. 3, 2005, pp. 365-406.

Art, Robert J., *A Grand Strategy for America*, Ithaca: Cornell University Press, 2003.

Ashworth, Lucian M., "Mapping a New World: Geography and the Interwar Study of International Relations", *International Studies Quarterly*, Vol. 57, No. 1, 2013, pp. 138-149.

Ashworth, Lucian M., "Realism and the Spirit of 1919: Halford Mackinder, Geopolitics and the Reality of the League of Nations", *European Journal of International Relations*, Vol. 17, No. 2, 2010, pp. 279-301.

Auer, James E. and Robyn Lim, "The Maritime Basis of American Security in East Asia", *Naval War College Review*, Vol. 54, No. 1, 2001, pp. 39-58.

Barraclough, Geoffrey, *An Introduction to Contemporary History*, Harmondsworth: Penguin Books, 1967.

Bassin, Mark, "The Two Faces of Contemporary Geopolitics", *Progress in Human Geography*, Vol. 28, No. 5, 2004, pp. 620-626.

Bassin, Mark, "Race contra Space: the Conflict between German Geopolitik and National Socialism", *Political Geography Quarterly*, Vol. 6, No. 2, 1987, pp. 115-134.

Baylis, John and Nicholas Wheeler, eds., *Dilemmas of World Politics: International Issues in a Changing World*, Oxford: Claredon Press, 1992.

Beckley, Michael, "The Emerging Military Balance in East Asia: How China's Neighbors Can Check Chinese Naval Expansion", *International Security*, Vol. 42, No. 2, 2017, pp. 78-119.

Bekkevold, Jo Inge and Geoffrey Till, eds., *International Order at Sea: How It is Challenged. How It is Maintained*, London: Palgrave Macmillan, 2018.

Biddle, Stephen and Ivan Oelrich, "Future Warfare in the Western Pacific: Chinese Anti-Access/Area Denial, U.S. Air-Sea Battle, and Command of the Commons in East Asia", *International Security*, Vol. 41, No. 1, 2016, pp. 7-48.

Bisley, Nick and Andrew Phillips, "Rebalance To Where? U.S. Strategic Geography in Asia", *Survival*, Vol. 55, No. 5, 2013, pp. 95-114.

Black, Jeremy, *Great Powers and the Quest for Hegemony: The World Order since 1500*, London: Routledge, 2008.

Blackwill, Robert D. and Jennifer Harris, *War by Other Means: Geoeconomics and Statecraft*, Cambridge: Harvard University

Press, 2016.

Blouet, Brian W., *Halford Mackinder: A Biography*, College Station, TX: A and M University Press, 1987.

Blouet, Brian W., "Sir Halford Mackinder as British High Commissioner to South Russia", *The Geographical Journal*, Vol. 142, No. 2, 1976, pp. 228-236.

Booth, Ken and Nicholas J. Wheeler, *The Security Dilemma: Fear, Cooperation and Trust in World Politics*, London: Palgrave, 2007.

Booth, Ken and Steve Smith, eds., *International Relations Theory Today*, Cambridge: Polity Press, 1995.

Brands, Hal, "Fools Rush Out? The Flawed Logic of Offshore Balancing", *The Washington Quarterly*, Vol. 38, No. 2, 2015, pp. 7-28.

Brawley, Mark R., *Liberal Leadership: Great Powers and Their Challengers in Peace and War*, Ithaca, New York: Cornell University Press, 1994.

Bull, Hedley, *The Anarchical Society: A Study of Order in World Politics*, New York: Palgrave, 1977.

Bull, Hedley, "Martin Wight and the Theory of International Relations", *British Journal of International Studies*, Vol. 2, No. 2, 1976, pp. 101-116.

Bull, Hedley Bull, "International Relations as an Academic Pursuit", *Australian Outlook*, Vol. 26, No. 3, 1972, pp. 251-265.

Bull, Hedley, "International Theory: The Case for a Classical Approach", *World Politics*, Vol. 18, No. 3, 1966, pp. 361-377.

Butterfield, Herbert and Martin Wight, ed., *Diplomatic Investigations*, Cambridge, MA: Harvard University Press, 1966.

Buzan, Barry and Richard Little, *International Systems in World History: Remaking the Study of International Relations*, Oxford: Oxford University Press, 2000.

Buzan, Barry, Charles Jones and Richard Little, *The Logic of Anarchy: Neorealism to Structural Realism*, New York: Columbia University Press, 1993.

Buszynski, Leszek, "The South China Sea: Oil, Maritime Claims, and U. S.-China Strategic Rivalry", *The Washington Quarterly*, Vol. 35, No. 2, 2012, pp. 139–156.

Carlsnaes, Walter, Thomas Risse and Beth A. Simmons, eds., *Handbook of International Relations*, London: SAGE Publications Ltd., 2012.

Chacko, Priya, "The Rise of the Indo-Pacific: Understanding Ideational Change and Continuity in India's Foreign Policy", *Australian Journal of International Affairs*, Vol. 68, No. 4, 2014, pp. 433–452.

Chan, Steve, *China, the U. S., and the Power-Transition Theory: A Critique*, New York: Routledge, 2008.

Chan, Steve, "Exploring Puzzles in Power-Transition Theory: Implications for Sino-American Relations", *Security Studies*, Vol. 13, No. 3, 2004, pp. 103–141.

Chong, Ja Ian and Todd H. Hall, "The Lessons of 1914 for East Asia Today: Missing the Trees for the Forest", *International Security*, Vol. 39, No. 1, 2014, pp. 7–43.

Christensen, Thomas J., "Posing Problems without Catching Up: China's Rise and Challenges for U. S. Security Policy", *International Security*, Vol. 25, No. 4, 2001, pp. 5–40.

Clark, Christopher, *The Sleepwalkers: How Europe Went to War in 1914*, London: Penguin Books, 2013.

Clarke, Michael, "The Belt and Road Initiative: Exploring Beijing's Motivations and Challenges for its New Silk Road", *Strategic Analysis*, Vol. 42, No. 2, 2018, pp. 84–102.

Clarke, Michael, "Beijing's March West: Opportunities and Challenges for China's Eurasian Pivot", *Orbis*, Vol. 60, No. 2, 2016, pp. 296–313.

Claude Jr., Inis L., *Power and International Relations*, New York: Random House, 1962.

Cobb, Stephen, *Preparing for Blockade 1885-1914: Naval Contingency for Economic Warfare*, London: Routledge, 2016.

Cohen, Saul Bernard, *Geopolitics: The Geography of International Relations*, London: Rowman & Littlefield, 2015.

Collins, Alan, *The Security Dilemma and the End of the Cold War*, Edinburgh: Keele University Press, 1997.

Corp, Sibyl Croweand Edward, *Our Ablest Public Servant: Sir Eyre Crowe, 1864-1925*, Braunton Devon, England: Merlin Books, 1993.

Corp, Edward T., "Sir Eyre Crowe and Georges Clemenceau at the Paris Peace Conference, 1919-1920", *Diplomacy and Statecraft*, Vol. 8, No. 1, 1997, pp. 10-19.

Corp, Edward T., "The Problem of Promotion in the Career of Sir Eyre Crowe, 1905-1920", *Australian Journal of Politics and History*, Vol. 28, No. 2, 1982, pp. 236-249.

Corp, Edward T., "Sir Eyre Crowe and the Administration of the Foreign Office", *The Historical Journal*, Vol. 22, No. 2, 1979, pp. 443-454.

Cosgrove, Richard A., "The Career of Sir Eyre Crowe: A Reassessment", *Albion*, Vol. 4, No. 4, 1972, pp. 193-205.

Cosgrave, Richard A., *Sir Eyre Crowe and the British Foreign Office, 1905-1914*, University of California, Riverside, Unpublished Ph. D Dissertation, 1967.

Crowe, Sibyl E., "Sir Eyre Crowe and the Locarno Pact", *The English Historical Review*, Vol. 87, No. 342, 1972, pp. 49-74.

Crowe, Eyre, "Memorandum on the Present State of British Relations with France and Germany, January 1, 1907", in G. P. Gooch, D. Litt., F. B. A., and Harold Temperley, Litt. D., F. B. A. eds., *British Documents on the Origins of the War*, Vol. III, *The Testing of the Entente*,

1904-1906, London: H. M. Stationery Office, 1928.

Cupitt, Richard T., Rodney L. Whitlock and Lynn Williams Whitlock, "British Hegemony and Militarized Interstate Disputes, 1815–1939", *Conflict Management and Peace Science*, Vol. 12, No. 2, 1993, pp. 41-64.

Curtis, Simon and Marjo Koivisto, "Towards a Second 'Second Debate'? Rethinking the Relationship between Science and History in International Theory", *International Relations*, Vol. 24, No. 4, 2010, pp. 433-455.

Daly, John C. K., *Russian Seapower and the Eastern Question*, Annapolis: Naval Institute Press, 1991.

Dargnat, Christian, "China's Shifting Geo-economic Strategy", *Survival*, Vol. 58, No. 3, 2016, pp. 63-76.

Deudney, Daniel, "Greater Britain or Greater Synthesis? Seeley, Mackinder, and Wells on Britain in the Global Industrial Era", *Review of International Studies*, Vol. 27, No. 2, 2001, pp. 187-208.

Deudney, Daniel, "Geopolitics as Theory", *European Journal of International Relations*, Vol. 6, No. 1, 2000, pp. 77-107.

Dehio, Ludwig, *The Precarious Balance: Four Centuries of the European Power Struggle*, New York: Random House/Vintage, 1962.

Dehio, Ludwig, *Germany and World Politics in the 20th Century*, New York: W. W. Norton and Co. 1959.

Deudney, Daniel, "Greater Britain or Greater Synthesis", *Review of International Studies*, Vol. 27, No. 2, 2001, pp. 187-208.

Del Pero, Mario, *The Eccentric Realist: Henry Kissinger and the Shaping of American Foreign Policy*, Ithaca, N. Y.: Cornell University Press, 2013.

Dijkink, Gertjian, *National Identity and Geopolitical Visions: Maps of Pride and Pain*, London: Routledge 1996.

Dixon, Jonathan, "From 'Pearls' to 'Arrows': Rethinking the 'String of Pearls' Theory of China's Naval Ambitions", *Comparative Strategy*, Vol. 33, No. 4, 2014, pp. 389-400.

Dodds, Klaus and David Atkinson, eds., *Geopolitical Traditions: A Century of Geopolitical Thought*, London: Routledge, 2000.

Donnelly, Jack, *Realism and International Relations*, Cambridge: Cambridge University Press, 2008.

Doran, Charles, "Economics, Philosophy of History, and the 'Single Dynamic' of Power Cycle Theory: Expectations, Competition, and Statecraft", *International Political Science Review*, Vol. 24, No. 1, 2003, pp. 13-49.

Dugan, Arthur Butler, "Mackinder and His Critics Reconsidered", *The Journal of Politics*, Vol. 24, No. 2, 1962, pp. 241-257.

Dune, Tim, Lene Hansen, Colin Wight, "The End of International Relations Theory?", *European Journal of International Relations*, Vol. 19, No. 3, 2013, pp. 405-425.

Dunn, J. S., *The Crowe Memorandum: Sir Eyre Crowe and Foreign Office Perceptions of Germany, 1918-1925*, Newcastle: Cambridge Scholars Publishing, 2013.

Dunne, Timothy, Milja Kurki and S. Smith, eds., *International Relations Theories: Discipline and Diversity*, Oxford: Oxford University Press, 2010.

Earle, Edward M., ed., *Makers of Modern Strategy: Military Thought from Machiavelli to Hitler*, Princeton: Princeton University Press, 1971.

Eilstrup-Sangiovanni, Mette, "The End of Balance-of-Power Theory? A Comment on Wohlforth et al.'s 'Testing Balance-of-Power Theory in World History'", *European Journal of International Relations*, Vol. 15, No. 2, 2009, pp. 347-380.

Eley, Geoff, *From Unification to Nazism: Reinterpreting the German Past*,

Boston, Unwin, 1986.

Erickson, Andrew S., Lyle J. Goldstein, Carnes Lord, eds., *China Goes to Sea: Maritime Transformation in Comparative Historical Perspective*, Annapolis, MD: Naval Institute Press, 2009.

Fanell, James E., "China's Global Naval Strategy and Expanding Forece Structure", *Naval War College Review*, Vol. 72, No. 1, 2019, pp. 16–61.

Fettweis, Christopher J., "On Heartlands and Chessboards: Classical Geopolitics, Then and Now", *Orbis*, Vol. 59, No. 4, 2015, pp. 233–248.

Finel, Bernard I., "Black Box or Pandora's Box: State Level Variables and Progressivity in Realist Research Programs", *Security Studies*, Vol. 11, No. 2, 2001, pp. 187–227.

Finnegan, Richard B., "International Relations: The Disputed Search for Method", *The Review of Politics*, Vol. 34, No. 1, 1972, pp. 40–66.

Fischer, Fritz, *From Kaiserreich to Third Reich: Elements of Continuity in German History*, London, Unwin Hyman, 1986.

French, David, *The British Way in Warfare 1688–2000*, London: Unwin Hyman Ltd., 1990.

Friedberg, Aaron L., "The Sources of Chinese Conduct: Explaining Beijing's Assertiveness", *The Washington Quarterly*, Vol. 37, No. 4, 2014, pp. 133–150.

Friedberg, Aaron L., *A Contest for Supremacy: China, America, and the Struggle for Mastery in Asia*, New York: W. W. Norton, 2011.

Friedberg, Aaron L., "The Future of U. S.-China Relations: Is Conflict Inevitable?", *International Security*, Vol. 30, No. 2, 2005, pp. 7–45.

Frieden, Jeffry A. and David A. Lake, "International Relations as a Social Science: Rigor and Relevance", *The Annals of the American Academy of Political and Social Science*, Vol. 600, No. 1, 2005, pp. 136–156.

Gaddis, John L., *Strategies of Containment: A Critical Appraisal of American National Security Policy during the Cold War*, New York: Oxford University Press, 2005.

Gallagher, J. and R. Robinson, "The Imperialism of Free Trade", *Economic History Review*, Vol. 6, No. 1, 1953, pp. 1-34.

George, Stephen, "The Reconciliation of the 'Classical' and 'Scientific' Approaches to International Relations?", *Millennium*, Vol. 5, No. 1, 1976, pp. 28-40.

Gerace, Michael P., "Between Mackinder and Spykman: Geopolitics, Containment, and after", *Comparative Strategy*, Vol. 10, No. 4, 1991, pp. 347-364.

Gilpin, Robert, *War and Change in World Politics*, New York: Cambridge University Press, 1981.

Glosny, Michael A., Philip C. Saunders, Robert S. Ross, "Correspondence: Debating China's Naval Nationalism", *International Security*, Vol. 35, No. 2, 2010, pp. 161-175.

Gompert, David, *Sea Power and American Interests in the Western Pacific*, Santa Monic: the RAND Corporation, 2013.

Gray, Colin S., "Nicholas John Spykman, the Balance of Power, and International Order", *Journal of Strategic Studies*, Vol. 38, No. 6, 2015, pp. 873-897.

Gray, Colin S., "In Defense of the Heartland: Sir Halford Mackinder and His Critics a Hundred Years On", *Comparative Strategy*, Vol. 23, No. 1, 2004, pp. 9-25.

Gray, Colin S. and Geoffrey Sloan, eds., *Geopolitics, Geography and Strategy*, London: Frank Cass Publishers, 1999.

Gray, Colin S., "Inescapable Geography", *Journal of Strategic Studies*, Vol. 22, No. 2, 1999, pp. 161-177.

Gray, Colin S., *The Geopolitics of Superpower*, Lexington: University of

Kentucky Press, 1988.

Gray, Colin S., *The Geopolitics of the Nuclear Era: Heartland, Rimlands, and the Technological Revolution*, New York: Crane, Russak, 1977.

Grygiel, Jakub J., *Great Powers and Geopolitical Change*, Baltimore: John Hopkins University Press, 2006.

Guilhot, Nicolas, ed., *The Invention of International Relations Theory: Realism, the Rockefeller Foundation, and the 1954 Conference on Theory*, New York: Columbia University Press, 2011.

Gulick, Edward V., *Europe's Classical Balance of Power*, New York: Norton, 1955.

Guzzini, Stefano, *Power, Realism and Constructivism*, New York: Routledge, 2013.

Guizzini, Stefano, *Realism in International Relation and International Political Economy*, London: Routledge, 1998.

Hale, David and Lyric Hughes Hale, "China Takes Off", *Foreign Affairs*, Vol. 82, No. 6, 2003, pp. 36-53.

Hamilton, C. I., *Anglo-French Naval Rivalry 1840-1870*, Oxford: Clarendon Press, 1993.

Hanami, Andrew K., ed., *Perspectives on Structural Realism*, New York: Palgrave Macmillan, 2003.

Harding, Richard, *Seapower and Naval Warfare, 1650-1830*, London: UCL Press, 1999.

Hart, B. H. Liddell, *Strategy*, New York: Praeger, 1974, 2nd Revised Edition.

Hart, B. H. Liddell, *Strategy: The Indirect Approach*, London: Faber, 1967.

Hart, B. H. Liddell, *The Decisive Wars of History*, Boston: Little Brown, 1929.

Hattendorf, John B., ed., *Mahan on Naval Strategy: Selections from the*

Writings of Rear Admiral Alfred Thayer Mahan, Annapolis, MD: Naval Institute Press, 2015.

Hattendorf, John B., ed., *The Influence of History on Mahan*, New Port, RI: Naval War College Press, 1991.

Hehir, Aidan, "The Impact of Analogical Reasoning on US Foreign Policy towards Kosovo", *Journal of Peace Research*, Vol. 43, No. 1, 2006, pp. 67-81.

Hepple, Leslie W., "The Revival of Geopolitics", *Political Geography Quarterly*, Supplement, Vol. 5, No. 4, 1986, pp. S21-S36.

Herwig, Holger H., "The Failure of German Sea Power, 1914-1945: Mahan, Tirpitz, and Raeder Reconsidered", *The International History Review*, Vol. 10, No. 1, 1988, pp. 68-105.

Herwig, Holger H., *"Luxury" Fleet: The Imperial German Navy, 1888-1918*, Amherst, N. Y.: Humanity Books, 1987.

Hobson, Rolf, *Imperialism at Sea: Naval Strategic Thought, the Ideology of Sea Power, and the Tirpitz Plan, 1875-1914*, Boston: Brill Academic Publishers, Inc., 2002.

Hoffmann, Stanley, "An American Social Science: International Relations", *Dædalus*, Vol. 106, No. 3, 1977, pp. 41-60.

Hollis, Martin and Steve Smith, *Explaining and Understanding International Relations*, Oxford: Claredon Press, 1990.

Holmes, James R. and Toshi Yoshihara, "History Rhymes: The German Precedent for Chinese Seapower", *Orbis*, Vol. 54, No. 1, 2010, pp. 15-34.

Houghton, D. P., "The Role of Analogical Reasoning in Novel Foreign Policy Situations", *British Journal of Political Science*, Vol. 26, No. 4, 1996, pp. 523-552.

Howard, Michael, *The Continental Commitment: The Dilemma of British Defense Policy in the Era of the Two World Wars*, London: Temple

Smith, 1972.

Hughes, R. Gerald and Jesse Heley, "Between Man and Nature: The Enduring Wisdom of Sir Halford J. Mackinder", *Journal of Strategic Studies*, Vol. 38, No. 6, 2015, pp. 898-935.

Ikenberry, G. John, ed., *Power, Order and Change in World Politics*, Cambridge: Cambridge University Press, 2014.

Jackson, Robert, *The Global Covenant*, New York: Oxford University Press, 2000.

James, Allan, ed., *The Bases of International Order*, Oxford: Oxford University Press, 1973.

Jeffery, Renée, "Evaluating the 'China Threat': Power Transition Theory, the Successor-State Image, and the Dangers of Historical Analogies", *Australian Journal of International Affairs*, Vol. 63, No. 2, 2009, pp. 309-324.

Jervis, Robert, *Perception and Misperception in International Politics*, Princeton: Princeton University Press, 1976.

Jervis, Robert, "Cooperation under the Security Dilemma", *World Politics*, Vol. 30, No. 2, 1978, pp. 167-214.

Jones, Stephen B., "Global Strategic Views", *Geographical Review*, Vo. 45, No. 4, 1955, pp. 492-508.

Kaplan, Morton A., "The New Great Debate: Traditionalism vs. Science in International Relations", *World Politics*, Vol. 19, No. 1, 1966, pp. 1-20.

Kaplan, Robert, "The Geography of Chinese Power: How Far Can Beijing Reach on Land and at Sea?", *Foreign Affairs*, Vol. 89, No. 3, 2010, pp. 22-41.

Kearns, Gerry, *Geopolitics and Empire: The Legacy of Halford Mackinder*, Oxford: Oxford University Press, 2009.

Kelly, Robert E., "The 'Pivot' and Its Problems: American Foreign

Policy in Northeast Asia", *The Pacific Review*, Vol. 27, No. 3, 2014, pp. 479-503.

Kennan, George F., *Around the Cragged Hill*, New York: W. W. Norton & Company, 1993.

Kennan, George F., *The Fateful Alliance: France, Russia and the Coming of the First World War*, Manchester: Manchester University Press, 1986.

Kennan, George F., *The Decline of Bismarck's European Order*, Princeton: Princeton University Press, 1979.

Kennan, George F., *Realities of American Foreign Policy*, Princeton: Princeton University Press, 1954.

Kennan, George F., *American Diplomacy 1900-1950*, Chicago: University of Chicago Press, 1951.

Kennedy, Paul, *The Rise and Fall of British Naval Mastery*, London: Penguin, 2001.

Kennedy, Paul, *The Rise and Fall of the Great Powers*, London: Unwin Hyman, 1988.

Kennedy, Paul, *Strategy and Diplomacy 1870-1945: Eight Studies*, London: Fontana, 1984.

Kennedy, Paul, *The Rise of Anglo-German Antagonism 1860 - 1914*, London: Prometheus Books, 1980.

Keohane, Robert O. and Joseph S. Nye, *Power and Interdependence*, Boston: Longman, 2011.

Keohane, Robert O., *After Hegemony*, Princeton: Princeton University Press, 1984.

Khurana, Gurpreet S., "Optimizing India-US Maritime-Strategic Convergence", *Strategic Analysis*, Vol. 41, No. 5, 2017, pp. 433-446.

Kindleberger, Charles P., *The World in Depression 1929-1939*, Berkley, CA: University of California Press, 1973.

Kirshner, Jonathan, "The Economic Sins of Modern IR Theory and the Classical Realist Alternative", *World Politics*, Vol. 67, No. 1, 2015, pp. 155–183.

Kirshner, Jonathan, "The Tragedy of Offensive Realism: Classical Realism and the Rise of China", *European Journal of International Relations*, Vol. 18, No. 1, 2012, pp. 52–74.

Kissinger, Henry, *On China*, New York: the Penguin Press, 2011.

Kissinger, Henry, *Diplomacy*, New York: Simon and Schuster, 1994.

Kissinger, Henry, *A World Restored*, Boston: Houghton Mifflin, 1973.

Kolmaš, Michal and Šárka Kolmašová, "A 'Pivot' That Never Existed: America's Asian Strategy under Obama and Trump", *Cambridge Review of International Affairs*, Vol. 32, No. 1, 2019, pp. 61–79.

Krause, Joachim, "Assessing the Danger of War, Parallels and Differences between Europe in 1914 and East Asia in 2014", *International Affairs*, Vol. 90, No. 6, 2014, pp. 1421–1451.

Kristof, Ladis K. D., "The Origins and Evolution of Geopolitics", *Journal of Conflict Resolution*, Vol. 4, No. 1, 1960, pp. 15–51.

Lake, David A., "Leadership, Hegemony and the International Economy", *International Studies Quarterly*, Vol. 37, No. 4, 1993, pp. 459–489.

Lambert, Andrew, *Seapower States: Maritime Culture, Continental Empires, and the Conflict That Made the Modern World*, New Haven: Yale University Press, 2018.

Lambert, Nicholas A., *Planning Armageddon: British Economic Warfare and the First World War*, Cambridge, MA: Harvard University Press, 2012.

Layne, Christopher, *The Peace of Illusions: American Grand Strategy from 1940 to the Present*, Ithaca: Cornell University Press, 2006.

Leffler, Melvyn P., *A Preponderance of Power: National Security, the Truman Administration, and the Cold War*, Stanford: Stanford University

Press, 1992.

Legro, Jeffrey W. and Andrew Moravcsik, "Is Anybody Still a Realist?", *International Security*, Vol. 24, No. 2, 1999, pp. 5-55.

Levy, Jack S. and William R. Thompson, "Balancing on Land and at Sea: Do States Ally against the Leading Global Power?", *International Security*, Vol. 35, No. 1, 2010, pp. 7-43.

Levy, Jack S. and William R. Thompson, "Hegemonic Threats and Great-Power Balancing in Europe, 1495–1999", *Security Studies*, Vol. 14, No. 1, 2005, pp. 1-33.

Lieberthal, Kenneth and Wang Jisi, *Addressing U.S.-China Strategic Distrust*, Washington, D.C.: Brookings institution, 2012.

Libicki, Martin, "The Emerging Primacy of Information", *Orbis*, Vol. 40, No. 2, 1996, pp. 261-274.

Lim, Yves-Heng, "Expanding the Dragon's Reach: The Rise of China's Anti-access Naval Doctrine and Forces", *Journal of Strategic Studies*, Vol. 40, No. 1-2, pp. 1-23.

Lim, Robyn, *The Geopolitics of East Asia: The Search for Equilibrium*, New York: Routledge, 2003.

Lippmann, Walter, *U.S. War Aims*, Boston: Little, Brown & Company, 1944.

Lippmann, Walter, *U.S. Foreign Policy: Shield of the Republic*, Boston: Little, Brown & Company, 1943.

List, Frederick, *National System of Political Economy*, Philadelphia: Lippincott, 1856.

Livezey, William E., *Mahan on Sea Power*, Norman: University of Oklahoma Press, 1980.

Lord, Winston, *Kissinger on Kissinger: Reflections on Diplomacy, Grand Strategy, and Leadership*, New York: All Points Books, 2019.

Love, Ronald S., *Maritime Exploration in the Age of Discovery, 1415–*

1800, London: Greenwood Press, 2006.

Lowe, J., *Geopolitics and War: Mackinder's Philosophy of Power*, Washington D. C. : University Press of America, 1981.

Luttwak, Edward N., *The Rise of China vs. the Logic of Strategy*, Cambridge, MA: Harvard University Press, 2012.

Luttwak, Edward N., "From Geopolitics to Geo-economics", *The National Interest*, Vol. 20, No. 2, 1990, pp. 17-24.

Mackinder, Halford J., *Democratic Ideals and Reality: A Study in the Politics of Reconstruction*, New York: W. W. Norton, 1962.

Mackinder, Halford J., "The Round World and the Winning of Peace", *Foreign Affairs*, Vol. 21, No. 4, 1943, pp. 595-605.

Mackinder, Halford J., "The Geographical Pivot of History", *The Geographical Journal*, Vol. 23, No. 4, 1904, pp. 421-437.

Mackinder, Halford J., *Britain and the British Seas*, Oxford: Clarendon Press, 1902.

Mahan, Alfred Thayer, *From Sail to Steam: Reflections of a Naval Life*, New York: Harper Collection Robarts, 1907.

Mahan, Alfred Thayer, *Sea Power in Its Relations to the War of 1812*, 2 Volumes, Boston: Little, Brown, 1905.

Mahan, Alfred Thayer, *Retrospect and Prospect: Studies in International Relations*, Naval and Political, Boston: Little, Brown, 1902.

Mahan, Alfred Thayer, *The Life of Nelson: The Embodiment of the Sea Power of Great Britain*, 2 Volumes, Boston: Little, Brown, 1897.

Mahan, Alfred Thayer, *The Influence of Sea Power upon the French Revolution and Empire, 1783 - 1812*, 2 Volumes, Boston: Little, Brown, 1892.

Mahan, Alfred Thayer, *The Influence of Sea Power upon History, 1660 - 1783*, Boston: Little, Brown, 1890.

Maurer, John H., "A Rising Power and the Coming of a Great War",

Orbis, Vol. 58, No. 4, 2014, pp. 500-520.

McLynn, Frank, *Invasion: From the Armada to Hitler, 1588-1945*, London: Routledge and Kegan Paul, 1987.

Mearsheimer, John J., *The Tragedy of Great Power Politics*, New York: W. W. Norton, 2001.

Meinig, Donald W., "Heartland and Rimland in Eurasian History", *Western Political Quarterly*, Vol. 9, No. 3, 1956, pp. 553-569.

Mière, Christian Le, "The Specter of an Asian Arms Race", *Survival*, Vol. 56, No. 1, 2014, pp. 139-156.

Miller, J. D. B. and R. J. Vincent, eds., *Order and Violence: Hedley Bull and International Relations*, Oxford: Clarendon Press, 1990.

Milner, Helen, "The Assumption of Anarchy in International Relations Theory: A Critique", *Review of International Studies*, Vol. 17, No. 1, 1991, pp. 67-85.

Modelski, George and William R. Thompson, *Seapower in Global Politics 1494-1993*, London: The Macmillan Press Ltd., 1988.

Modelski, George, *Long Cycles in World Politics*, Seattle: University of Washington Press, 1987.

Montgomery, Evan Braden, "Contested Primacy in the Western Pacific: China's Rise and the Future of U. S. Power Projection", *International Security*, Vol. 38, No. 4, 2014, pp. 115-149.

Montgomery, Evan Braden, "Competitive Strategies against Continental Powers: The Geopolitics of Sino-Indian-American Relations", *Journal of Strategic Studies*, Vol. 36, No. 1, 2013, pp. 76-100.

Morgenthau, Hans J., *Politics among Nations: The Struggle for Power and Peace*, New York: McGraw-Hill/Irvin, 2006.

Morgenthau, Hans J., *Politics among Nations: the Struggle for Power and Peace*, New York: Knopf, 1985.

Moul, William, "The Level of Analysis Problem Revisited", *Canadian*

Journal of Political Science, Vol. 6, No. 3, 1972, pp. 494-513.

Mouritzen, Hans, *Theory and Reality of International Politics*, Aldershot: Ashgate, 1998.

Murphy, David Thomas, "Hitler's Geostrategist: The Myth of Karl Haushofer and the 'Institut für Geopolitik'", *Historian*, Vol. 76, No. 1, 2014, pp. 1-25.

Murray, Williamson and Peter Mansoor, "U.S. Grand Strategy in the 21st Century: The Case for a Continental Commitment", *Orbis*, Vol. 59, No. 1, 2014, pp. 19-34.

Navon, Emmand, "The 'Third Debate' Revisited", *Review of International Studies*, Vol. 27, No. 4, 2001, pp. 611-625.

Neumann, Iver B. and Ole Waever, eds., *The Future of International Relations: Masters in the Making?*, London/New York, Routledge, 1997.

Nexon, Daniel H., "The Balance of Power in the Balance", *World Politics*, Vol. 61, No. 2, 2009, pp. 336-338.

Ninkovich, Frank, *The Wilsonian Century*, Chicago: University of Chicago Press, 1999.

O'Tuathail, Gearoid, *Critical Geopolitics: The Politics of Writing Global Space*, London: Routledge, 1996.

Onuf, Nicholas, "Levels", *European Journal of International Relations*, Vol. 1, No. 1, 1995, pp. 35-58.

Osterud, Oyvind, "The Uses and Abuses of Geopolitics", *Journal of Peace Research*, Vol. 25, No. 2, 1988, pp. 191-199.

Otte, T. G. and Constantine A. Pagedas, eds., *Personalities, War and Diplomacy*, London: Frank Cass, 1997.

Owens, Mackubin T., "In Defense of Classical Geopolitics", *Naval War College Review*, Vol. 52, No. 4, 1999, pp. 59-76.

Pan, Chengxin, "The 'Indo-Pacific' and Geopolitical Anxieties about China's rise in the Asian Regional Order", *Australian Journal of Inter-*

national Affairs, Vol. 68, No. 4, 2014, pp. 453-469.

Papastratigakis, Nicholas, *Russian Imperialism and Naval Power*, New York: Palgrave Macmillan, 2011.

Paret, Peter, ed., *Makers of Modern Strategy: From Machiavelli to the Nuclear Age*, Princeton: Princeton University Press, 1986.

Parker, Geoffrey, *Geopolitics: Past, Present and Future*, London: Pinter, 1998.

Parker, Geoffrey, "Continuity andChange in Western Geopolitical Thoughts during the 20th Century", *International Social Science Journal*, Vol. 43, No. 127, 1991, pp. 21-34.

Parker, Geoffrey, *Western Geopolitical Thought in the Twentieth Century*, London: St. Martin's Press, 1985.

Parker, W. H., *Mackinder: Geography as an Aid to Statecraft*, Oxford: Clarendon Press, 1982.

Paterson, John H., "German Geopolitics Reassessed", *Political Geography Quarterly*, Vol. 6, No. 2, 1987, pp. 107-114.

Paul M. Kennedy, ed., *Grand Strategy in War and Peace*, New Haven: Yale University Press, 1992.

Paul, T. V., James J. Wirtz and Michel Fortmann, eds., *Balance of Power: Theory and Practice in the 21st Century*, Stanford, California: Stanford University Press, 2004.

Peifer, Douglas C., "China, the German Analogy, and the New Air-Sea Operational Concept", *Orbis*, Vol. 55, No. 1, 2011, pp. 114-131.

Porter, Patrick, "A Matter of Choice: Strategy and Discretion in the Shadow of World War Ⅱ", *Journal of Strategic Studies*, Vol. 35, No. 3, 2012, pp. 317-343.

Ranft, Bryan and Geoffrey Till, *Sea in Soviet Strategy*, Annapolis: Naval Institute Press, 1989.

Ranke, Leopold von, *The Theory and Practice of History: Edited with an introduction by Georg G. Iggers, Indianapolis: the Bobbs-Merrill Co. , 1973.

Rapkin, David and William Thompson, "Power Transition, Challenge, and the (Re) Emergence of China", *International Interactions*, Vol. 29, No. 4, 2003, pp. 315-342.

Rathbun, Brian, "A Rose by Any Other Name: Neoclassical Realism as the Logical and Necessary Extension of Structural Realism", *Security Studies*, Vol. 17, No. 2, 2008, pp. 294-321.

Ratner, Ely, "Rebalancing Asia with an Insecure China", *The Washington Quarterly*, Vol. 36, No. 2, 2013, pp. 21-38.

Rawlinson, John L. , *China's Struggle for Naval Development 1839-1895*, Cambridge MA: Harvard University Press, 1967.

Record, Jeffrey, "The Use and Abuse of History: Munich, Vietnam and Iraq", *Survival*, Vol. 49, No. 1, 2007, pp. 163-180.

Reeves, Jeffrey, "China's Unraveling Engagement Strategy", *The Washington Quarterly*, Vol. 36, No. 4, 2013, pp. 139-149.

Ren, Xiao, "U.S. Rebalance to Asia and Responses from China's Research Community", *Orbis*, Vol. 61, No. 2, 2017, pp. 238-254.

Richmond, Herbert, *Statesmen and Sea Power*, Oxford: The Clarendon Press, 1946.

Rosecrance, Richard, "Power and International Relations: The Rise of China and Its Effects", *International Studies Perspectives*, Vol. 7, No. 1, 2006, pp. 31-35.

Rosecrance, Richard, *The Rise of the Trading State: Commerce and Conquest in the Modern World*, New York: Basic Books, 1987.

Rose, Gideon, "Neoclassical Realism and Theories of Foreign Policy", *World Politics*, Vol. 51, No. 1, 1998, pp. 144-172.

Ross, Robert S. , "Nationalism, Geopolitics and Naval Expansionism: From the Nineteenth Century to the Rise of China", *Naval War College*

Review, Vol. 71, No. 4, 2018, pp. 16-50.

Ross, Robert S., "The Problem with the Pivot: Obama's New Asian Policy is Unnecessary and Counterproductive", Foreign Affairs, Vol. 91, No. 6, 2012, pp. 70-82.

Ross, Robert S., "China's Naval Nationalism: Sources, Prospects, and the U. S. Response", International Security, Vol. 34, No. 2, 2009, pp. 46-81.

Ross, Robert S., "The Geography of the Peace: East Asia in the Twenty-first Century", International Security, Vol. 23, No. 4, 1999, pp. 81-118.

Rostow, Walt W., The United States in the World Arena, New York: Harper & Row, 1960.

Roy-Chaudhury, Rahul and Kate Sullivan de Estrada, "India, the Indo-Pacific and the Quad", Survival, Vol. 60, No. 3, 2018, pp. 181-194.

Russell, Greg, "Alfred Thayer Mahan and American Geopolitics: The Conservatism and Realism of an Imperialist", Geopolitics, Vol. 11, No. 1, 2006, pp. 119-140.

Russell, Richard L., George F. Kennan's Strategic Thought: The Making of an American Political Realist, Westport, CT: Praeger, 1999.

Russet, Bruce, "The Mysterious Case of Vanishing Hegemony; or, Is Mark Twain Really Dead?", International Organization, Vol. 39, No. 2, 1985, pp. 207-231.

Sempa, Francis P., Geopolitics: From the Cold War to the 21st Century, New Brunswick, New Jersey: Transaction Publishers, 2002.

Schroeder, Paul W., Systems, Stability, and Statecraft: Essays on the International History of Modern Europe, New York: Palgrave Macmillan, 2004.

Schroeder, Paul W., The Transformation of European Politics 1763-1848, Oxford: Clarendon Press, 1994.

Schroeder, Paul W., "Did the Vienna Settlement Rest on a Balance of Power?", *American Historical Review*, Vol. 97, No. 3, 1992, pp. 683-706.

Schroeder, Paul W., "The Nineteenth Century System: Balance of Power or Political Equilibrium?", *Review of International Studies*, Vol. 15, No. 2, 1989, pp. 135-153.

Seeley, John R., *The Expansion of England*, Chicago: University of Chicago Press, 1971.

Seager II, Robert, *Alfred Thayer Mahan: The Man and His Letters*, Annapolis: Naval Institute Press, 1977.

Semmel, Bernard, *Liberalism and Naval Strategy: Ideology Interest and Sea Power During the Pax Britannica*, London: Harper Collins Publishers Ltd., 1986.

Sheehan, Michael, *The Balance of Power: History and Practice*, London: Routledge, 1996.

Sheehan, Michael, "The Place of the Balancer in Balance of Power Theory", *Review of International Studies*, Vol. 15, No. 2, 1989, pp. 123-134.

Singer, J. David, "The Level-of-Analysis Problem in International Relations", *World Politics*, Vol. 14, No. 1, 1961, pp. 77-92.

Sloan, Geoffrey, "Sir Halford J. Mackinder: The Heartland Theory Then and Now", *Journal of Strategic Studies*, Vol. 22, No. 2, 1999, pp. 15-38.

Smith, Michael Joseph, *Realist Thought from Weber to Kissinger*, Baton Rouge, LA: Louisiana State University Press, 1986.

Smith, Steve, Ken Booth and Marysia Zalewski, eds., *International Theory: Positivism and Beyond*, Cambridge: Cambridge University Press, 1996.

Snidal, Duncan, "The Limits of Hegemonic Stability Theory", *International*

Organization, Vol. 39, No. 4, 1985, pp. 579–614.

Spiezio, K. Edward, "British Hegemony and Major Power War 1815–1939", *International Studies Quarterly*, Vol. 34, No. 2, 1990, pp. 165–181.

Sprout, Harold and Margaret Sprout, *Towards a Politics of the Planet Earth*, New York: Van Nostrand Reinhold, 1971.

Sprout, Harold, "Geopolitical Hypotheses in Technological Perspective", *World Politics*, Vol. 15, No. 2, 1963, pp. 187–212.

Sprout, Harold and Margaret Sprout, *Foundations of International Politics*, Princeton: Van Nostrand, 1962.

Sprout, Harold, "Geopolitical Theories Compared", *Naval War College Review*, Vol. 7, No. 5, 1954, pp. 19–36.

Spykman, Nicholas J., *The Geography of Peace*, New York: Harcourt Brace & Co., 1944.

Spykman, Nicholas J., *America's Strategy in World Politics*, New York: Harcourt Brace & Co., 1942.

Steinberg, Jonathan, "The Copenhagen Complex", *Journal of Contemporary History*, Vol. 1, No. 3, 1966, pp. 23–46.

Steinberg, Jonathan, *Yesterday's Deterrent: Tirpitz and the Birth of the German Battle Fleet*, New York: the Macmillan Company, 1965.

Steiner, Zara and Keith Neilson, *Britain and the Origins of the First World War*, New York: Palgrave Macmillan, 2003.

Stoker, Donald, Kenneth J. Hagan, Michael T. McMaster, eds., *Strategy in the American War of Independence*, Abingdon: Routledge, 2010.

Sumida, Jon Tetsuro, "Alfred Thayer Mahan, Geopolitician", *Journal of Strategic Studies*, Vol. 22, No. 2, 1999, pp. 39–62.

Sumida, Jon Tetsuro, *Inventing Grand Strategy and Teaching Command: The Classic Works of Alfred Thayer Mahan Reconsidered*, Baltimore, Maryland: The John Hopkins University Press, 1997.

Sumida, Jon Tetsuro, *In Defence of Naval Supremacy: Finance, Technology, and British Naval Policy 1889–1914*, New York: Routledge, 1993.

Taliaferro, Jeffrey W., "Security Seeking under Anarchy: Defensive Realism Revisited", *International Security*, Vol. 24, No. 2, 1999, pp. 128–161.

Tellis, Ashley, "Balancing without Containment: A US Strategy for Confronting China", *The Washington Quarterly*, Vol. 36, No. 4, 2013, pp. 109–124.

Thompson, William R., "Dehio, Long Cycles, and the Geohistorical Context of Structural Transition", *World Politics*, Vol. 45, No. 1, 1992, pp. 127–152.

Thompson, William R., *On Global War: Historical-structural Approaches to World Politics*, Columbia: The University of South Carolina Press, 1988.

Till, Geoffrey, *Seapower: A Guide for the 21st Century*, London: Routledge, 2018, 4th Edition.

Till, Geoffrey, *Maritime Strategy and the Nuclear Age*, London: Macmillan, 1982.

Tobin, Liza, "Underway: Beijing's Strategy to Build China into a Maritime Great Power", *Naval War College Review*, Vol. 71, No. 2, 2018, pp. 23–54.

Tocqueville, Alexis de, *Democracy in America*, New York: Knopf, 1945.

Vasquez, John A. and Colin Elman, eds., *Realism and the Balancing of Power: A New Debate*, Englewood Cliffs, N. J.: Prentice Hall, 2003.

Vasquez, John A., "The Realist Paradigm and Degenerative vs. Progressive Research Programs: An Appraisal of Neo-traditional Research on Waltz's Balancing Proposition", *American Political Science Review*, Vol. 91, No. 4, 1997, pp. 899–912.

Waldron, Arthur, "Reflections on China's Need for a 'Chinese World Order'", *Orbis*, Vol. 63, No. 1, 2018, pp. 3-10.

Walt, Stephen, *The Origins of Alliances*, Ithaca, N. Y.: Cornell University Press, 1987.

Waltz, Kenneth, *Theory of International Politics*, New York: McGraw-Hill, 1979.

Webbs, Michael C. and Stephen D. Krasner, "Hegemonic Stability Theory", *Review of International Studies*, Vol. 15, No. 1, 1989, pp. 183-198.

Wei, Zongyou, "China's Maritime Trap", *The Washington Quarterly*, Vol. 40, No. 1, 2017, pp. 167-184.

Wendt, Alexander, *Social Theory of International Politics*, Cambridge: Cambridge University Press, 1999.

Wendt, Alexander, "Anarchy is What States Make of It: The Social Construction of Power Politics", *International Organization*, Vol. 46, No. 2, 1992, pp. 391-425.

Westcott, Allan, ed., *Mahan on Naval Warfare: Selections from the Writings of Rear Admiral Alfred Thayer Mahan*, New York: Dover Publications, 2003.

Wilson, David and Dick Sherwood, eds., *Oceans Governance and Maritime Strategy*, St. Leonards: Allen and Unwin, 2000.

Wilson, Keith M., "Sir Eyre Crowe on the Origins of the Crowe Memorandum of 1 January 1907", *Bulletin of the Institute of Historical Research*, Vol. 53, No. 134, 1983, pp. 238-241.

Wright, Quincy, *A Study of War*, Chicago: University of Chicago Press, 1965.

Wu, Zhengyu, "Towards Naval Normalcy: 'Open Seas Protection' and Sino-US Maritime Relations", *The Pacific Review*, Vol. 32, No. 4, 2019, pp. 666-693.

Wu, Zhengyu, "Classical Geopolitics, Realism and the Balance of Power

Theory", *Journal of Strategic Studies*, Vol. 41, No. 6, 2018, pp. 786-823.

Wu, Zhengyu, "The Crowe Memorandum, the Rebalance to Asia, and Sino-US Relations", *Journal of Strategic Studies*, Vol. 39, No. 3, 2016, pp. 389-416.

Wu, Zhengyu, "Towards Land or Towards Sea? The High-Speed Railway and China's Grand Strategy", *Naval War College Review*, Vol. 66, No. 3, 2013, pp. 53-66.

Wusten, Herman van der and Gertjan Dijkink, "German, British and French Geopolitics: The Enduring Differences", *Geopolitics*, Vol 7, No. 3, 2000, pp. 19-38.

Yurdusev, Ahmet Nuri, "'Level of Analysis' and 'Unit of Analysis': A Case for Distinction", *Millennium*, Vol. 22, No. 1, 1993, pp. 77-88.

Zack, Aaron M., *Hegemonic War and Grand Strategy: Ludwig Dehio, World History, and the American Future*, Lanham, Maryland: Lexington Books, 2018.

Zhang, Feng, "Challenge Accepted: China's Response to the US Rebalance to the Asia-Pacific", *Security Challenges*, Vol. 12, No. 3, 2016, pp. 45-60.

Zhao, Suisheng, "A New Model of Big Power Relations? China-US Strategic Rivalry and Balance of Power in the Asia-Pacific", *Journal of Contemporary China*, Vol. 24, No. 93, 2014, pp. 377-397.

Zhao, Suisheng, "Foreign Policy Implications of Chinese Nationalism Revisited: the Strident Turn", *Journal of Contemporary China*, Vol. 22, No. 82, 2013, pp. 535-553.

Zoppo, Ciro and Charles Zorgbibe, eds., *On Geopolitics: Classical and Nuclear*, Dordrecht, Netherlands: Martinus Nijhoff, 1985.

后　　记

　　这本书是我有关地理政治学及相关大战略问题的第三本著作，也是在我前两本书（《霸权的逻辑：地理政治与战后美国大战略》，中国人民大学出版社 2010 年版；《地理政治学与大战略》，中国法制出版社 2012 年版）基础上写成的。这三本著作的主题和内容虽各有侧重，但大致体现了我在地理政治学、现实主义理论及相关问题上的研究进展。与前两本书相比，这本书有两个变化，一是对地理政治学理论的完善，二是从地理政治学的视角探讨了与海洋转型相关的问题。

　　自二战结束以来，地理政治学虽然在西方的战略界和政策界一直有着巨大影响力，但发展却是与主流现实主义理论相脱节的。这种脱节不仅使现实主义理论由于缺少政策相关性从而日益成为一种单纯的智力游戏，同样也使得地理政治学越来越具有淡出国际关系研究的风险。造成二战后的地理政治学与主流现实主义理论相脱节的根源，固然是地理政治学特有的那种权力政治色彩，但更主要的还是二战后国际关系理论的科学化转向。这种转型导致的主要结果，就是使单一的实证科学的标准成为当代国际关系理论合法性的唯一来源。由于地理政治学是一种按照"经典路径"构建的具有很强独立性的思想体系，因此与肯尼斯·沃尔兹代表的主流现实主义理论几乎无法兼容，虽然有许多现实主义理论家也为此做出过艰苦努力，但迄今为止实际效果乏善可陈。正是基于这一现实，本书第一部分（共三章）试图在地理政治学与主流现实主义理论间构建起一种相互对话的桥梁。

　　当代的主流现实主义理论在国际关系实践中暴露出的问题，很大程度上也是反映出当下普遍缺少一种思考与当代国际关系实践相关的大战略问题的分析性框架，而这点同样体现在与当代中国对外政策和对外战略相关的研究和思考中。近年来，有许多学者都曾经明确指出，当代中国学者有关中国对外政策和对外战略的思考，主要依据的理论背景是现实主义。但值得注意的就是，这里所说的"现实主义"很大程度上就是指肯尼斯·沃尔兹创立的"结构现实主义"及由此而衍生出的次级理论。与"结构理论"在探讨冷战后美国对外政策时的遭遇相类似，这种理论同样也无法根本解决当代中国在对外政策和对外战略中面临的许多重大问题，尤其无法为思考与当代中国"海洋转型"相关的政策问题提供一个合适的分析框架。本书的第二个目的就是从地理政治学的视角为思考这些与当代中国相关联的问题提供一个基础。

地理政治学（同时也包括所有类型的国际关系研究）本质上是一种"西学"而不是"国学"，而这也就意味着，这种研究的进步很大程度上必须借助其他国家（尤其是西方国家）同行学者的研究成果。这种借鉴不仅是必需的，甚至是无法替代的，否则将可能导致研究根本无法展开，或出现类似于江湖郎中式的"伪国学"。为什么要学习先进的文化是一个常识问题，这其中最根本的理由有两个。首先，任何一个伟大的文明都不会惧怕（而且事实上也根本无法避免）与其他文明的交流和融合，现代中国的学术研究体系和高等教育体系在某种程度上都是外来物。如何从世界上发达的文明成就中汲取对自身发展有益的东西，也是自 1840 年以来的中国根本就无法回避的一个问题，对这个问题的答案很大程度上也决定了现代中国的发展轨迹。其次，需要在此指出的一个基本常识是，任何人都不要以为学习了西方语言和西方文化就可以让你不再是一个中国人。无论你的外语说得有多好，无论你法律上的国籍是哪里，从文化意义上说，作为中国人你只能是中国人，这种痕迹对任何一个在这片土地上成长起来的人来说都是无法摆脱的。正是从这个意义上说，任何中国人从任何地方学来的有用的东西，无论其来源究竟是哪里，都是对中国有益的东西！那种认为学习了西方文明就成为西方人的看法，不仅幼稚，而且骨子里透出的正是对中华文明的极度鄙视！

本书的大部分内容源自我这几年先后在中英文学术期刊上发表过的

后　记

一系列学术文章。这些文章及在此基础上形成的这本著作，大致体现了我在此前五年时间内的学术轨迹和研究进程。本书大部分内容也是我在给中国人民大学国际关系学院研究生开设的课程中讲授过的，在此特别要感谢那些学习过我相关课程的学生，他们的支持和期待也是我在一个躁动不安的年代中能够静心研究的动力。此书（同时也包括我发表的那些文章）中所有的缺点与不足，都是我本人的学识不够造成的，因此本书中所有存在的缺点和不足也都由我本人负责。